尤野東南民族叢書

獨龍江文化史綱

——俅人及其鄰族的社會變遷研究

上冊

何國強　主編・張勁夫、羅波　著

目次

總序

黃淑娉

　　青藏高原古稱「芁野」[1]，「喜馬拉雅」與「橫斷」兩條山脈在東南交匯，形成北半球地表褶皺最明顯而緊密的區域——縱橫千里，層巒疊嶂，忽而峽谷幽深、激流洶湧，忽而懸崖突兀、雪峰傲立。雄奇的景觀掩飾著嚴酷的自然。適宜耕種的土地集中在河谷，陡峭的高坡土層稀疏、岩石裸露、雜草叢生，經常發生泥石流。山川、植被、動物、村莊依季節交替呈現出各種姿態：旱季，塵土飛揚、風霜嚴寒、萬物蕭條；雨季，四野青翠、鳥語花香、人畜徜徉於雲端。

　　芁野東南素有「民族搖籃」之稱。在北緯25°38'、東經90°104'的廣袤區域，由東至西，有金沙江、瀾滄江、怒江、獨龍江和雅魯藏布江，史前時代的漢羌之爭，造成部分羌人融為漢族，部分羌人西遷。[2]西遷的羌人一部分沿著江河古道北上甘青，另一部分南下川

1　《詩經・小雅・小明》曰：「明明上天，照臨下土。我征徂西，至於芁野。二月初吉，載離寒暑。心之憂矣，其毒大苦！……」大意為周天子令諸侯征伐氐羌係部落，西行到青藏高原，將士思鄉，無心戀戰，企圖班師回朝的情景。《說文解字》解「芁」，一為「遠荒」；一為草本植物，如「秦芁」——蘭花形，生長於黃土高原與青藏高原接壤地帶、海拔3,000米的荒野，愈往西愈密。故「芁野」指今青藏高原東部，即今川、青、滇、藏四個省（自治區）相交界的區域。

2　如〔南北朝〕范曄《後漢書・卷八十七・西羌傳第七十七》（景印文淵閣四庫全書本第252253冊）有「秦獻公初立，欲復穆公之跡，兵臨渭首，滅狄䝠戎。忍季父卬畏秦之威，將其種人附落而南，出賜支河曲西數千里，與眾羌絕遠，不復交通」的記載，說戰國初期（公元前475年）以「卬」為首的一支羌人迫於族群競爭的壓力，由今甘陝地區向西南徙遷至玉樹地區。

滇，到達今川、滇、藏交界區，更有一些部落進入了東南亞。他們南北行走的整套路線分佈的區域到公元前 4 世紀業已形成民族走廊。《史記》記載了張騫出使大夏（今阿富汗）見到四川特產的見聞漢朝的四川特產遠播大夏絕不可能走西域絲綢之路，那樣將徒增路程，最有可能的是走西南絲綢之路，起點為成都，終點為印度甚至波斯（今伊朗），中間點為夜郎（今貴州）、滇（今昆明）、南詔（今大理）、緬甸。這說明中西交通很早就貫通了。，那是公元前 2 世紀發生的事情。又過了兩個世紀，最後一批遷徙者沿著民族走廊進入東南亞。東晉、十六國時期（317-420 年），鮮卑族從大興安嶺西遷，抵達青海湖與當地羌人雜處，出現西羌、吐谷渾、白蘭、黨項、附國、吐蕃、姜人等古代部族，也有南遷的情況出現。各氏族部落在南遷路中定居、聯姻、繁衍，發生貿易、戰爭和宗教行為，經過千百年的基因採借與文化交匯，演變出藏族、門巴族、珞巴族、納西族、傈僳族、怒族、獨龍族、景頗（克欽）族、克倫族、驃族、緬族、撣族等境內外民族。[3]元明以降，封建國家的勢力先後侵及這片土地。目前，一塊歸中國，一塊歸印度，一塊歸緬甸。《芫野東南的民族叢書》就揭示了中國西南川、滇、藏和川、青、藏接壤地帶極具內涵的民族文化。這些民族是藏族、納西族、怒族、獨龍族和傈僳族。這些民族人們的體質特徵與三支種群有關：①蒙古北亞人，特徵是高身材、中頭型、高鼻型、前額平坦、黑眼珠，男人高大英俊，女人身材頎長；②蒙古南亞人，特徵是身材略矮、低頭型、前額微窄、褐色眼珠、低鼻型；③「藏彝走廊」型，介於前兩者之間，又自成一類，其特徵是中身材、中頭

3　參見〔五代〕劉昫《舊唐書》卷197列傳第147（景印文淵閣四庫全書本第268-271冊，臺灣商務印書館，1983年）和〔宋〕歐陽修《新唐書》卷222上列傳第147上下（景印文淵閣四庫全書本第272-276冊，臺灣商務印書館，1983年）關於南蠻、西南蠻和驃國的描述。

型、中鼻型，孩子的眼珠較黑，成人的眼珠泛褐。具體來說，怒族和獨龍族人帶有蒙古南亞人的體質特徵，藏族、納西族和傈僳族人帶有「藏彝走廊」型的體質特徵。由於藏族人的來源複雜，內部族群眾多，有的體質特徵偏向蒙古北亞人。例如，三岩藏族人的體質特徵與塔吉克族、維吾爾族、錫伯族、哈薩克族、蒙古族等北方民族關係密切些，跟藏彝類型的藏族關係疏遠些。[4]無論體質特徵如何，這5個民族的人民都有率真淳厚、健談好客、謙讓剛毅、吃苦耐勞的一面。人們因地制宜謀取生活資料，建造房屋，修建梯田，引水渡槽，高山放牧；人們也抽煙喝酒、唱歌跳舞，知足常樂。

新中國成立後，黨和政府組織集中進行民族識別（1953-1956年）和少數民族語言與社會歷史調查（1956-1958年）。根據20世紀80年代出版的《民族問題五種叢書》的描述，當時藏族、納西族、怒族、獨龍族和傈僳族等民族已出現社會分化：有的社會結構呈尖錐形，如藏族的農奴制、納西族的土司制；有的社會結構呈鈍錐形，如保留著原始公社殘餘的怒族和獨龍族。民族文化的保持與傳承是通過社會結構來實現的。獨龍江兩岸的村落出現了頭人、大小巫師（南木薩、龍薩）、工匠、平民、家奴。前三種人基本上是富裕的族人，他們擁有土地，蓄養奴隸，並未完全脫離勞動。奴隸來自債務和買賣，成為家庭的一員，由主人安排婚姻，給予經濟開支。奴隸在公共場合（如祭禮、公議、公斷等）與平民有身份界限。勞動過程中主僕地位不同，主人為奴隸提供生產資料（如土地、牲畜、農具、種子），並佔有全部收穫物。人們在社會結構中各居其位，各層次的差別不大，在血緣、地緣基礎上發生的共濟、共慶、換工等集體行為維持著內部平

---

4 參見何國強、楊曉芹、王天玉等《三岩藏族的體質特徵研究》，載《人類學學報》2009年第4期，頁408-417。

等，原始宗教和基督教起到恐嚇叛逆者、安撫民眾、制止反抗的作用。舊的社會結構被打碎以後，新的社會結構逐步建立，其所傳承的文化與過去有著質的不同。

17 世紀，西方人陸續進入喜馬拉雅東部山區與橫斷山脈南部的多條河谷。早期的傳教士、探險家帶著獵奇的眼光看待這裏的風土人情。19 世紀伊始，民族學家、地理學家、行政人員、橋樑工程師開始進入這片地域上無人知曉、地圖上一片空白的沃野。到 20 世紀 40 年代末的 150 年間，他們記錄了大量寶貴的材料。英國、美國、印度三國學者的成績尤為突出，如果只見他們為殖民政府服務的一面而不見其科學記述的一面是不公平的。在此，我願意借鑒沙欽・羅伊的書單[5]，肯定 J. 馬肯齊、J. 布特勒、G.W. 貝雷斯福德、A.F. 查特爾、P.C. 巴釐、B.C. 戈海爾、M.D. 普格[6]等人的工作；我還要提到 F.M. 貝利、F.K. 沃德、維雷爾・埃爾溫、P.N.S. 古塔、馬駿達、N. 羅伊、B.C. 古哈和 S. 羅伊等人的努力，特別是約瑟夫・洛克、克里斯托夫・馮・菲尤勒－海門道夫和埃得蒙・利奇的奉獻。

洛克於 1922 年到達中國西南邊陲，在川、青、甘、滇接壤地帶考察，為美國農業部、國家地理協會和哈佛大學收集植物和飛禽標本，在麗江度過了 27 年。隨著時間的推移，洛克的研究興趣轉移到納西族的文化上。他的《納西英語百科詞典》收入了東巴教及瀕於消亡

5　參見〔印〕沙欽・羅伊著，李堅尚、叢曉明譯：《珞巴族阿迪人的文化》（拉薩市：西藏人民出版社，1991年），頁297-302。

6　他們的代表作分別為《孟加拉東北極邊遠地區山區部落記事》（1836年）、《阿薩姆山區部落概述》（1847年倫敦版）、《阿薩姆東北邊境記》（1881年西隆版、1906年重印）、《阿波爾的弔橋》（載《皇家工程師》1912年第16卷）、《阿薩姆山區部落的頭飾》（載《皇家孟加拉亞細亞學會會刊》1929年總字第25卷）、《阿波爾人的農業組織》（載《人類學系調查報告》1954年第3卷第2冊）、《東北邊境特區的娛樂活動》（1958年）等，這裏僅僅提到很少的一部分。

的古納西語，他撰寫的《中國西南古納西王國》敘述了當時甘青交界處、滇西北、川西南和西藏納西族居住區域的地理、歷史、物產和文化。1992 年，邁克爾·阿里斯在紐約出版了《喇嘛、土司和強盜》，以圖文並茂的形式回顧了洛克在川、滇、藏的田野研究經歷。[7]

第二次世界大戰期間，利奇在克欽山區打游擊。那個地區為中國的滇、藏和印度的阿薩姆邦三面環繞，有號稱「野人山」的莽莽叢林。利奇廣泛地接觸克欽人，於 1954 年出版《上緬甸諸政治體系》，提出社會轉變的動力學模型。幾乎在同一時期，克里斯托夫·馮·菲尤勒-海門道夫在印度調查了 10 年，期間以特派員的身份在阿薩姆地區工作兩年。他和妻子貝蒂·勃納多在調查阿帕塔尼人[8]的間隙中，專程到麥克馬洪線以南的斯皮峽谷，那裏距離西藏的瓦弄咫尺之遙。因物資供應不足，1944 年 4 月 2 日夫婦倆開始撤退，準備翌年再進行調查，後因印度政府決定推遲這項計劃，最終未能進入西藏察隅地區。海門道夫基於田野調查的 12 本書[9]對於青藏高原的研究極具參考價值。

7　參見Michael Aris et al. Lamas, Princes, and Brigands: Joseph Rock.s Photographs of the Tibetan Borderlands of China. China House Gallery, China Institute in America, 1992.

8　中國民族學界有一種觀點，認為阿帕塔尼人與珞巴族人同源，阿帕塔尼是珞巴族的組成部分。珞巴族包含20多個部落，如尼升、巴依、瑪雅、納、崩尼等，其經濟形態與獨龍族完全相同。

9　它們是《赤裸的那加人：阿薩姆邦的獵頭部落的戰爭與和平》（1939年第1版、1968年第2版、1976年第3版）、《蘇班西尼地區的民族學注釋》（1947年）、《喜馬拉雅山區未開化的民族》（1955年）、《阿帕塔尼人和他們的鄰族：喜馬拉雅山東部的一個原始社會》（1962年，有中譯本）、《尼泊爾的夏爾巴人：信佛的高地居民》（1964年）、《尼泊爾、印度和錫蘭的社會等級制度和血緣關係：對印度教與佛教相接觸地區的人類學研究》（1966年）、《尼泊爾人類學述略》（1974年）、《喜馬拉雅山區的貿易者：尼泊爾高地的生活》（1975年，前三章半有中譯本）、《喜馬拉雅山地部落：從牲畜交換到現金交易》（1980年）、《阿魯納恰爾邦的山地人》（1982年）、《西藏文明的復興》（1990年）和《在印度部落中生活：一位人類學家的自傳》（1990年中譯本）。

20 世紀 50 年代以後的民族學家，無論是美國人、英國人、法國人、印度人，還是中國人，都是在利用前人收集的原始資料、繪製的地圖、提煉的概念、闡述的命題和他們的民族識別、文化分類的成果，並汲取他們務實與求真的精神力量。

中國學者對青藏高原東南部的民族調查可追溯到抗日戰爭時期，左仁極、羊澤、朱剛夫、李式金、李中定、陶雲逵、黃舉安（以姓氏筆劃為序）等人曾赴三江（金沙江、瀾滄江、怒江）並流地區，調查成果雖然一鱗半爪，但科學精神不可低估。李霖燦、方國瑜、楊仲鴻對納西語的研究尤其值得一提。新中國成立後的幾十年間，我的同仁，如王輔仁、王曉義、孫宏開、劉龍初、劉芳賢、宋恩常、宋兆麟、吳從眾、李堅尚、楊毓襄、張江華、姚兆麟、龔佩華、譚克讓、蔡家騏、歐陽覺亞（以姓氏筆劃為序）等，跋涉於川、青、滇、藏交界區的山水之間，也提出批判地學習和吸收西方人類學的任務。[10] 1979年，西藏社會科學院資料情報研究所在北京成立，後遷至拉薩，組織翻譯了一批文獻，吳澤霖、費孝通都身體力行地做過譯介工作。[11]由於各種原因，我們的研究起步較晚，田野研究缺乏長期性、系統性，理論方法上也有故步自封的表現，偏重於社會經濟形態的素材，而較容易忽視社會組織、風俗制度與意識形態的素材。

改革開放以來，國內強調「補課」，出版了不少社會文化人類學（民族學）的理論著述，這是可喜可賀的。最近十幾年，獲得高級職稱的中青年學者也越來越多。但是，不可否認，一些民族學工作者欠缺實地調查的經歷，學界對田野調查的要求放鬆，對邊陲少數民族的研究遠遠不夠，市面上田野研究的著述稀少。有人說，目前田野工作

---

10 參見林耀華〈序〉，見黃淑娉、龔佩華《文化人類學理論方法研究》（廣州市：廣東高等教育出版社，2004年）。

11 參見《費孝通譯文集・前言》（上冊）（北京市：群言出版社，2002年），頁2。

的條件（如交通、通訊、住宿、飲食、醫療、安全、語言溝通、調查工具和手段等）較之 20 世紀五六十年代不知改善了多少，可如今的實地調查與書齋研究的比例較之於過去不知減少了多少。[12]本人深有同感。我雖然退休多年，但也知道一點外面的情況。現在科研的資助力度每年都在增大，下達的課題也在增多，出版界欣欣向榮，民族類的期刊、書籍相當多；但是，深入紮實的調查研究沒有跟上來。由於辛勤收集第一手資料和認真提煉、精巧構思並以樸實平正的筆調敘述的作品不太為社會所賞識和鼓勵，因此田野作品越來越少。這種情況與歷史的發展很不合拍。就青藏高原東南部而言，隨著旅遊的開發，三江並流自然景觀被列入《世界遺產名錄》，社會對非物質文化的保護意識被帶動起來了，國內外迫切需要瞭解這一區域的民族現狀，搶救、整理和保存當地的原生態文化迫在眉睫。但經常到農牧區做調查的人不多。原因何在？這恐怕與投入和產出的衡量標準有關。譬如，有些環境陌生而艱苦，原創性作品生產周期長，即使出得來，社會反應也需要一定時間，不如「跟風」成效快。「不可否認，學界急功近利的浮躁之風，評判成果室內室外一刀切的做法，都是使田野調查邊緣化的原因。」[13]我認為，端正調查之風、調整激勵機制勢在必行，否則民族學研究將難以為繼，更談不上以良好的姿態服務於社會。

　　西北川、青、藏交界區，以及西南邊陲川、滇、藏接壤地區，民族學資源異常豐富，吸引著以何國強教授為首的研究團隊不畏艱苦、鍥而不捨地調研。這套由 7 部專著組成的叢書即有選擇性地介紹了那裏的民族文化。分冊和作者名依次為《青藏高原的婚姻和土地：引入

---

12 參見郝時遠主編：《田野調查實錄：民族調查回憶・前言》（北京市：社會科學文獻出版社，1999年），頁3。

13 英國皇家人類學會編訂，周雲水、許韶明、譚青松等譯：《人類學的詢問與記錄・序言》（北京市：國際炎黃文化出版社，2009年），頁13-14。

兄弟共妻制的分析》（堅贊才旦、許韶明）、《碧羅雪山兩麓人民的生
計模式》（李何春、李亞鋒）、《整體稀缺與文化適應：三岩的帕措、
紅教和民俗》（許韶明、堅贊才旦）、《獨龍江文化史綱：俅人及其鄰
族的社會變遷研究》（張勁夫、羅波）、《青藏高原東部的喪葬制度研
究》（葉遠飄）、《婦女何在？三江並流諸峽谷區的性別政治》（王天
玉）、《滇藏瀾滄江谷地的教派衝突》（王曉、高薇茗、魏樂平）。翻開
細細品味，看得出作者們長期研究的積累。主編何國強教授是我的學
生，也是這個研究團隊的組織者。他 17 年來堅持探索漢藏區域文化，
主張多學科相結合，調查素材、史志和理論三點互補，中外資料融會
貫通，以及漢族區域和少數民族區域的文化現象互為襯托的研究思
路。自 1996 年夏天至今，他已 11 次踏上青藏高原。擔任博士生導師
以後，他努力尋求基金會的支持[14]，推動每一屆研究生到青藏高原東
部和東南部選題作論文，秉承老一輩民族學家研究西南民族的傳統，
深入偏遠的高山峽谷。據我所知，另外 10 位中青年作者在跟隨他學習
期間，除極少數人之外，皆有 1 年左右的調查經歷，目前分別在高校
或科研部門工作。他們的成果與書齋式的研究不同，每一本書都充滿
鮮活的材料，講理論、重實際，穿插縱橫（時空）比較和跨文化研究
（類型）比較，散發著田野的芬芳。

　　調查員根據已有的知識草擬提綱，到當地觀察、詢問和感受，苦
學語言，一絲不苟地記錄，孜孜不倦地追尋文化變遷的足跡，修正調
查提綱和理論預設。他們入鄉隨俗、遵循當地禮節，與村民建立互

---

14 本研究相關課題獲得4次資助，即「青藏高原的兄弟共妻制研究：以衛藏和康的五
　　個社區為例」（香港中山大學高等學術研究基金，2004-2005年）、「青藏高原東部三
　　江並流地區民族文化的歷史人類學研究」（教育部人文社會科學基金，2006-2008
　　年）、「三江並流峽谷的民族文化和社會結構變遷研究」（國家社會科學基金，2007-
　　2009年）、「川青滇藏交界區民族文化多樣性的動力學研究」（國家社會科學基金，
　　2012-2014年）。

信，由此獲得可信的感知材料。但這套叢書不是田野材料的機械堆
砌，而是在科學方法和理論模組引導下的分析、綜合與描述，不僅揭
示了該地區存在的一些問題——如風俗制度的動力和機制、傳統生計
的命運、社會轉型時期婦女的角色變遷等——而且對這些問題做出了
切合實際的解答。

　　這套叢書堅持了民族學研究偏遠之地的優良傳統，同時強調多維
視角，突出科研的前沿性、創新性及應用性，對於邊疆少數民族的研
究具有彌足珍貴的作用，同時給東南亞乃至世界的民族學提供了參考
價值；在搶救和整理瀕臨絕境的原生態文化方面，體現了學術研究在
增進國民福祉及促進社會和諧過程中的作用，在為西部開發提供決策
依據並帶動民族文化的保護性研究等方面均有不可忽視的意義。

　　這套叢書還凸顯了「好料做好菜」的訣竅。前期 4 個課題資助，
10 餘年田野調查取得的第一手資料絕不會自動轉化為社會公認的產
品，需要緊扣「民族特色」提煉選題，科學搭配，形成整體效應。編
者先是將婚姻與喪葬制度、血緣組織、傳統生計、本地宗教和外來宗
教（東巴教、藏傳佛教和天主教）的碰撞、婦女地位、先進民族的幫
助與後進民族的發展等選題集合在一個總題目下共同反映特定區域的
文化，「好菜」就做了一半；繼而在中山大學出版社的鼎力協助下申
請國家出版基金資助專案，爭取新的資源來整合後續工作。這樣，整
道「菜」就做好了。以上兩點在何國強教授與中山大學出版社的通力
合作中可見端倪，同時專家的支持[15]也相當重要。在這個基礎上，各
分冊的作者和責任編輯保持良好的互動，認真審稿，精益求精地修改
文本、補充資料、優化結構，本著為人民高度負責的精神對待自己的

---

15 這套叢書於2011年入選「十二五」國家重點圖書出版規劃專案，2012年入選國家出
　　版基金資助專案。兩次申報工作，均得到四川省社會科學院任新建研究員和中國人
　　民大學胡鴻保教授的極力推薦。

職業。凡此皆說明學術界與出版界的精誠合作對於完成科研成果轉換的重要作用。

導論
獨龍族生存的動力模式

> 俅江在喜馬拉雅山東面的南麓，這條大山之陽，乃印、藏、
> 滇、緬的交接地帶。印度的血種本是很複雜的，西藏也並不是
> 很單純。滇緬邊緣地，是蒙古種中較初民族的逃蔽地。這一帶
> 的居民無論在體質上還是在文化上，都非常複雜，問題極多，
> 從而引起了人們濃厚的興趣。俅江一個月，只能瞭解俅子族[1]
> 的概況。但是，這地方非常值得研究，希望以後還有機會來。
>
> ——陶雲逵《俅江紀程》

第一節　峽谷中的獨龍族

　　峽谷、河流構成了滇西北各族生存的生態空間，而滇西北中緬交
界地帶獨龍江和獨龍族的歷史過程很好地詮釋了「一方水土養育一方
人」的意義。獨龍江舊稱「俅江」，發源於喜馬拉雅山餘脈舒伯拉嶺
東麓，兩支源流從西藏察隅縣境內流下，其中一支源流稱為日東河，
流入雲南境內稱為克勞洛，與另一條位於東部的支流麻必洛相匯於斯
仁，始稱獨龍江。至此，從北向南的深谷不斷有澗流從兩岸山谷中流
入，經過欽蘭當出國境與南塔邁河匯合後稱恩梅開江，再經依洛瓦底
江流入印度洋。獨龍江在我國境內總長 178.6 公里，總流域面積 4327

1　俅江、俅子族分別為獨龍江和獨龍族的舊稱。

平方公里。[2]大小村落分佈在獨龍江兩岸——獨龍族人稱之為「當」的平緩地帶，一個「當」字所在的村落，即是人口比較集中的大村子。克勞洛和麻必洛不僅是獨龍江的源頭，也是獨龍族的發源地之一。奔騰的江水，滋養了茂密的森林和野生動物，為獨龍族人提供了賴以生存的食物和生態環境。

一　邊界與歷史：獨龍族人生存空間形成的過程

獨龍江作為地理區域概念，屬於雲南西北部橫斷山脈四江（另三江為金沙江、瀾滄江、怒江）並流的重要組成部分，西南與緬甸毗鄰，北靠西藏察隅縣，處於橫斷山脈與青藏高原的過渡地帶。獨龍江深切於群山之中，與東西兩岸的高黎貢山北段和擔當力卡山共同構成了區域地貌的基本骨架——地勢北高南低，向西南開口，朝向印度洋孟加拉灣。兩山夾江對峙，南北綿亘，海拔多在 3500 公尺以上。其最高山峰滴舍爾臘卡（察隅境內克勞洛北面）海拔為 5242 公尺，第二高峰貢山縣境內獨龍江鄉和丙中洛鄉交界處的嘎瓦嘎普峰海拔為 5128 公尺，這是獨龍族和怒族共同的神山；至南部出國境的江面海拔降至 1160 公尺，相對高差 3000 至 4000 公尺，屬於起伏極大的高山峽谷地貌類型。獨龍江上游段（雪扒臘卡以北）具有高原面上的寬谷特徵，孕育了比較平坦的河谷盆地，如雄當、迪政當。中下游河谷（巴坡以下）狹窄，谷坡陡峻，階地不發育，河水湍急，多險灘，水面寬僅 20 至 30 公尺；馬庫至欽蘭當一帶嶂谷多，山川緊逼，形成天塹，仍覆蓋著原始森林。獨龍江流域屬於北亞熱帶季風氣候，但受高山峽谷地貌的影響，氣候垂直分佈帶譜十分明顯：沿江地帶（海拔

2　參見李恒編著：《獨龍江地區植物・前言》（昆明市：雲南科技出版社，1993年）。

1200 至 1800 公尺）為濕熱河谷區，年平均氣溫 14.8℃；從江邊至山頂，隨海拔每升高 100 公尺氣溫下降 0.48℃。海拔 3000 公尺以上的山坡，每年有半年以上的積雪，對外交通因此而受阻，到目前為止，一年有 6 個月封山。由於受印度洋暖濕氣流的影響，降水充沛，每年降雨量為 2900 至 3000 公釐，下游地區年平均降雨量接近 4000 公釐，是雲南省降雨量最多的地區之一。[3]

　　山高穀深、天無三日晴的地理氣候特點以及半年的積雪封山限制了峽谷內居民與外界的交往，因而給世人一種刻板印象——在此峽谷中生活著一群彼此封閉、與世隔絕的獨龍族人。然而，地方文獻清楚地記載著峽谷中的人民為了生存而與鄰族進行物資交換，而且隨著生活物資的流動，外來的文明、政治力量也被帶進了峽谷。地理因素並沒有妨礙獨龍族人與外界交往，也未能阻擋來自相鄰地方勢力的入侵，只是相較而言延緩了獨龍江人邁向現代文明的進程。

（一）明代以前的歷史考證

　　唐代樊綽的《雲南志》卷二「大雪山」條曰：「大賧，周回百餘里悉皆野蠻，無君長也。」又卷六「永昌城」條曰：「西北去廣蕩城六十日程。」方國瑜據此認為該地北接吐蕃，西抵天竺，是木王地坎底城，南詔閣羅鳳所開西北重鎮。[4]其位於今天恩梅開江河畔，緬甸聯邦克欽人控制區域的坎底平原，又稱葡萄縣，是清末邊地官員夏瑚巡視俅夷地時的終點站。由此，學界普遍認為，獨龍江流域最早納入

3　參見尹紹亭：《遠去的山火——人類學視野中的刀耕火種》（昆明市：雲南人民出版社，2008年），頁154；李恒編著：《獨龍江地區植物·前言》（昆明市：雲南科技出版社，1993年）。

4　參見方國瑜主編，徐文德、木芹、鄭志惠纂錄校訂：《雲南史料叢刊》（第十二卷）（昆明市：雲南大學出版社，1999年），頁145-146。

地方政權的管轄始於唐代，但唐朝時期地方資料有限，無法佐證，坎底及獨龍江流域獨龍人是否屬於南詔管轄還未能明證。

唐初，松贊干布統一了西藏地區各部落並建立吐蕃王朝。他所控制的勢力範圍東至青海和四川西部，東南至迪慶高原。吐蕃地方政權為了穩固滇茶和其它物資的供應，同時為了保障出兵四川右翼的安全想要控制洱海地區，這使得迪慶高原成為唐朝與六詔角逐的基地。[5]為此，吐蕃王朝在鐵橋鎮設置了神川都督。根據唐代樊綽《蠻書》記載，神川治地鐵橋指今天麗江縣塔城，轄區包括今麗江、維西及劍川以北地區。又據《蠻書》卷二：「往往有吐蕃至賧貿易」，「大羊多從西羌、鐵橋接吐蕃界，三千三口將來貿易」。西羌是指川青地區，鐵橋指今塔城地區。由此可見，包括今迪慶所屬中甸、維西、德欽各縣當時俱為吐蕃地域。937年大理王國崛起，滇西地理建制承襲南詔的設置，設劍川節度治理與吐蕃接界的北域。隨著吐蕃政權的衰落，大理趁勢將吐蕃遺部驅逐，「以白人居之，立義督賧」（《混一方域勝覽》「鶴慶路」條），廢劍川節度，隸於謀統府。[6]同時，在東北部設立善巨郡（今永勝地），後改為成紀鎮，治所仍在善巨，並轄及舊日南詔從吐蕃奪得的鐵橋地。據《元史・地理志》「臨西」條稱：臨西「乃大理極邊險僻之地，夷名羅裒間，居民皆摩、些二種蠻……」，元時維西稱臨西。從這段記錄來看，大理政權並沒有控制維西地域及其西北之地，那麼對隔著怒江峽谷和高黎貢山的極西之地獨龍江流域更加無法顧及。元朝統一了西藏地區，採取「因其俗而柔其民」的治理政策，大力起用地方大族或上層掌握當地政權，在衛藏地區扶持薩迦

5　參見王恒傑：《迪慶藏族社會史》（北京市：中國藏學出版社1995年），頁37。

6　參見方國瑜：《中國西南歷史地理考釋》（上）（北京市：中華書局，1987年），頁660-661。

派，僧俗並用，以維護中央政府的統治利益；在原來吐蕃王朝的「多康」設吐蕃等路宣慰使司都元帥府（亦稱朵甘思宣慰使司）[7]，德欽、中甸的上四境及維西西北部地域俱為其管轄之地；其餘滇西北大部分地區處於麗江路管轄。

　　方國瑜考證《元一統志》「麗江路風俗」條記載的八蠻[8]之一「撬」為俅江之居民，今獨龍族先祖；又據八蠻的居住分佈來推斷麗江路轄地西界至怒江以西的俅江。[9]

　　但是，以上所記載資料無法說明今天的貢山縣所在的獨龍江流域的地理歷史情況，直到明清時期滇西麼些[10]木氏土司的興衰引起地方政治格局的變動，使得官方文獻中的記錄增加，怒江西北的情況才逐漸明朗。與此同時，滇西北地方族群的歷史遭遇和維西土司的命運，以及木氏土司與西藏地方政權之間的軍事角逐糾纏在一起。

（二）俅江的開拓

　　明朝承襲元代的設置，維西仍被稱為臨西，處於滇藏勢力的交界。萬曆《雲南通志》卷四「麗江府」條記載：「明仍為臨西縣，正統二年被吐蕃占奪，僅存一寨，後被革除。」明初，藏族地方武裝常侵擾滇西北，而明朝軍隊路途遙遠難以顧及，於是明朝中央政府扶持地方大族麗江木氏來牽制之，封木氏為千夫長「守巨津州石關，與西番接境」[11]。此後，木氏土司勢力迅速增強，先征服了迪慶藏族聚居

7　參見陳慶英、高淑芬主編：《西藏通史·前言》（鄭州市：中州古籍出版社，2003年）。

8　《元一統志》「麗江路風俗」條：「蠻有八種：曰磨些、曰白、曰羅落、曰冬悶、曰峨昌、曰撬、曰吐蕃、曰盧，參錯而居。」

9　參見方國瑜：《中國西南歷史地理考釋》（下）（北京市：中華書局1987年），頁846。

10　歷史上，麼些又稱麼些、摩些、磨些、末些。

11　〔明〕《太祖洪武實錄》（卷二〇七）。

區，漸而控制川藏交界處的木裏、巴塘、理塘、鹽井各地，成為滇西北的一方豪強。

　　明末清初，木氏土司的勢力受到了打壓，其軍隊亦退出了藏族聚居區；隨著清朝政府平定吳三桂等「三藩之亂」後，大清帝國開始全國大一統的進程，清軍進入雲南，而後採取「改土歸流」，滇西逐步納入中央政治體系中。同時，清朝扶持藏傳佛教格魯派，不希望木氏土司與藏族武裝有軍事上的衝突，木氏的勢力由此衰落。但在極邊遠之地，土司的權威尚在，由於語言、習俗的影響，相比流官，地方族群更信賴原來的土司。中央政府也非常重視這一情況，因而並沒有完全取消土司的權力，而是委派他們擔任土守備、土千總等職位，與流官共同治理地方社會。此後，在滇西北及滇藏邊緣地帶，西藏喇嘛寺與雲南土司、地方政府爭奪某一區域的人口、稅收管轄權發生衝突、合作與聯盟等多重地緣政治關係。維西土司禾娘及其家族與察瓦龍領主之間的複雜關係就證明了這一點。

　　禾娘原屬於麗江木氏的一個家庭分支，被任命為「木瓜」[12]駐守維西地區，她與兒媳婦禾志明——也是一位非常勇敢忠心的女將，共同開闢維西及其西北的怒俅一帶。她們在上帕（今怒江州福貢地區）任命熟悉俅江之地且能幹的怒人為俅管，到俅江替她們徵收門戶送解，每年一次，其子孫世代相沿，及至清末。[13]雍正五年（1727年），隨著麗江木氏土司的日漸衰落及其改土歸流，禾娘、禾志明主動歸附朝廷，受委於清雲南地方政府，禾娘仍被授為土千總。維西建廳設流

---

12 「木瓜」為納西語，「木」為兵的意思，「瓜」為管理者之意，「木瓜」意為「兵的管理者」，是麗江土司之下的最高官員。

13 參見《纂修雲南上帕沿邊志》，係民國二十年（1931年）鈐印抄本，時任上帕（福貢）設治局長是保維德（雲南陸良人），此抄本現藏福貢縣圖書館（怒江州志辦公室編：《怒江舊志》，1998年）。

官後，於乾隆十九年（1754年）歸麗江府管轄。與此同時，獨龍江流域和怒江上半段怒俅子民先後歸附於維西土司。禾娘通過設俅管「夥頭」、「百色」（相當於民國時期的甲長和保長）來管理村寨事務，收繳土司歲貢。[14]因此，俅江地區在明中後期受納西族土司的管轄，最後與維西土司一起併入大清王朝的版圖。

納西族人（麼些）禾娘、禾志明婆媳兩人在駐守維西時，憑藉其勇猛，北抵西藏察瓦龍喇嘛寺的武裝，西拓怒俅之地；但是，她們自己也遭受了創傷，禾娘的丈夫和兒子皆發病身亡，從而直接影響並削弱了納西族土司在西藏交界地帶的統治力。根據當地居民的口述[15]，怒江上半部和獨龍江原是維西土司轄地，因其兒子生病，禾娘（貢山當地人稱阿日甲姆）請西藏喇嘛來做法治病，如治好其子的病，禾娘許諾送怒江上半部和獨龍江為其「香火錢糧」——每年喇嘛可派人去其地收稅。後來，禾娘兒子的病並沒有治好，但懾服於喇嘛強大的法力，只能忍痛送給他們兩江上段的收稅權。在清代文獻的記載和地方志表述中則沒有提到禾娘及其丈夫和兒子病亡的情況，而是記錄了禾娘的後人即維西土司的繼任者王國相（第八個繼任者）「丟掉」獨龍江和怒江上半部的統治權。例如，乾隆年間雲貴總督碩色奏摺《伴送遣回俅夷》提到維西葉枝土司第八代統治者王國相將俅江劃分為上下兩端進行統治，上端完全劃歸察瓦龍土司和喇嘛寺管理[16]；在民國二十一年（1932年）編撰的《菖蒲桶志》中記載：「時於光緒年末葉，

---

14 參見李道生：《維西康普、葉枝等土司管理怒江始末》，李道生主編：《怒江文史資料選輯》（第十一輯），政協怒江傈僳族自治州委員會文史資料研究委員會1989年刊印，頁50。

15 參見雲南省編輯組編：《獨龍族社會歷史調查》（二）（昆明市：雲南民族出版社，1985年），頁18-19。

16 參見碩色：《伴送遣回俅夷》，《怒江簡史》（南京市：中國第一歷史檔案館藏），頁20-22。

王土司信佛，將管轄區錢糧送與藏屬察瓦龍喇嘛作香火資。」[17]上述記錄無法說明察瓦龍喇嘛寺和領主如何取得獨龍江和怒江上半部的統治權，但已經表明了兩江早在清代被劃入察瓦龍藏族人稅收範圍。《徵集菖蒲桶沿邊志》記載：「菖屬喇嘛教，係為紅教。……其管理寺者，係喇嘛管事夷人，小喇嘛四人，掌教者係維西葉枝禾姓大喇嘛，現在維西壽國寺代務，建寺原因，純係土司主義。」[18]又如清末阿墩子彈壓委員夏瑚在《怒俅邊隘詳情》記載，「上江向歸菖蒲桶寺喇嘛管理，收受錢糧……擦（同『察』，下同，不再標注）瓦龍土千總，亦每年遣人收受錢糧一次」[19]。上江指的是獨龍江上游，可見禾娘不甘示弱，捐出土地建立菖蒲桶喇嘛寺，由她的族人入寺當大喇嘛掌管執事，並對維西土司的領地上帕（福貢）菖蒲桶（貢山）包括獨龍江、怒江戶民的稅收、訴訟等事務行使職權。

（三）邊界危機與中央勢力的滲透

清初，隨著清軍入藏戡平蒙古準噶爾的入侵和西藏政權內亂之後，滇藏間的界線趨於明朗。雍正三年（1725 年），為了扶植格魯派勢力，清廷將貢覺、左貢、桑昂曲宗以及洛隆等地封贈給達賴喇嘛。兩年後，中央政府為了加強西藏的管理和統治，創設了駐藏大臣制；同時，將康區寧靜山和怒江以西的地區劃歸西藏管轄。[20]巴塘南界的維西、中甸屬於雲南，以大雪山（即現在梅裏雪山的主峰卡瓦格博）

17 菖蒲桶行政委員公署編撰：《菖蒲桶志》，貢山獨龍族怒族自治縣志編纂委員會編《貢山獨龍族怒族自治縣志》（北京市：民族出版社，2006年版），頁507。

18 《徵集菖蒲桶沿邊志》，怒江州志辦公室編：《怒江舊志》，1998年刊印，頁141。

19 〔清〕夏瑚著，徐文德、木芹、鄭志惠纂錄校訂：《怒俅邊隘詳情》，方國瑜主編《雲南史料叢刊》（第十二卷）（昆明市：雲南大學出版社，1999年，頁167）。

20 參見多傑才旦主編：《西藏封建農奴制社會形態》（北京市：中國藏學出版社，1995年），頁176-217。

為滇藏界。[21]察瓦龍地區屬於桑昂曲宗，由門空喇嘛寺和協傲[22]管轄，代其徵收錢糧稅務和支差。[23]察瓦龍南下邊緣地連接雲南滇西北怒俅地，直接到獨龍江負責徵收錢糧的是察瓦龍棻恩村的大連布和半連布，他們附屬於門空喇嘛寺和協傲。[24]雖然滇藏邊界已經劃定，但是怒江以西的原屬於維西土司管轄的怒江、獨龍江之地與察瓦龍之間的界線非常模糊，並沒有明確劃定。這種邊界的模糊性一方面造成該區域管轄權的混亂，另一方面也為西藏察瓦龍喇嘛寺與雲南西北的納西族土司、地方政府之間的政治軍事力量的博弈埋下了伏筆。

但是，清末英俄帝國勢力入侵西藏和雲南邊境，引發邊界危機，使滇西北、怒俅兩江之地的局勢變得更加複雜。當英國人翻越喜馬拉雅山進兵拉薩，同時以傳教、勘查、遊玩等各種方式侵擾滇藏邊地之際，四川巴塘等地發生了地方僧俗搗毀天主教堂、殺死外籍傳教士的教案。面對邊地政治危機，清朝政府痛定思痛，於光緒三十一年（1905年）設立川滇邊務大臣衙門，由趙爾豐首次擔任邊務大臣，在康區[25]採取行動，進行改土歸流，設立府縣，推行新政。[26]

在英人入侵、邊境危機日盛的形勢下，獨龍江流域首次得到了地

---

21 參見任乃強：《西藏自治與康藏劃界》，徐麗華、李德龍主編：《中國少數民族舊期刊集成》，（北京市：中華書局2006年版，頁434）。

22 協傲，是西藏地方政府噶廈直接任命的官職，一般由地方頭人或領主擔任，負責轄境內的收稅和支差義務，三年一換。

23 參見西藏社會歷史調查資料叢刊編輯組編：《藏族社會歷史調查》（四）（拉薩市：西藏人民出版社，1989年），頁6。

24 參見楊毓驤：《伯舒拉嶺雪線下的民族》（昆明市：雲南大學出版社，2000年），頁9、56。

25 康區包括四川甘孜藏族聚居區、西藏昌都地區及雲南藏族聚居區，這些地區傳統上由中央政府任命地方頭人和活佛為土司進行統治，歷來各部落自主管治，連西藏地方政府噶廈也沒有完全控制。

26 參見秦和平：〈20世紀初清政府對西藏察隅等地查勘及建制簡述〉，《中國邊疆史地研究》2009年第1期，頁35-51。

方官員和中央政府的重視。不過，首先引起地方政府關注的是「教案」。光緒三十四年（1908年）七月丙中洛喇嘛寺（原維西土司禾娘捐建的菖蒲桶喇嘛寺）僧俗火燒白漢洛法國教堂，並驅趕法國傳教士仁安守，史稱「白漢洛教案」。時任阿墩子（德欽）彈壓委員夏瑚受命於麗江知府前來查辦，這是夏瑚第一次到怒江。他同時被任命為怒俅兩江委。夏瑚處理完「教案」後，便巡視怒江各地，劃定西藏察瓦龍與怒俅界，同時報請雲南巡撫，宣佈邊民無須向察瓦龍土司繳納貢賦、土司不得到獨龍江流域掠奪人口等；然後，他帶著隨從從貢山出發，克服各種困難，到獨龍江流域各寨巡視。夏瑚每到一地，「極力扶綏曲民，分委各處火頭，發給執照」，並委任袁裕才為總俅管，轄治「俅江、狄子江、狄不勒江三江一帶」[27]。夏瑚等人最後到達木王地坎底（現今為緬甸葡萄縣），與其它路巡察人員匯合一同返回。以此次考察和體驗資料為本，夏瑚寫成《怒俅邊隘詳情》一文，認為「竊以版圖所在，寸土必爭，如怒江以外之各江，歷來興圖雖未載入，而與吾滇西陲接壤，又多係滇民遷徙流寓，則此土地人民，有不容置之度外，任人攫取者」，提出「設官、興學」等10條建議。[28]

由於高山峽谷阻隔，雖然獨龍江流域屬於維西土司轄地，但是歷來沒有土司駐守，只是每年收稅之時派俅管徵收送解。反之，獨龍江江尾地勢平緩，若外人取道緬甸北部，順著恩梅開江逆上，則比怒江之地更容易進入獨龍江。當時，夏瑚也看到了這個要害，而維西土司的管治長期廢弛，所以他建議在獨龍江設一知縣，管轄獨龍江、狄子江和狄不勒江。作為第一次到達獨龍江的政府官員，夏瑚此次巡視最

---

27 狄子江、狄不勒江位於獨龍江西部擔當力卡山之外，源頭自西藏察隅，下江與獨龍江匯合於恩梅開江，原屬中緬北段未定界區域，後被英國侵佔，1962年劃界歸緬甸。

28 參見方國瑜主編，徐文德、木芹、鄭志惠纂錄校訂：《雲南史料叢刊》（第十二卷）（昆明市：雲南大學出版社，1999年），頁146-163。

大的意義在於安撫邊民、明確權屬，同時把國家的概念也帶到了獨龍江流域。可惜，夏瑚遭人誣告，不久被麗江府撤職查辦，他所提出的治理怒江、俅江的建議最終也沒能實現。之後，夏瑚加入趙爾豐麾下任桑昂曲宗（位於今天西藏林芝地區察隅縣）善後委員，宣統三年三月（1911 年 4 月）桑昂曲宗設察隅縣和科麥縣，夏瑚被任命為科麥縣知事，處理政務。夏瑚任職不久，便率領人員到察隅西部壓必冀曲、原梯冀拉、悶空等中印邊界線一帶，查勘山川走向、社會形勢及風土民情，召見頭人，加以委任。發放門派、明確歸屬等宣撫活動，[29]堅定了邊地頭人及民眾接受清朝統治的決心。同年，內地爆發辛亥革命，趙爾豐被殺，英人蠱惑西藏地方武裝圍攻察隅、科麥治所，夏瑚等人抵禦不住，被迫後撤，察隅、悶空等地復歸西藏噶廈地方政府控制。

　　「丙中洛教案」之後，清政府在該地區實行改土歸流，重新委任夥頭、俅管，牽制土司和喇嘛寺的勢力，由兩江委夏瑚兼管。由此，喇嘛寺及其維西土司禾娘家族的勢力進一步被削弱，但仍然是雲南西北地方第一大土司。[30]辛亥革命後，新舊政權更替，國民黨雲南陸軍第二師師長李根源在大理髮起「開拓怒俅」計劃，於蘭坪之營盤街成立「怒俅殖邊督辦公署」。民國二年（1913 年），李根源組織的「殖邊隊」進入今天的貢山[31]，民國政府在貢山的茨開設立菖蒲桶殖邊公署，1916 年獨龍江稱菖蒲桶行政委員西保董，1918 年菖蒲桶殖邊公署改為菖蒲桶行政委員會。「殖邊隊」和菖蒲桶行政委員會在怒江地區的開闢，也未能阻止英國人在獨龍江流域下游地區的殖民活動。據

---

29 參見劉贊廷：《西南野人山歸流記‧夏瑚日記》，平措次仁、陳家璉主編：《西藏地方志資料集成》（第二集）（北京市：中國藏學出版社，1997年），頁25。

30 參見陶雲逵：〈俅江紀程〉，《西南邊疆》第12期（成都市：成都西南邊疆研究社，1941年刊印），頁64。

31 「貢山」一名取自「高黎貢山之首」之意，自1933年設貢山設治局始，一直沿用至今。

《菖蒲桶志》記載：「民國七八年，已被英人占去十分之九，所有俅境之木王坎、狄子江、狄不勒江、狄瞞江、托洛江、拉達閣等地，完全失陷。」[32]英國人還圖謀繼續擴大地盤，占去拉達閣一帶，在白芝果山私釘一木界樁，又占去了托洛戈，繼而順俅江侵略，逐站蓋起洋房直到岩羊，在此插一木界樁，上面寫有中緬兩種文字。[33]獨龍江流域沒有被侵佔者，僅上游一小段長 400 餘里，以木克甘的空賢木克甘空賢[34]為界，由於所轄境地被侵佔，俅江總管袁裕才退為平民。但他在獨龍江一帶有很高的威望，發生難於定奪的糾紛時常被請去解決。他的兒子袁懷仁和女婿何廷彥繼續擔任俅江各段的俅官，1930 年受政府委派前來勘查的楊斌銓還向他們詢問了俅江的管理情況。面對英國人的咄咄逼人，民國政府進行行政改制以應對，1933 年將菖蒲桶行政委員會改為貢山設治局，稱獨龍江地區為孟底鄉，以保甲制度代替過去的夥頭制，加強獨龍江地方行政管理和邊防建設。1939 年獨龍江改稱新民鄉，整個獨龍江地區分別設立四保，每一行政村為一保，每一自然村為一甲，並任命當地獨龍族長為保長、甲長，負責替國民政府收納稅款，平時處理村社內的大小事務，保長 3 年一任。[35]獨龍江峽谷從此進入了民國地方政府[36]管轄時期，但實際情況更複

32 菖蒲桶行政委員公署編撰：《菖蒲桶志》，見貢山獨龍族怒族自治縣志編纂委員會編《貢山獨龍族怒族自治縣志》（北京市：民族出版社，2006年），頁507。

33 參見蔡家麒編：《獨龍族社會歷史綜合考察報告》（第一集）（昆明市：雲南省民族研究所，1983年刊印），頁117。

34 位於獨龍江下游地區，現在緬甸境內，距離獨龍江鄉欽蘭當村有2小時的山路。

35 參見貢山獨龍族怒族自治縣志編纂委員會編：《貢山獨龍族怒族自治縣志》（北京市：民族出版社，2006年），頁9；高志英：《獨龍族社會文化與觀念嬗變研究》（昆明市：雲南人民出版社2009年），頁52。

36 貢山民國政府設置先後更名為菖蒲桶殖邊公署（1913年）、菖蒲桶行政委員會（1918年）、貢山設治局（1933年）（參見貢山獨龍族怒族自治縣志編纂委員會編：《貢山獨龍族怒族自治縣志》，北京市：民族出版社，2006年，頁9）。

雜。夏瑚被撤後，察瓦龍勢力又進入獨龍江上游收取香火錢糧及放貸糧鹽，貢山設治局亦奈何不得；維西土司殘餘、喇嘛寺等地方特殊勢力仍然發揮影響；獨龍江下游一帶傈僳族奴隸主又恢復了對獨龍族人的「屍骨錢糧」稅收。同時，英緬勢力趁獨龍江流域管理混亂和中國政府無暇顧及之際，以武力吞噬了下游大片地區。在邊疆危機的背景下，雲南地方政府維持了與地方少數民族頭人（土司）、喇嘛寺混合控制的權力格局。實際上，當國家力量在邊界地帶還不穩固的情況下，保留地方特殊勢力是希望其繼續起到「藩籬」的效果，這種局面一直維持到民國後期。

由於國內外政治環境比較複雜，一方面國內局勢一直不穩，另一方面太平洋戰爭爆發，中緬邊界在清末以來的「懸案」一直未能解決，滇緬邊界南北段亦沒有正式劃定，但民國政府多次派人勘查獨龍江流域邊界。這些人包括李根源、尹明德、楊斌銓、王繼先、嚴德一等，他們是雲南籍人士或是雲南的地方官員，有著保衛家鄉的情感，不畏沿途艱難，甚至化裝成當地土人深入到英緬占區，繪製地形圖、安撫邊民以及瞭解他們的生產生活習俗。[37]他們提供的調查報告成為20世紀60年代正式劃界時的歷史參考依據，也為研究獨龍族人的學者提供了珍貴的素材。

1949年8月，貢山設治局最後一任局長陸雙積向滇西工委交出政權。1950年3月，在中共怒江特工委的領導下，貢山縣臨時政務委員會成立；同年5月，在貢山縣召開第一屆各族各界代表大會，正式宣佈貢山縣人民政府成立；9月，設為貢山縣第四區的俅江成立區公所，全區劃分為四個村，當地頭人孔志清被任命為第一任區長，同

---

37 參見李根源輯，楊文虎、陸衛先主編：《永昌府文徵》（校注本）卷二十八、二十九（昆明市：雲南美術出版社，2001年）。

時選出各村的主要負責人，從此獨龍江進入了中國共產黨領導的時
期。兩年後，孔志清受邀到北京天安門參觀，中共領導人周恩來接見
了他，並確定了獨龍族的族稱。1956 年，經國務院批准，正式成立
貢山獨龍族怒族自治縣，孔志清當選為自治縣第一任縣長。
1962 年，周恩來主持劃定了擱置多年的中緬邊界，明確了獨龍江地
區的地理政治界線：以獨龍江西岸擔當力卡山為界，國境線長 97.3
公里，介於北緯 27°31'28°24' 和東經 98°08'98°30' 之間。上至獨龍江
上游支流克勞洛河和麻必洛河，以傳統的滇藏界線為界，下游包括木
克甘、空賢以下劃為緬甸。獨龍江地區東西橫距 34 公里，南北縱距
91.7 公里，整個區域面積為 1994 平方公里。1969 年，貢山縣第四區
改為獨龍江公社，進入人民公社時期；1984 年改為獨龍江區，結束
人民公社化，全區分為四個鄉。這種劃分給當地人留下了深刻的記
憶，雖然在 1988 年後獨龍江區改稱獨龍江鄉，但之後各地村民之間
仍然用第幾鄉作為對地方的稱呼。2011 年統計資料顯示，今天整個
獨龍江鄉轄有馬庫、巴坡、孔當、獻久當、龍元、迪政當 6 個村委
會，共有 41 個村民小組，1049 戶、4374 人。[38]隨著中國政府民族識
別工作的結束，生活在中國境內的獨龍江兩岸的俅人成為一個民族共
同體──獨龍族，而在緬甸境內獨龍江下游恩梅開江兩岸的俅人被劃
為「日旺族」。

　　綜上所述，獨龍江地區屬於典型的高山峽谷地貌，形成了同一個
區域各個地段迥異的地形、氣候、物種等錯綜複雜的自然生存空間。
由於高山峽谷阻隔，獨龍江流域直到明朝麗江納西族土司崛起之後，
才逐漸進入中央王朝的視野。雖然隸屬於土司管理，但土司沒有在其
地設立權力機構，只是每年派人徵收錢糧，對於該地區的居民生活與

---

38 資料來源於貢山縣統計局2012年7月提供的資料。

國防情況漠不關心，所以該地區的少數族群自成部落。這也是造成各種政治勢力都可以進入獨龍江流域收稅的原因之一。清末貢山改土歸流後，設治局、維西土司、西藏喇嘛寺各自收稅，形成共同管理的局面，誰也沒有完全控制整個獨龍江地區。多重權力格局對當地獨龍族人來說既是災難，同時也提供了生存的機遇——依附某種勢力來抵抗其它權勢。換言之，獨龍族人的生存空間是在自然空間的基礎上通過與周邊設治局、土司、喇嘛寺互動而形成的。英人的殖民入侵引發的邊疆危機，中央政府所設流官如夏瑚的行動，及其導致的滇西北土司的衰退等各種因素的互動交織，詮釋了獨龍江流域地理政治空間的特殊性。

二　獨龍族：族名身份及其生存文化

如上所述，與獨龍族相關的早期記錄始於唐代樊綽的《蠻書》，但樊綽對獨龍族先民的記錄非常簡短，給人以無限的想像空間，既不能確定其生活的地理區域，同今天獨龍族的聯繫也非常模糊和不確定。直到明代後期，瀾滄江畔的維西土司西拓怒江，才接觸到生活在俅江流域被稱之為「俅夷」的群體，也就是今天獨龍族的先民。清末民國時期，邊境不斷出現危機，這才引起了中央至地方對邊疆問題的關注，中央政府多次派人到邊界勘查，生活在邊界線上的「俅子」自然成為考察和記錄的對象。隨著文獻記錄的積纍，獨龍族作為一個生存於同一區域的具有共同歷史遭遇的民族輪廓逐漸清晰地呈現出來。筆者依據歷代的相關記載，從族稱流變、生存模式及文面習俗三個方面來認識獨龍族的身份、政治和文化。

（一）族稱流變

　　唐代樊綽在《雲南志》[39]中記載了南詔有「金齒、漆齒、繡腳、繡面、雕題、僧耆」等10餘個部落，由鎮西節度管轄。方國瑜考證鎮西位於今天緬甸境內恩梅開江流域，一些學者根據唐以降的文獻記載將獨龍族婦女文面習俗與繡面蠻聯繫起來。夏瑚在《怒俅邊隘詳情》中記載俅子遭遇周邊強權的政治奴役——「察瓦龍以牛易人」、「常為人掠賣為奴」，推斷出「繡面部落」、「僧耆部落」為獨龍族先民，於是把獨龍族的族源追溯到了唐南詔時期。[40]滇藏交界地帶藏族人稱河流為「曲」，「曲子」或「曲洛」指居住在河流兩岸的人群。又據《元一統志》「麗江路風俗」條記載：「麗江路，蠻有八種，曰磨些、曰白、曰羅落、曰冬悶、曰峨昌、曰撬、曰吐蕃、曰盧，參錯而居。」方國瑜認為「撬」之族名很少見，根據吐蕃（藏族人）、麼些（納西族人）對「撬」和「求」讀音相近法則，認為「撬」蠻為獨龍族先民，而且在地理分佈上「吐蕃」和「撬」聯繫比較緊密。[41]但「撬」蠻不一定等同於今天的獨龍族，有可能是操藏緬語的怒族、傈僳族等族群的綜合體。明代瀾滄江流域的藏緬語族從不同路線遷到怒江西岸，由於這一地帶山高水深的自然環境，彼此之間交流和互動比較困難，因而分化成了「盧」蠻和「撬」蠻。[42]換言之，元代居住於怒江西岸的怒族、獨龍族還難以清晰分類。

　　直至清代雍正改土歸流，官方文獻裏才能找到相應的稱謂來指稱

39 《雲南志》、《雲南記》、《蠻書》、《南蠻志》等都為樊綽一書異名〔參見（唐）樊綽《雲南志補注》，向達原校、木芹補注，雲南人民出版社1995年版，第1頁〕。

40 參見劉達成《尋根溯源「釋」獨龍》，載《大理學院學報》2009年第9期，第33-37頁。

41 參見方國瑜著《中國西南歷史地理考釋》（下），中華書局1987年版，第846頁。

42 參見高志英《唐至清代傈僳族、怒族流變歷史研究》，載《學術探索》2004年第8期，第98-102頁。

獨龍族人。雍正《雲南通志》卷二十四載有「俅人，麗江界內有之，披樹葉為衣，茹毛飲血，無屋宇，居山岩中」[43]，首次出現「俅人」，不過描寫的形象無異於野人。從前文提到的滇西北納西族土司在清初歸順朝廷、管轄怒江西北地方的維西土司禾娘也主動改土歸流，可以設想「俅人」通過納西族土司而被官方認識和記錄。餘慶遠在乾隆三十四年（1769 年）隨兄長到維西任官時，採訪遺老，結合《雲南通志》的記載寫了《維西見聞紀》一文。該文中說道：「怒子，男女披髮，面刺青文，……性怯而懦，而常苦傈僳之侵凌而不能御也。雍正八年，聞我聖朝已建設維西，相率到康普界，……求納為民，永為歲例。」根據前文可以推斷，這裏的「怒子」包括了怒江上游獨龍族先民的一部分。[44]另外，我們也注意到其它因素，比如當時維西土司禾娘的勢力還沒有進入獨龍江流域，雍正七年（1729 年）維西改土歸流，地方仍然由禾娘女千總執政，只是中央政府多封了幾個土司分管轄地，禾娘的統治權被削弱了，轄地也比以前少了。在這樣的背景下，她才去開拓怒江上游地區，接受「怒子」的歸附，[45]並設怒管、俅管，每年代她去怒俅地徵收錢糧稅，用他們的山貨獸皮交換茶鹽。自禾娘接管俅夷地之後，官方的文獻才出現「俅夷」、「俅子」或「曲子」的記載。維西恒乍繃起義（1802-1803 年）失敗後，傈僳人又一

---

43 鄂爾泰修，清乾隆元年（1736）刻本，卷二十四。

44 參見方國瑜著《中國西南歷史地理考釋》（下），中華書局1987年版，第847頁。另外，方國瑜認為餘慶遠文中提到的「怒子」為獨龍族先民；高志英同意方氏的看法，同時認為當時貢山北部的怒族和獨龍江的獨龍族尚未完全分化為兩個族群，只是因為居住地不同把居住於怒江的稱為「怒人」而把居住於獨龍江的稱為「俅人」而已。因此，雍正年間求納為民的「怒人」既有俅人也有怒人（參見高志英著《獨龍族社會文化與觀念嬗變研究》，雲南人民出版社2009年版，第50頁）。

45 參見李道生《維西康普、葉枝等土司管理怒江始末》，見李道生主編《怒江文史資料選輯》（第十一輯），政協怒江傈僳族自治州委員會文史資料研究委員會1989年刊印，第50頁。

次大規模西遷[46]，隨著人口的增加，怒江一些蓄奴主常與流竄在此的匪徒合流侵擾俅江，掠人為奴。傈僳蓄奴主在俅江下游地區尋求與維西土司共用徵稅權，他們稱獨龍族人為「俅扒」（俅帕），「扒」是人的意思，即生活在俅江邊的人，但「俅扒」的稱呼至今仍然在使用。[47]

乾隆年間修撰的《麗江府志略》「種人」條提到，「俅人，與怒人相近，言語不通，耳穿七孔墜以木環」[48]，此後，「怒」和「俅」作為區分不同文化群體的稱謂開始在清中後期的文獻中固定下來。清末阿墩子彈壓委員兼怒俅兩江委員夏瑚曾到俅江流域巡視，當時提到的「俅夷地」泛指獨龍江、狄子江、狄不勒江、脫洛江等各江流域，俅人或曲民是指生活在各江流域的居民的統稱，他們的生活區域大體位於今天中國、緬甸、印度三國交界處。清末民國時期，英軍入侵邊界，中國政府能控制的俅夷地越來越小，最後只剩下 200 餘公里的獨龍江上段。民國時期人類學者陶雲逵在 1934 年前往獨龍江人類學田野考察時，提到了他所考察對象的自稱：「『毒龍』是俅語的譯音，意思是石岩。俅子自稱，當為石岩人的意思。」[49]但當時官方的表述上仍然使用「俅子」或「俅民」的他稱，而且陶雲逵所到之處也只是未被英人侵佔的獨龍江上段，自稱「毒龍」的人僅是居於這一片河谷的俅子。

由此可知，獨龍族在元代到民國一段歷史中，其名稱經歷了從

---

46 參見高志英：《藏彝走廊西部邊緣民族關係與民族文化變遷研究》（北京市：民族出版社，2010年），頁150。

47 筆者2011至2012年在獨龍江進行田野調查的時候，聽到傈僳族人在獨龍族不在場時喊他們「俅扒」。

48 〔清〕管學宣修，萬咸燕纂：《麗江府志略》（上卷），《中國地方志集成‧雲南府縣志輯》，據清乾隆八年（1743年）刻本之抄本影印，頁180。

49 陶雲逵：〈俅江紀程〉，《西南邊疆》第12期，（成都市：成都西南邊疆研究社，1941年印行）頁65。

「撬」蠻到「俅夷」或「俅子」的流變過程，也是獨龍族與其它操藏緬語族的藏、怒、傈僳分流的歷史過程，這與官方文字記載是同步的；另外，藏族人稱獨龍族人為「曲」或「曲洛」，傈僳族人則稱他們為「俅扒」，這兩種族稱與官方文獻中的「俅子」稱法同時使用，沒有先後替代關係。這表明獨龍族人並沒有一個統一的族稱，也就是說，周圍有多少強權就有多少族稱。族稱的混亂表現為語言的不統一，但實質上反映了獨龍族與周邊族群的族際政治關係——「撬」、「俅子」、「曲洛」、「俅扒」是藏族人、納西族人、漢族人和傈僳族人對獨龍族人的他稱，表明獨龍族人是他們的子民，依附於他們而生存，或是他們奴役的對象。但是，這樣的族群分類對於獨龍族人而言是一種被動的選擇，同時這種歸類亦忽視了統治對象內部的差異性和他們自身的潛在表述。

在理解生活在獨龍江流域的各群體內部自我分類時，應該明白20世紀50年代之前，這些群體社會是由以血緣和地緣基礎上組織起來的父系家庭公社構成的，不同氏族的遷徙傳說刻畫了群體內部的差異性。根據20世紀五六十年代的民族社會歷史調查的資料，獨龍江流域有15個氏族，其中有6個氏族自稱其祖先來自於怒江上游——包括今察瓦龍鄉龍普松塔村、貢山的丙中洛等地[50]。1982年雲南省民族研究所蔡家麒、楊毓驤、和志祥、趙嘉文前往獨龍江調查時，13個氏族中有4個自稱他們的祖先來自麗江、怒江上游丙中洛等地。獨龍江流域內部的氏族也在不斷地遷徙和流動——從上游到江尾或到其它流域，今天緬甸北部克欽邦境內的獨龍族人多數是從獨龍江遷徙過去的。尋找火山地和漁獵場所、逃避外族壓迫、逃避自然災害和疾病

---

50 參見雲南省編輯組編：《獨龍族社會歷史調查》（二）（昆明市：雲南民族出版社，1985年），頁15-18；蔡家麒：《藏彝走廊中的獨龍族社會歷史考察》（北京市：民族出版社，2008年），頁16-24。

以及通婚是各氏族遷徙和流動的原動力。內外的流動既是造成獨龍族人內部差異性的原因，同時也是其走向統一共同體的必要途徑。

　　流傳於獨龍江流域的創世神話，可以看作本民族自身起源的文化表達。神話中提到，大洪災後人類獲得重生，兄妹組成的第一對人類父母生了 9 對兒女。兒女長大後，通過射箭比賽的辦法，選出老大為官員，其它兄妹要聽他的話，並向他納貢，這樣建立了有序的社會。最後父母安置老大到瀾滄江畔，成為漢人的祖先；老二來到了怒江，成為怒族的祖先；老三留在獨龍江，是獨龍族的祖先；其餘的分批送到獨龍江西部的各江生活。各地的神話在細節上有差別，比如老大的族稱，有些人說是漢族人，有些人說是藏族人。這種差異可能源自各地與周邊相鄰族群的關係，比如上游的人與察瓦龍藏族人地緣政治聯繫比較緊密，因而他們的「老大」是藏族人。不過，這樣的神話材料很少，至今只在陶雲逵搜集的材料中出現。陶雲逵是於 1934 至 1936 年進入獨龍江進行田野考察的，他在今天的孔當一帶搜集的創世神話中講到 9 對兒女的族群分類時，第一對為藏族人的祖先，而且因為在射箭比賽中獲勝而成為獨龍族人的統治者。[51]當筆者再去獨龍江尋找老人訪談時[52]，相同的主題裏「9 對兒女」中沒有發現「藏族人為老大」的內容。實際上，在 20 世紀五六十年代搜集的相關材料中，9 對兒女的族屬是很模糊的，清晰的只有老大、老二和老三，他們分別是漢族、獨龍族和怒族人。清末李根源進入恩梅開江流域查勘邊務，他聽到土人說：「坎底人與我們的祖宗與天朝人的老祖係兄弟，故對

---

51 參見陶雲逵：《幾個藏緬語系土族的創世故事》，《邊疆研究論叢》，（南京市：金陵大學中國文化研究所，1942 至 1945 年印行）。

52 筆者在獨龍江進行田野調查的時間在2011年9至11月、2012年6至8月，下文對此田野調查過程將有詳細說明。

天朝人甚親近。」[53]這裏的「天朝人」所指的是清朝漢人，可見當地人思想中認為漢人是他們的同宗兄弟，按照神話所揭示的，由漢人統治他們是合天理的，這與創世神話中表達的思想是一致的。當然，結合邊界被英人侵佔、邊疆出現危機的情境，我們才能更好地理解李根源表明「土人心所向著東方」的意義。

神話和傳說表達了獨龍族人對我族和他族的一種分類認知，以及獨龍族如何認識族群間政治關係中自我所處的位置。這種認知和態度在 20 世紀 50 年代新中國民族識別和界定族稱時起到了決定性的作用。1952 年，一群少數民族頭人（或稱上層人士）在昆明的雲南民族學院學習。有一天，上級領導通知他們去北京參觀天安門，並安排他們與中華人民共和國領袖毛澤東主席和周恩來總理見面，獨龍江的代表——俅人孔當家族的頭人孔志清就是其中之一。當輪到孔志清與總理握手時，他說，「總理，我是從雲南最邊遠的獨龍江來的」；停頓了之後，他接著說，「舊社會，別人都把我們當作野人對待。漢族人稱我們是俅子、曲夷，或叫俅人，傈僳族人喊我們為俅扒」。總理問他：「那你們民族怎麼自稱？」孔志清非常堅決地回答：「我們歷來都自稱獨龍族人！」總理聽了之後，當時就表態以後該民族就叫「獨龍族」。就這樣，其族稱在民族代表孔志清和周總理的談話中確定下來了。

當然，正式獲得獨龍族族稱是在少數民族識別程序下完成的，於 1964 年第二次全國人口普查時以官方形式確定下來。這時候中緬邊界也已經劃定，中國境內的俅人統一稱為獨龍族，成為中國的少數民族之一。

---

53 李根源著，徐文德、木芹、鄭志惠纂錄校訂：《滇西兵要界務圖注》，方國瑜主編《雲南史料叢刊》（第十卷）（昆明市：雲南大學出版社，2000年），頁805。

（二）生存模式

正如對族稱的關注一樣，關於獨龍族人生活狀況的文獻記錄也是在清朝時才開始的。（清）《職貢圖》稱：「俅人，居瀾滄江大雪山外，係鶴慶、麗江西域外野夷。其居處結草為廬，或以樹皮覆之。……種黍稷，刨黃連，性柔懦，不通內地語言，無貢賦。」[54]這說明在清代獨龍族人除了種山地旱穀「黍稷」為糧，還挖黃連用於與外族商人交換，或是作為賦稅繳納給土司、地方政府。清王朝認為，俅人作為化外之民沒有多少錢糧，生計尚難以維繫，因而免其貢賦。維西設廳改土歸流後，怒、俅等主動求納為民，以山貨獸皮為賦稅。當時維西土千總禾娘及媳婦禾志明等土司家族仍然按舊俗，派人「攜帶鹽布等貨」到俅江放債，不能償還者，即折算人口，抵作稅款。

維西土司家族不僅向獨龍江收山租，還延續奴隸主的做法放鹽布債務，進行奴隸貿易。俅江雖然地處偏遠，峽谷山地資源豐富，但是布料、茶、鹽等生存資源必須依靠外商，這樣就不得不依附於土司和商人；此外，察瓦龍喇嘛寺徵收香火錢糧和以鹽牛放貸，傈僳蓄奴主也會來搶掠，俅人的生活處境十分艱難。和許多山區一樣，獨龍江地區屬於季風氣候，雨水充沛，樹林茂密，河谷地帶可耕地少，因而「刀耕火種」成為獨龍族人主要的生存策略。詳細描寫獨龍族人耕作方式的材料首見於夏瑚的《怒俅邊隘詳情》中。夏瑚在該文中描繪了獨龍江各河段因不同地質條件種植不同作物：上游海拔高，氣候寒冷，主要作物有蕎麥、高粱、小米、包穀、稗芋之類；江尾地勢平坦，有可耕之地，可種作物比較廣，但獨龍族人喜歡在山地裏開闢火山地點種玉米。

這一時期，砍刀之類的鐵器輸入獨龍江，因而人們砍倒樹木曬乾

---

54 轉引自《雲南通志》（卷一百八十五），清道光十五年（1835年）刻本。

焚燒；但沒有犁鋤，他們也沒有使用耕牛的習慣，牛用於祭祀，或用
於嫁娶的彩禮。夏瑚說曲江之地有「殺牛享眾為榮」的習俗，然而獨
龍江流域牛屬於稀缺之物。因而，察瓦龍、麗江等地外族土司和商
人，利用獨龍族人吃牛肉的風俗到獨龍江販賣牛；若沒有足夠山貨獸
皮來交換，則用人抵債，以充奴婢，這是發生「各江第一慘狀」的
原因。

　　獨龍江兩岸刀耕火種，雖然是適應環境的產物，但畢竟產量低，
不足以維持全年的口糧，因而交換與互惠制度顯得尤為重要。獨龍江
各地盛產如黃連、貝母等珍貴藥材，獨龍族人很早就懂得挖藥材來交
換糧鹽和牛肉。有文獻記載，貝母「出產於恩梅開江及邁立開江各源
頭擔當力卡山、康藏雪山中，每年產量約五千斤。去年在俅夷地，每
斤售價現洋六元（印洋四元），六七月間，華人前去挖採收買者，絡
繹不絕」[55]。楊斌銓、王繼先的報告中也說：「喇卡塔（現在的獨龍江
上游迪政當村）西北面擔當力卡山，產貝母黃連，每至夏秋雪融路通
時，土民前往挖採，華商亦來購買。」[56]民國時期，因為貢山茨開鎮
連通俅夷地和察瓦龍，這兩地所產的藥材皆集中在茨開貿易，其中黃
連和貝母為大宗，這種藥材貿易狀況一直延續到現在。

　　也就是說，在 1950 年以前，獨龍江流域發展了一套適應當地自
然條件的刀耕火種、漁獵等生計體系，同時將獸皮和山貨用於納稅和
貿易，從而和外界發生互動和交換；但是在周邊存在各種不平等政治
權利的條件下，經濟上的交換受到制約，處於弱勢的獨龍族人往往成
為受害者。然而，獨龍族人又不得不依賴於這樣的政治經濟條件獲得

---

55 尹明德、楊斌銓、王繼先等：〈滇緬北段界務調查報告〉，李根源輯，楊文虎、陸衛
　　先主編：《永昌府文徵》（校注本）（昆明市：雲南美術出版社，2001年），頁38-86。
56 轉引自尹明德：《雲南北界勘查記》，（臺北市：成文出版社有限公司，1974年），頁
　　148。

生存資源，這就導致了另外一種結果——獨龍族社會內部的分層，儘管仍然是以年齡、性別和在親屬關係中的位置決定個人的地位和權利，但還是出現了少數比較富有的人物，他們往往是家族長或是外族土司和貢山設治局任命的頭人。

（三）文面習俗

文面，獨龍語稱為「巴克圖」，是與當今獨龍族聯繫最多的一種行為符號。早期，它是作為一種習俗文化而被視作部落分類的符號，相關的記載在唐代比較多。例如，樊綽《蠻書》中有「繡面蠻」；《太平御覽》卷七百八十載，「繡面蠻，生一月，則以針刺面，清黛塗之，如繡狀」；《新唐書·南詔傳（下）》提到，「在雲南檄外千五里，有文面濮。俗鏤面，以青涅之」。均如此，可以說文面是當時滇西南眾多族群共有的文化習俗之一，人們也往往以此來命名這些部落。[57]清代餘慶遠《維西見聞紀》中記載，「怒子，男女披髮，面刺青文」；（乾隆）《麗江府志略》亦稱，「怒人，居怒江邊，與瀾滄相近，男女十歲後皆面刺龍鳳花紋，見之令人駭異」[58]。前面也談到清前期滇西北怒俅不分，獨龍族人還沒有作為正式的族群出現在史書中；從餘慶遠的記載中可知，當時文面不分男女，而且也是作為怒子（怒俅）特有的習俗來標記的。到了清末，「俅子」成為區別於其它族群的一個獨立族群，文面也與他們族群的習俗聯繫起來。清代夏瑚親自到獨龍江巡視後，詳細描述了當地的這種習俗：「上江女子頭面鼻樑兩顴上下唇，均刺花紋，取青草汁和鍋煙，揉擦入皮內，成黑藍色，洗之不

---

57 參見高志英：〈獨龍女文面的文化闡釋〉，《西南民族大學學報》（人文社會科學版）2010年第2期，頁21-27。

58 〔清〕管學宣修，萬咸燕纂：《麗江府志略》（上卷），《中國地方志集成·雲南府縣志輯》，據清乾隆八年（1743年）刻本之抄本影印，頁180。

去；下江一帶婦女，則惟刺上下唇；江尾曲、傈雜處，婦女概不刺面。」[59]文中提到了文面的部位、方法和用料，以及這種習俗的分佈情況，並說明文面僅限於婦女。民國邊界勘察員楊斌銓、王繼先考察途中遇到一個身披麻布的文面女，感到很驚訝。其翻譯跟他們介紹該女子來自獨龍江地區，並解釋了獨龍族女子文面的原因：一種認為怒江還沒有開化之前，傈傈人經常到獨龍江劫掠獨龍婦女用作女婢，獨龍族人為了躲避搶劫，在女孩子長到四五歲的時候，「以青色圖面如飛蝶形，用針刺之，使黑，傈傈即不搶劫」。另一種觀點認為文面是一種美的行為。[60]其報告中稱：「俅民，有女子年至四五歲時，以青色圖面如飛蝶形，用針刺之，使黑。」當他們到了獨龍江之後，見到婦女「面多刺飛蝶形，以為美觀」，文面的原因沒有了「防止外族搶擄」之說。兩人到了新蕊黨（現在的獻久當村），發送針線等物品給前來觀望的村民，並勸告他們禁止婦女刺面。從雍正到光緒年間，獨龍族人文面習俗出現了從男女文面到僅為婦女文面的變化過程。隨後進入獨龍江的是學者陶雲逵，他此行的主要目的在於測試獨龍族人的體質及考察他們的文面習俗。他在日記中這樣寫道：「自拉卡塔至不考王河為文面俅子之分佈中心。自此茨那王而下至茂頂以南各地，女子僅文額。……共測量三百人，二百人為文面部落，一百人為文額部落。」[61]文面的分佈和類型與夏瑚的描述幾乎一致，說明了當時女子文面行為很普遍。這一區域亦是察瓦龍喇嘛寺控制的地方，而在位於藏族勢力邊緣的下游的女子僅文額，再往下就沒有發現文面女子。這

59　〔清〕夏瑚著，徐文德、木芹、鄭志惠纂錄校訂：《怒俅邊隘詳情》，方國瑜主編：《雲南史料叢刊》（第十二卷）（昆明市：雲南大學出版社，1999年），頁146。

60　參見尹明德編：《雲南北界勘查記》（臺北市：成文出版社有限公司，1974年），頁145。

61　陶雲逵：〈俅江紀程〉，《西南邊疆》第14期（成都市：成都西南邊疆研究社，1942年印行）。

至少表明文面行為與察瓦龍藏族人有關。陶雲逵的觀察是：「除漢商、漢官削盤外，尚有所謂察瓦龍土司之苛勒，傈傈之屍骨錢糧，俅子於是乎變成受盡壓迫的弱小民族。俅女至十二三歲即文面，據說是怕被察蠻拖去用以償牛價；怕被傈傈拖去當屍骨錢糧。」[62]他也看到了獨龍族人在族群政治關係中的地位並與其文面行為聯繫起來，可惜陶雲逵英年早逝，不能持續深入探究。

　　民國後期，文面女人的數量趨於減少，最根本的原因在於當政者禁止文面。清末，夏瑚進入獨龍江巡視，曾下令禁止文面，若有違者當重罰：文面者剝其皮，與人文面者砍其手。國民黨時期，亦禁止文面，聲言若再文面，則罰款；孔志清任獨龍江鄉長時也禁止過文面。與之相反的是，察瓦龍地方統治者一直宣導文面，作為他的統治區與外地的區別點。[63]新中國成立之後，20世紀60年初，曾有人恢覆文面；接著「文化大革命」開始，作為封建殘餘的文面習俗與牛鬼神蛇一起被掃進歷史的垃圾之中。根據劉軍的調查，2006年獨龍江鄉還有55個文面老人，其中文面老人最多的迪政當村有21人。[64]當2012年筆者再去獨龍江調查時，全鄉只剩下25個文面女，其中迪政當13個，而且這些老人都在80歲以上，健康狀況令人擔憂。現在，作為獨龍族特有的文面文化已經被納入國家非物質文化遺產保護名錄。獨龍族學者李金明說：「保護文面文化，就是對文面女的保護。」[65]當地

---

62 同上。

63 劉軍在2007年第6期《中央民族大學學報》（哲學社會科學版）上發表了《獨龍族文面初探》一文。文中提到他所調查的獨龍江鄉孔當村姓畢的老人，老人說舊社會察瓦龍土司編了「勸文歌」提倡文面，說文面好看。當筆者再去採訪這位老人、最後請求與她合影時，老人雙手遮住了自己的臉說不好看。

64 參見劉軍：〈獨龍族文面初探〉，《中央民族大學學報》（哲學社會科學版）2007年第6期，頁76-81。

65 李金明：〈獨龍族文化保護面臨的問題及對策研究〉，《獨龍族研究學會通訊》2010年第1期，頁49-55。

政府修建養老院，為這些老人提供良好的生活環境和醫療保健，可惜
隨著最後一批文面者的老逝，估計將來不會再出現這種類型的文面現
象了。現在很多遊客進入獨龍江就是為了一睹文面女，留住最後的
印象。

　　綜觀歷史，早期文面是作為區分滇西部落群體的文化符號而被記
錄，隨著被稱為「俅子」的族群從怒子中分離出來，被擠壓到滇藏邊
緣中緬邊界地帶的俅夷地，文面成為俅人與其它族群相區別的文化特
徵及身份象徵。文面本身也在經歷著流變，從早期男女都有文面到後
期只要求女子文面。文面習俗起源的不確定性，造成了對獨龍族人文
面習俗的多重解釋。直到邊疆危機時國家勢力介入，與地方政府爭奪
獨龍江流域的控制權，文面習俗的解釋變得非常重要，它直接關係到
文面者的生存，即獨龍族的生存。在這種形勢下，文面習俗的解釋實
際上反映了統治者的態度和價值取向，而最終的解釋取決於獨龍族人
與統治者之間互動的結果，無論文面與否，對獨龍族人來說都是一種
生存政治。簡而言之，文面本身是一種文化現象，它包含獨龍族人的
技藝和宗教觀念，因主體立場和價值觀的不同而出現多重文化解釋，
但是只有當它們與獨龍族歷史聯繫起來，才能獲得真正人類學意義上
的洞見。

　　以上筆者通過「族稱流變」、「生存模式」和「文面習俗」三個方
面來呈現獨龍族的歷史過程，當然我們也不可能窮盡所有方面來描繪
獨龍族人的歷史、社會和文化。隨著 20 世紀 50 年代獨龍族族稱的獲
得和確定，獨龍族人迎來新的歷史階段。

　　1952 年，中國政府無償發放耕牛、生產工具、衣物等生產生活
用品，並組織人力在整個獨龍江地區開挖水田，住在山裏的村民被安
排到河谷坡地上建寨；1964 年，修通了貢山縣城到獨龍江政府所在
地巴坡的人馬驛道，組織了來自察瓦龍、迪慶等地的馬幫大隊，將物

資運送到獨龍江，緩解了生活物資稀缺的困境；20 世紀 80 年代推廣地膜玉米種植技術，產量的提高緩解了缺糧的壓力。1998 年，時任中共雲南省委書記令狐安帶著工作人員徒步到獨龍江實地考察，這是繼清末阿墩子彈壓委員夏瑚之後第二個進入獨龍江考察的地方官員。隨後雲南省政府提出了「獨龍江的發展，不是一個鄉的問題，而是一個民族的問題」的發展思路，獨龍族與生存自然空間獨龍江流域更加緊密地聯繫在一起；1999 年修通了貢山到獨龍江孔當的公路；2002 年，開始實施「天保工程」（天然林的保護工程）和「退耕還林」，獨龍族人幾個世紀以來一直依賴的「刀耕火種」生產方式到此結束，每年政府發放大米，每人 370 斤，以換取生態保護。2009 年 10 月，時任中共雲南省委副書記李紀恒帶領省政府各部門官員到獨龍江鄉進行社會經濟調研；2010 年雲南省政府提出了獨龍江鄉跨越式發展模式——「獨龍江整鄉推進，獨龍族整族幫扶」的發展計劃，從此獨龍江進入了全面建設的時期。這一系列國家的重視和大力投資建設是基於獨龍江獨特的地理位置、獨龍族的生存狀況，同時，亦是地方精英與國家、地方政府接觸和互動的結果；這是一個國家權力滲透的過程，也是國家改造地方人群生活的過程。是否有獨龍族身份和獨龍江戶口以及是否遵從政府制定的規範，成了能否獲得援助的條件。隨著發展計劃的實施，獨龍族人的生活生產方式發生了巨大變化：民房改建、集中居住模式改變了人與人之間的相處方式；隨著交通、旅遊服務等基礎設施的修建與完善，獨龍族人與外界的互動越來越頻繁，獨龍江與國家的聯繫也更加緊密了。但是，生存與適應依然是獨龍族人面對的重要課題。

第二節　生存的動力學：一個可操作的研究模式

　　正如前面所言，獨龍江峽谷這個獨龍族人賴以生存的自然空間蘊含著歷史、地理、政治意義，在此基礎上經歷族稱身份歷史衍變，涉及國家及地方權力中心與邊緣群體的政治經濟動態關係以及獨龍族人應對來自內外部壓力的措施，因而本書要討論的是在長時段的歷史過程中不斷推動獨龍族人生存和發展的各種力量。具體而言，本書致力於解決兩個問題：一是像獨龍族這樣人口較少的民族在複雜多變的社會環境中如何生存下來；二是透過獨龍族與更大規模的社會環境互動的歷史過程，揭示獨龍族人如何解決物資稀缺以獲取和創造生存所需要的各種條件。簡而言之，我們將從自然—社會環境的視角，探討獨龍族在這兩種環境中不斷存續的原動力以及各種要素之間的相互作用。

一　生存與策略：適應／適應策略作為社會文化的過程

　　在早期研究美洲印第安人的過程中，斯圖爾德提出「文化核」（cultural core）的概念，作為探索人類社會和文化演化的路徑。所謂的文化核，是指與生產及經濟活動最有關聯的各項特質之集合，他把與經濟活動有密切關聯的社會、政治與宗教模式包括在文化核心之內。[66]文化核是人類與自然環境互動的適應性產物。對一個群體來說，文化核表達了特定的生存模式，而技術是文化整合的原動力。文化核與特定的文化—歷史相關聯，由於環境不同，各個人群的文化整合層次也不一樣，因而證明人類社會存在多種不同的演化路徑。在對美洲大盆地肖肖尼人社會變遷的研究中，斯圖爾德提出了家庭層次的

---

66 參見〔美〕斯圖爾德著，張恭啟譯：《文化變遷的理論》，（台北市：遠流出版事業公司，1990年），頁45。

文化整合。由於肖肖尼人主要依賴採集狩獵為生，日常生活中的勞作基本上是單個家庭獨自完成的，這就造成分裂式的社會形態。但是，他們通過聯姻建立起來的親屬網路、家庭之間合作圍獵活動、年節儀式上的博戲和走訪作為社會整合要素。[67]這種文化生態學的研究強調了自然環境對社會制度的作用，認為社會或文化的演化是對地理環境持續適應的過程。斯圖爾德的研究方法對我們研究獨龍族早期的生計模式和社會組織有一定的解釋力度，但是他的假設無法解釋來自群體外面的政治、經濟的影響以及群體本身的應對。正如有學者指出，斯圖爾德的文化概念強調的是技術，忽視習俗和意識形態也同樣要與環境發生相互作用；在選擇環境方面，缺少對社會環境的考慮。[68]沃爾夫則直接指出斯圖爾德的研究模型無法解釋資本主義的滲透、世界範圍的專門化及勞動分工的增長，以及某些人群支配另一些人群的發展。[69]他以歐洲的發展和向全球擴張為例證提出，隨著歐洲的崛起，歐洲的工業資本擴張到全球各個角落，歐洲大陸以外的其它不同來源的社會組織和族群逐漸捲入到這個全球性的體系中。沃爾夫的研究意義在於，他揭示了許多表面上處於孤立狀態的社會與某些社會體系之間似乎僅有著極弱的從屬關係，而這些社會實際上可能已受到那些更大社會體系的根本性影響。

由於自身所處的環境和周邊的政治經濟聯繫程度的不同，部落民和邊緣群體的生存方式亦存在差異性。但與工業社會的居民相比，他們需要依賴自然環境並與之交換材料獲得生存的食物，如動物的馴養與植物的栽培。食物生產是人類生存的基礎，人類依據不同的歷史地

---

67 同上，頁119-143。

68 參見Hardesty Donald. *Ecological Anthropology.* John Wiley & Sons, 1977:10.

69 參見〔美〕埃里克・沃爾夫著，趙丙祥、劉傳珠、楊玉靜譯：《歐洲與沒有歷史的人民》（上海市：上海人民出版社，2006年），頁22。

理條件，發展多樣的食物生產方式。人類學家科恩（Yehudi A. Cohen）通過考察不同的食物生產類型，提出了「適應策略」的概念，用於描述和分析一個群體的經濟生產體系。科恩認為，人類社會發展至今，出現了「搜食、粗耕、農耕、畜牧和工業化」五種適應策略。[70]每一種適應策略對應一套社會類型，其中「搜食」和「粗耕」是人類學者早期和現在仍然關注的生計方式，與之相對應的是簡單社會和居住在邊緣地區的族群。搜食指的是以採集、狩獵和捕撈為謀生方式，與之相關的是遊群組織形態的社會。搜食者（foragers），也被稱為狩獵採集者，與其它食物生產者不同，他們主要依賴自然環境謀求生計。從考古學角度，這是舊石器時代人類的一種經濟生產策略。粗耕者並不會密集使用任何一種生產工具（如土地、勞力、資本與機械），而且使用簡單的工俱如圓鍬和掘棒種植作物，他們的田地亦不會被永遠耕種，會有一段長短不一的休耕期。這種耕作方式最典型的是刀耕火種農業種植技術，在乾季砍倒樹木和雜草，曬乾後放火焚燒，使之留下灰燼肥化土壤，到了雨季種植作物、照料和收穫。通常，這塊地只耕作一年。因而，它要求一定的物理環境條件，如季風氣候、快速生長的叢林和相應的人口密度。科恩把文化界定為包括技藝、策略、制度、觀念和人類獲取生存能量過程中相應的特殊習俗的總和。因此，他視文化為人類適應環境所仰賴的重要手段。在文化演進過程中出現多種演進的模式，這是由個人和群體適應能力的程度不同而導致的，人類社會進程中五種適應策略體現了文化適應的程度。按照科恩的觀點，搜食者和粗耕者的文化適應程度層次比較低。這種通過食物生產的差異進行不同群體和社會的適應策略的分類對我們的研究很有啟發，可以揭示生產技術、生存模式、社會和文化的其它方面之間的相

70　參見Y. A. Cohen. "Culture as Adaptation". In Cohen Y.A. *Man in Adaptation*: *The Cultural Present*. 2nd. (ed.) Aldine, 1974b: 45-68.

互關係，但我們的興趣不在於各種程度的適應策略的演進，而是要考察在歷史過程中不同適應策略的聯繫和互動關係。

埃蒙德・R. 利奇雖然沒有提出明確的適應或適應策略的定義，但他在研究緬甸克欽人的貢勞/貢薩政治體繫時，考察了物質環境和社會（政治經濟）環境的動力學作用。克欽人是生活在緬甸北部高地和中國雲南西北部的山地族群，主要依賴燒墾季風雨林刀耕火種農業種植為生計。從它的歷史過程來看，克欽社會總是在貢勞和貢薩兩種政治組織類型之間來回擺動，即它搖擺於等級主義的頭人—扈從關係模式「貢薩」和一種平權主義的組織模式「貢勞」之間。利奇認為，之所以發生擺動，是由於克欽社會應對內外壓力的反應，並且具體提出了「物質環境」、「政治環境」、「人文因素」三種動力因素[71]，但是起決定作用的是克欽政治體系本身內部深層結構中存在的矛盾——是否遵守「姆尤—達瑪」的婚姻原則和親屬義務。喬納森・弗里德曼運用結構馬克思主義觀點，分析了利奇的田野民族志資料，特別注意了導致克欽社會結構發生擺動和轉型的生態因素、經濟條件。他提出了四層次的模式：生態系統限制生產力、生產力限制生產關係、生產關係反過來支配生態系統和上層建築。[72]由於刀耕火種式種植業所得報酬很低，那些必須向贈妻者支付彩禮的世系群就不可避免地為債務所困，他們只能通過分裂來解決這種困境。相反，如果克欽人的某些分支世系頭人能夠為全村舉辦盛宴，他會因此被認為對神靈世界擁有更大影響，他就能得到更多的妻子和追隨者，從而獲得更大的聲望和勢力。於是，通過環境、經濟、親屬和宗教等因素連續的結合，貢勞式

---

71 參見〔英〕埃蒙德・R. 利奇著，楊春宇、周歆紅譯：《緬甸高地諸政治體系——對克欽社會結構的一項研究》（北京市：商務印書館，2010年），頁217-249。

72 參見Jonathan Friedman. "Marxism, Structuralism and Vulgar Materialism". *Man(n.s.)*, 1974(9):444-469.

的平權制演變為貢薩制。埃里克・沃爾夫從全球化的整體視野中指出，克欽社會政治體系的擺動是受到東南亞鴉片貿易的影響而做出的適應性變異，後者則是受到資本主義全球體系刺激興盛起來，因此，鴉片貿易帶來的影響才是「擺動」的原動力。[73]在地方與全球視野中，我們很難認為存在著一種單一、自足的整體社會，適應可以看作地方對全球體系入侵的應對過程，這是利奇的研究帶給我們的啟示。

　　巴特在斯瓦特地區的田野民族志研究，從行動者的微觀視角對該地區的政治體系進行了經典研究；同時，他還關注到了地方生態因素對不同群體生存模式的影響。他引入「生態位」（niche）概念，藉以說明在整體環境中，不同群體（族群）之間存在資源競爭和共生的多重關係。[74]在斯瓦特河谷，生活著三個不同食物生產方式的部落，分別是定居的農耕民巴坦人、農牧兼營的科西斯坦人以及典型的游牧民古加斯人。對他們的研究發現，生活在不同生態位（小生境）的三個部落通過各自的適應策略都可以在當地生存下來。巴特認為，文化的生態適應對族群的分佈是具有影響力的因素之一，可是在從事分析時也需要考慮區域外的因素，還需要評估族群分佈的相鄰程度和孤立程度。

　　一直以來，人類學者對適應策略的研究，在理解環境的概念上偏向於自然環境，將環境和人類的關係視為文化即環境適應機制，或將適應策略視為文化去加以研究。20世紀70年代以來，一些學者將環境的概念擴展到社會人文環境。約翰・本內特的《生態的轉變》一書可以說是這方面的代表。他在書中強調了人類文化、自然環境、技術

---

73 參見〔美〕埃里克・沃爾夫著，趙丙祥、劉傳珠、楊玉靜譯：《歐洲與沒有歷史的人民》（上海市：上海人民出版社，2006年），頁405-406。

74 參見Fredrick Barth. "Ecologic Relationships of Ethnic Group in Swat, North Pakistan". American *Anthropologist*, 1956(58):1079-1089.

和社會政策之間的互動關係，提出「社會自然體系」分析框架的主
張，以期從整體上把握與克服人類環境和自然環境之間的對立。本內
特認為，適應是一種社會過程和行為策略，理性或有意圖地操控社會
和自然環境。因而，適應的行為要從多維度分析：某個人的適應對於
他人或群體可能引起不良適應；有時適應成功的行為，為特定個人提
供了短期的利益，但可能會造成環境破壞，並威脅到群體的長期生
存。[75]

　　民族志資料表明，今天仍有一些狩獵—採集民在某些環境中存續
下來，他們分散在澳大利亞、南部非洲、中部非洲的森林、東南亞、
亞馬遜盆地和極地附近地區的小塊地方。這些搜食者社會至少會有一
部分的生計是依賴自己從事的食物生產，或依賴由食物生產者所提供
的食物。同時，一個顯著的跡象表明，所有的搜食者已經與外面的經
濟和政治機構緊密地聯繫在一起，與周圍族群的聯繫越來越頻繁，成
為一個體系。[76]在每個地方，他們逐漸地被整合到國家中去，與此同
時，他們的傳統方式受到威脅，隨著領地的喪失，他們傳統的生存模
式變得越來越難以為繼。粗耕者同樣也遭遇相類似的生存困境。面對
這種現象，人類學者亦轉而研究這些群體的現代性問題——在現代社
會轉型中存在的適應問題，以及關注他們作為行動者如何與政府機構
和資本抗爭，爭取維繫傳統生活方式的政治過程。

二　中國的山地民族研究經驗

　　20 世紀 50 年代後，生活在中國的部落民和邊緣群體，基本上被

75　參見 J. W. Bennett. *The Ecological Transition*.Pergamon Press, 1976:3.

76　參見 B. Richard. "Twenty-first Century Indigenism". Anthropological Theory, 2006(6):
　　455-479.

納入了國家的政治體系中，通過民族識別被整合到相近的更大的群體或者被識別為單一民族而成為中國的少數民族。由於他們生活於國家的邊疆或邊境地帶，生存方式獨特，因此受到了國家、學界的關注，特別是這時期國家力量已經介入這些民族生活的地方，直接涉及他們的生存與發展。20 世紀 50 年代，民族學家林耀華與俄羅斯學者切博克薩羅夫合寫了《中國的經濟文化類型》[77]一文，提出了「經濟文化類型」的概念，在這一理論框架下，將中國的民族經濟文化狀況劃分成三大類型，即採集漁獵、畜牧和農耕，其中農耕型又細分成山林刀耕火種、山地耕牧、山地耕獵、丘陵稻作、綠洲耕牧和平原集約農耕。[78]當時基於社會進化論思想的解讀，將採集漁獵型和刀耕火種作為社會發展的低層次的生產方式進行改造，將內地的發展模式引入這些民族地區。30 年後，林耀華等學者重新界定了經濟文化類型的概念，將原來的「自然地理條件」改為「生態環境」，用「生計方式」替代了「社會經濟發展水準」。這樣，新的概念被描述為：「經濟文化類型是指居住在相似的生態環境之下，並操持相同的生計方式的各民族，在歷史上形成的具有共同經濟和文化特點的綜合體。」[79]經濟文化類型概念的重新修正，契合了國內外政治經濟環境，強調了人類活動與環境的關係，以及環境觀念和文化多樣性的意識，不再注重各種經濟文化類型之間的比較研究。這種研究的思路一直影響著當代學界，在這個基礎上，發展了民族生態學、生計方式和文化適應等研究方向。比如，尹紹亭等學者對西南山地民族的刀耕火種農耕方式的研究，從當地環境條件、人口、生產習俗和宗教觀念的角度重新認識了

77　轉引自林耀華：《民族學研究》（北京市：中國社會科學出版社，1985年），頁104-142。

78　參見林耀華：《民族學通論》（北京市：中央民族學院出版社，1990年），頁90-97。

79　同上，頁87。

這些民族與環境之間的關係，強調了這種農耕方式包含著當地人對自然的認識和態度，以及他們的世界觀和宇宙觀的地方性知識，從而改變了人們對刀耕火種方式破壞森林環境的簡單看法。[80]吉首大學的楊庭碩提出從可食植物的演變替代中去理解中國歷史，他試圖從歷史視野中獲得傳統生態人類學研究的突破；他的同事羅康隆結合中國民族志個案，提出「文化制衡」的概念來突破生態人類學視野中的文化適應研究。

在西部大開發的背景下，2000 年由費孝通提出並擔任顧問的一項針對「人口較少民族」[81]的社會經濟發展調查在全國展開，在稍後進行的中國第六屆社會學人類學高級研討班上，費孝通作了「民族生存與發展」的主題演講，引出了「小民族」的課題，即一些人口較少、文化根底不深的民族在當代社會轉型中面臨的文化保護與群體生存的兩難困境。[82]作為這一專案的成果和費孝通「小民族」課題的實踐，何群博士的《環境與小民族生存──鄂倫春文化的變遷》具有代表性。她以鄂倫春人為例，對其歷史和現實生活狀況進行了研究。她認為，包括鄂倫春族在內的生活在世界各地的小民族，其傳統文化是適應歷史上其周圍的自然環境和社會文化環境的產物。面對現代化進程的推進，環境急劇變化，傳統文化簡單性的特點束縛了小民族適應新環境的能力。[83]她依據民族志資料，重點對鄂倫春族所處環境的變

---

80 參見尹紹亭：《人與森林──生態人類學視野中的刀耕火種》（昆明市：雲南大學出版社，1999年）；莊孔韶：〈可以找到第三種生活方式嗎？〉，《社會科學》2000年第7期。

81 人口數量在10萬以下的民族被界定為人口較少民族。

82 參見費孝通：〈民族生存與發展：第六屆社會學人類學高級研討班上的演講〉，《西北民族研究》2002年第1期，頁15-17。

83 參見何群：《環境與小民族生存──鄂倫春文化的變遷》（上海市：社會科學文獻出版社，2006年）。

遷與其生存和發展之間的關係進行探索，並通過個案對小民族的生存、發展和環境之間的關係進行理論總結。何群博士這篇論文的重要意義在於她重新確定了「小民族」概念，從而與中國民族發展現實問題聯繫起來，極具學術和現實影響力。另一位學者包路芳選擇了鄂溫克族作為研究對象，探討鄂溫克族社會變遷的動力。作者認為，它是在外部強力推動下，結合本民族內部社會文化的機制積極調適而形成的。[84]鄂倫春、鄂溫克族與獨龍族的生存地理區位相似，都面臨著現代化進程的壓力，有很多共同的問題。筆者的研究雖然側重於獨龍族如何應對問題的角度，但是，她們的研究成果對於筆者的研究仍具有借鑒意義。

很多國內外學者按照經濟文化類型，把不同生計方式的民族分成農耕民族、游牧民族、狩獵民族。依據獨龍族的生產生活方式應將其歸為狩獵民族，雖然大多獨龍族人現在已經轉型為農耕民或者旅遊業者，但是他們對所處的自然環境依賴性仍然是很強的；對於這類民族的研究，筆者比較關注的是他們在現代化趨勢下的社會文化適應和變遷的問題。麻國慶一直關注著北方游牧民族和狩獵民族在經濟開發大背景下的社會性問題。他認為，在當前國家發展政策的影響下，狩獵民目前具體的生活和技術的變遷，已和我們的想像相去甚遠。他通過梳理日本學者在這方面的研究，指出對狩獵文化的研究轉型，即從對狩獵文化的本質主義的人類學研究轉向了作為「社會問題」的人類學的研究。他認為，這種問題的人類學研究，對於理解和認識現代社會的狩獵民族所遇到的問題有著直接的借鑒意義。[85]由此可見，當前比

84　參見包路芳：《社會變遷與文化調適──游牧鄂溫克社會調查研究》（北京市：中央民族大學出版社，2006年）。

85　參見麻國慶：〈開發、國家政策與狩獵採集民社會的生態與生計──以中國東北大小興安嶺地區的鄂倫春族為例〉，《學海》2007年第1期。

較多的學者關注了土著民或者小民族的生存問題，對解決傳統文化持續性與經濟發展的困境提出了多種解讀和解決思路，而且將目光轉向了生產群體與社會環境的動態關係。比較明顯的是，學者們都用「他者」的眼光來看這些少數民族遇到的問題，但很少從研究對象作為社會行動者來考察他們遇到的各種現代性的問題，以及採取怎樣的行動策略以獲得生存空間和資源。不論他們的研究視角如何不同，但從整體上說對筆者即將開展的研究有著啟發和拓寬視野的作用。

三　與本書相關的獨龍族研究狀況

從地理、自然環境、生計方式、人口和社會發展脈絡看，20 世紀 50 年代國家承認和識別的獨龍族屬於人口較少的山地民族。儘管主體獨龍族人聚居地位於中央權力中心邊緣地帶，但這並不意味著他們直到現今才受到學者的關注。較早進入獨龍江進行田野考察的是民國學者陶雲逵，他在發生邊疆政治危機、邊界勘查日趨頻繁的背景下關注獨龍江和獨龍族人。他主要的貢獻在於提出了獨龍族人體質、文面現象的研究價值，同時搜集了有關獨龍族人的第一手神話材料。20 世紀五六十年代，由國家民委（全稱為「中華人民共和國國家民族事務委員會」）組織調查組先後進入獨龍江流域，重點調查了獨龍族的社會形態，在調查資料的基礎上，於 20 世紀 80 年代編輯出版了《獨龍族社會歷史調查》（一、二冊）、《獨龍族社會歷史》、《獨龍族簡史》等一批文獻。1979 年，中山大學歷史系民族考古專業（人類學系的前身）師生在梁釗韜、楊鶴書、陳啟新等人到貢山調查研究的基礎上編印了《滇西民族原始社會史調查資料》，其中第六部分有「貢山獨龍族」，包括獨龍族的生產和土地佔有形式、家族公社、風俗習慣以及貢山的民族關係等內容。1982 年，雲南民族研究所蔡家

麒、楊毓驤等深入獨龍江流域進行民族綜合考察；翌年，雲南民族研
究所將調查資料編印成《獨龍族社會歷史綜合考察報告》。這次調查
的資料補充了前幾次的調查，同時對原有的資料在某些提法上進行了
修正，並增加了物質文化、思想文化、語言、心理素質等方面的內
容，特別是在宗教信仰、獨龍族與察瓦龍藏族的歷史關係等方面有了
新的材料。為了獲得察瓦龍地區的歷史材料，年近 60 歲的楊毓驤在
嚮導和翻譯陪同下從獨龍江上游徒步到察瓦龍鄉、察隅縣城等地考
察，其調查資料和行程記錄整理後於 2000 年年底由雲南大學出版社出
版。[86] 由於史書上有關獨龍族資料的記載有限，上述自 1950 年以來的
多次調查和後續整理的資料，基本上構成了獨龍族社會歷史文化的總
體民族知識資料，後來的學者在此基礎上挖掘新的資料並加以解讀。

　　2000 年以來，隨著獨龍江地區縣城到鄉政府公路的修通，移動
通信、電視傳媒也進入了普通村民的日常生活，獨龍族與外界的接觸
和互動更加頻繁和緊密，他們生活方式變化的步伐越來越快了。在這
樣的背景下，學者進入獨龍江田野調查比以往更加便利，而他們關心
的研究主題正與地方社會文化的變遷有關。郭建斌是首先進入獨龍
江，並在北部村落進行田野調查而獲得博士學位的學者。他的研究關
注點在於電視作為獨龍江與外界聯繫的橋樑如何影響著村民的日常生
活，如何將國家權力和現代化的生活信息帶進邊遠的山區，並與當地
社會轉型、文化整合相聯繫。郭建斌博士畢業後到雲南大學新聞系任
教，並延續了獨龍江的調查研究，寫成《邊緣的遊弋》，於 2010 年由
雲南人民出版社出版。在該書中，他以國家—社會的研究視角，關注
了一個獨龍族村莊自 20 世紀 50 年代以來的社會變遷現象，呈現了獨
龍江村莊在國家與社會、中心與邊緣之間不斷搖擺遊弋的過程。與郭

---

86 參見楊毓驤：《伯舒拉嶺雪線下的民族》（昆明市：雲南大學出版社，2000年）。

建斌不同的是，高志英從整體的視角來描述獨龍族文化觀念的演變過程。在 20 世紀 50 年代和 80 年代兩次大的政治經濟轉型中，獨龍族的社會文化產生了巨大變化，也使其觀念逐漸發生演變。高志英指出，在這個過程中，一方面，獨龍族觀念從傳統到現代的過渡、跨越並不完全與徹底，新觀念在萌芽中還有舊觀念烙印的特點，各自的精華和糟粕因素同時存在；另一方面，獨龍族內部不同層次的人群之間的觀念演變程度存在差異性，呈現對主流文化的逐漸趨同和多元化發展的趨勢，多種觀念之間也如同其背後的社會文化因素之間相互聯繫並在演變過程中相互影響，同時，觀念的演變反過來又影響著獨龍族社會文化的變遷。簡而言之，獨龍族觀念的演變以外源性發展動力作用為主，獨龍族觀念發展是外源性動力與內源性動力相互作用的結果。[87]

從上述獨龍族研究的軌跡中，我們會發現不同時代的主流意識對問題的解讀所產生的影響。20 世紀 80 年代以前的研究，非常明顯地看到了馬克思主義的演化論思想的痕跡，如對社會經濟形態的研究，調查和研究的重心都在於挖掘和發現 20 世紀 50 年代以前獨龍江社會發展到何種程度以及在社會演化中處於哪個階段。2000 年以後，學者轉而更關心現代社會的經濟開發對傳統文化的影響，即傳統文化的保存、社會變遷與文化適應的問題。作為學術史的一部分，早期的研究隱含的政治性和意識形態方面的意味比較多，但我們不能因看到時代局限性而棄之不理。對文面現象的探索，不能停留在文化殘存的解讀層面，如果將其放在歷史的脈絡和政治經濟的情境下理解，那它不僅是一種孤立的文化現象，還是有關獨龍族生存、政治權利、文化象徵的表達。與早期的研究相比較，當代的研究關注了內外互動，彌補了單一社會研究的缺陷，但是國家與社會或者中心與邊緣的二元對立

---

87 參見高志英：《獨龍族社會文化與觀念嬗變研究》（昆明市：雲南人民出版社，2009年）。

視角的解釋框架存在的不足還沒有得到足夠重視。即在強大的外界力量的支配下，地方總是處於被動適應之中，地方社會文化內部的深層結構存在的矛盾被忽略，對行動者如何解決這種結構性矛盾也沒有進行分析和強調。筆者認為，不論是資源（土地）佔有制、文化表徵還是社會轉型下地方與國家的互動等，都是獨龍族群體繼續生存需要的動力。筆者的研究試圖整合各種生存的要素，突破以往研究中存在的片面性。這也正是本書所力圖展現的研究價值和意義。

　　清末以降，英國、法國、美國等國家的不少傳教士、探險家、軍事政客潛入獨龍江流域進行各種探查活動，留下了一些記錄。但真正以學術為目的進行考察和研究的，是 20 世紀 90 年代進入獨龍江田野調查的法國學者施蒂恩（Stéphane Gros）。目前，我們找到他發表的 5 篇文章，雖然還不能對其進行總體評論，但從中還是可以看出一些人類學研究的軌跡。他利用早期傳教士留下的日記和記錄，結合田野調查材料和中國檔案資料，描繪了早期獨龍江流域的歷史與文化，對獨龍族的「儀式活動」、「族群認同」等主題進行了人類學研究[88]，給我們帶來了新穎而獨特的視角。施蒂恩從利奇的「儀式語言」的象徵表達中找到靈感，認為滇西北的藏緬語族群透過一種「分享的儀式」表達各族群共用的文化。獨龍族與這些藏緬語族分佈在高山峽谷之中，地理空間的劃分不僅具有族群生態學的意義，還對族群的分類和界定起到重要作用，並認為族群關係是在區域歷史脈絡和政治經濟情境中構建出來的。施蒂恩的研究引發了我們對滇西北邊疆社會複雜性的關注；與此同時，我們也要警惕他研究中存在的「無國家」歷史視野帶來的誤讀。

88　參見〔法〕施蒂恩著，，周雲水譯：〈缺少的分享：喜馬拉雅東部（中國雲南西北部）作為「整體社會事實」的分享的儀式語言〉，《青海民族研究》2009年第3期，頁23-33。

四　理論假設：提出動力學模型

　　不論是個人還是群體生存問題的分析，都應該從整體的視野考察獨龍族人生存的各種要素。食物是維持生存的物質基礎，一方面，在獨龍江河谷的高山峽谷限制了可耕地面積，而以刀耕火種為主的農業種植產量低下，生產的食物不能滿足當地人的口糧需求，他們需要上山採集挖掘以及捕獵來救荒；另一方面，通過獨龍江內部的互惠義務和交換社會體系來解決糧食稀缺的問題。我們從前面介紹的歷史中瞭解到，自18世紀以來，獨龍江與周邊地區之間的貨皮與鹽糧貿易就進入了官方視野。可以想像，隨著內部人口的增加以及國家力量的介入，內外之間的互動和接觸更加頻繁。因此，我們將食物的生產和供給作為切入點，觀察人與物理環境和社會環境之間的互動，透過長時期的歷史考察，分析由此而產生的生存困境以及解決生存的手段和條件。生存的手段和條件即是維持個人和群體繼續生存的力量。由於生態、人口和政治環境等變數的存在，各種推動獨龍族人繼續生存的力量充滿了變數，與生存有關的生態、經濟、社會結構和意識形態領域參與到了生存過程的動態整體中，各種要素通過互動產生影響，從而推動或延緩獨龍族社會的發展。這就是本書所講的生存的動力學的基本內涵。

　　動力學的提法來源於19世紀法國學者孔德的思想。受啟蒙思潮「理性」、「進步」等思想的影響，孔德認為社會學學者可以像牛頓揭示力學法則的方法一樣去揭示統治社會的法則，因而創立了社會學——一個建立在當時物理學模型基礎上的社會學理論方案。他將社會學分為社會靜力學和社會動力學，前者研究社會結構和秩序，後者研究社會進步和變遷。孔德提出的社會動力學是要找出「進化的法則」，或者社會系統隨著時間推移的變遷模式。用今天熟悉的術語來

講，就是探討社會變遷的動力。我們從孔德思想中獲取動態和發展模式的理論靈感，討論獨龍族的生存與發展，目的不在於揭示各種生存方式發展的階序，而是分析和揭示獨龍族人在改造自然、人與社會、獨龍江與更大範圍的社會互動中產生的各種力量，以及這些力量之間存在的聯繫。這種分析和理論框架直接受惠於利奇對緬甸高地克欽人的政治體系的研究，以及埃里克・沃爾夫在《歐洲與沒有歷史的人民》一書中對全球資本主義體系的分析。

利奇描述了克欽社會在貢勞與貢薩兩種政治組織模式之間擺蕩的現象，他提出有三種外在的力量推動著鐘擺式的政治體系，它們分別是生態環境、人物以及政治環境。這種分析解釋模式打破了結構功能主義靜態的、單一的整體社會解釋框架。沃爾夫則把視野放大到更廣闊的全球範圍中，認為以往人類學研究的土著社會是歐洲擴張的產物。沃爾夫的分析隱含著政治經濟學的理論框架，他的分析帶給我們長時段的歷史深度和中心與邊緣的視角，但是，我們也要警惕中心（資本）支配力的擴大化，以免忽視了地方社會內部之間的互動關係以及社會結構中潛在的深層次矛盾。正如吉爾・斯坦因對世界體系的批評。他認為，世界體系模型的定義太寬泛了，往往未加批判就被用來解釋前資本主義的區域內部互動。[89]他指出這種模型潛在的預設，如中心區的支配地位、不平等交換以及貿易充當發展的原動力，無不掩蓋了前資本主義區域內部網路發生的真實情況。

與此同時，我們要引入「生產方式」（mode of production）的概念，以便和食物生產與社會體繫聯繫起來。生產的概念最初源自馬克思的政治經濟學理論。與經濟學不同，馬克思所講的生產不與分配、

---

89 參見J. Stein Gil. Rethinking World-systems: *Diasporas, Colonies and Interaction in Uruk Mesopotamia*. University of Arizona Press, 1999:47.

交換等項目並列，而是一種社會結構（社會體制），馬克思稱之為「生產方式」。按照《資本論》的觀點，生產方式指的是一種綜合結構，它包含「勞動過程」和「生產過程」。勞動過程是人與自然的材料交換（生產力的結構）；生產過程則意味著特定歷史時代特有的生產關係（具體來說，是資本與雇用勞動、領主與農奴那樣的階級性的社會關係）。這樣，生產方式概念的引進，使得人類與自然、社會之間的互動有機結合起來，這點在結構馬克思主義學者中引申為「聯結」（articulation）這一術語——指眾多要素諸環節的有機結合，而不是組合。[90]馬克思提出生產方式概念，用於分析西方資本主義社會，人類學者從中汲取思想，重新界定了概念以彌合馬克思對非西方社會分析的缺陷。在這方面的努力，沃爾夫提出的定義比較有代表性，也契合了本書的研究旨趣。他認為，生產方式指的是一組特殊的、歷史地發生的社會關係，人們藉此以工具、技巧、組織及知識為手段實施勞動以從自然界獲取能量。[91]依據這一定義，沃爾夫區分了三種不同的生產方式類型，即資本主義生產方式、朝貢式生產方式及親屬關係生產方式，用於分析1400年以來歐洲對世界其它地方的影響。通過生產方式的概念，可以揭示政治經濟關係，尤其是非工業社會中的親屬關係在經濟生產過程中的作用得到了重視；同時，還可以分析不同生產方式主宰的社會互動、聯結產生的結構性權利，將權利不平等解釋為獲取勞動力與生產資源不平等方式的結果。

依據上述分析的概念和理論框架，我們可以解析1949年以前的獨龍江社會形構的過程，包括獨龍族人的生存空間、適應策略、與周

---

90 參見〔日〕今村仁司著，朱建科譯：《阿爾都塞：認識論的斷裂》，（石家莊市：河北教育出版社，2001年），頁213。

91 參見〔美〕埃里克・沃爾夫著，趙丙祥、劉傳珠、楊玉靜譯：《歐洲與沒有歷史的人民》（上海人民出版社，2006年），頁91。

邊鄰族的貿易互動關係，揭示獨龍族人生存狀況——與納西族土司、藏族勢力、貢山設治局、中央政府之間的互動和不平等的格局。但是，這種宏觀的分析框架無法解釋民族國家政治架構下即 1949 年以來獨龍族社會精英為民族生存與發展進行的種種活動，同時，地方社會與中央政府和國家之間的關係顯得只見樹不見林。地方是如何與更大區域、國家發生聯繫和互動呢？為瞭解決這個問題，我們從行動者的視角尋求突破，行動者既指有目的、有意圖的行動中的群體和團體，也指個體，這樣將宏觀結構與微觀個體行動有效聯繫起來，把獨龍族精英——政治、文化或宗教精英整合到行動者範疇，更好地將日常生活中的互惠與交換行為結構化，同時也能避免中心與邊緣視角引起的簡單的二元對立分析的陷阱。

綜上所述，我們可以做出這樣一種預設——18 世紀以來，在生存的歷史過程中，獨龍族人在依賴生存的自然空間中採取農耕（刀耕火種）兼採集和捕獵的適應策略。他們的適應過程無不受到更大的政治經濟力量的影響，這種內外之間的聯繫和互動，既產生了生存的困境和壓力，也提供瞭解決生存問題的契機和條件。按照獨龍江社會歷史發展脈絡，我們提出以下幾個動力要素，當然這裏不可能窮盡所有方面的因素，只是為了分析的便利，選擇能夠呈現獨龍族人在不同歷史時期和政治經濟環境下的生存與其衝突和調適的過程。其具體要素以及各個要素之間的聯繫和互動。

需要特別指出的是，組織制度主要包括政治和宗教組織體系，以及家庭組織和婚姻原則，它們在食物分配和社會秩序維持上發揮著作用；所列的各個生存要素不是靜止的，而是動態和發展的，但是政治經濟環境是最複雜也是最易變動的，它在不同時期的表現形式不一樣。在王朝時代，影響獨龍族族人生活和生存的主要外部因素是滇西北和西藏地方勢力。具體來說，西藏察瓦龍喇嘛寺勢力、貢山設治

局、滇西納西族土司與獨龍族人的多重政治關係格局，它們之間的互動是構成區域政治經濟環境的主要因素，獨龍族人的政治組織體系、經濟生活和文化表徵無不與之相關。王朝末年，中央政府的勢力直接滲入獨龍江流域。1949 年以後，國家的影響力直接關係到獨龍族的生存與發展。近年來市場的開放、交通設施的改善和國家扶持少數民族政策的實施等內容都在這個範疇中。

我們提出獨龍族生存的動力學模型，是基於以下四個方面的預設。第一，獨龍江河谷和兩岸的高山林木為獨龍族人提供了生存的自然空間，多樣的自然資源提供了豐富的纖維蛋白質，廣袤的雨林地帶和低密度人口為刀耕火種式的游耕農業提供了條件。很多獨龍族先民的遷徙以及出獵尋得生活好去處的傳說反映了這一事實。氏族外婚制、游耕農業在一定程度上造成了分散的居住模式，在此基礎上形成了鬆散的父系氏族自治組織。家庭與婚姻組成的親屬體系建立了互惠和交換關係，這構成了建立在生態環境基礎上的獨龍江內部互動系統。第二，一方面，獨龍江周邊逐漸被納入納西族土司和西藏地方勢力的範圍，這兩種地方政治權都建立在農奴制基礎上，需要大量的農奴和稅收增強他們的實力，獨龍江不可避免地成為他們爭奪的最後一片區域；另一方面，獨龍族人也需要通過跟外界貿易，得到生活必需的鹽、衣物和鐵器，以及滿足日漸擴大的糧食需求。這樣，雖有高山峽谷阻隔，但兩種不同互動系統發生了聯繫。在和更大區域的政治經濟環境互動時，雖然獨龍江能夠從外界獲得生活必需品，但不同生產方式之間的聯結帶來了不平等的政治環境，他們只能依附不同的政治勢力，以尋求生存空間。所以，這一時期的獨龍族人的生存能力是最弱的，生存境遇艱難。第三，在內外互動過程中，那些擅長平衡各方利益和緩和衝突的人被賦予了重要地位，這些人在獨龍族社會中被稱為「卡夏」，一般是頭人或者家族長。隨著外部壓力和內部社會的分

層，這類人成為有實力的社會支配者。他們作為內外溝通的中介，在王朝時代是土司、中央政府的代理人，在 1949 年後是地方基層管理者。在本書中，我們將他們統稱為獨龍族的精英。不同時代，他們受教育的程度和能力層次不同，但他們承擔的角色都很相似。一方面，他們代表本地區本民族的利益與土司、政府聯繫，反映生活情況，表達願望，以獲取生存資源和政治支持；另一方面，他們代表土司、政府或者國家控制和管理獨龍江社會。精英所代表的動力在整個群體生存過程中發揮的作用不容忽視，尤其是 1949 年以來，獨龍族精英參與到國家各級事務中，他們積極向政府和國家反映獨龍族的生存狀況，獲得了國家對獨龍江的重視和大力扶持，同時也參與到了獨龍江的開發規劃和實際建設之中。第四，本土山神信仰體系和外來基督教各自承擔著整合社會秩序的功能，具體表現在兩個方面：其一，在特定節日舉行的宴席聚餐活動中達到了食物再分配的效果；其二，參加宗教儀式活動增強群體凝聚力，規範道德行為，有利於維護社會秩序。這是來自信仰和價值方面的動力。

　　簡而言之，本書以食物的生產和供給為切入點，考察各種生存動力之間的互動與聯繫。食物，狹義上指維持生命體所需營養的糧食、蔬菜、魚肉等物質，廣義上包括食品、衣物、住房、勞動工具等人們生產生活需要的物品。與其它因素不同，食物直接關係到獨龍族人的生存和繁衍，並與其它因素發生緊密的聯繫，食物的生產和分配影響著人群的組合、居住模式和對周圍世界的思考方式。同時，食物生產方式不同，導致權利不平等，產生社會分層、族群之間的衝突與合作以及地方和區域力量之間的支配與制衡。因而，食物作為獨龍族生存與繁衍直接相關的動力因素，又與社會制度、文化習俗系統息息相關，使得其它各個因素之間潛在的互動聯繫成為可能。

第三節　田野工作與資料來源

　　獨龍族，史書上記載有「撬」、「曲洛」、「俅子」和「俅扒」等不同族稱。依據語言學分類，他們屬於漢藏語系藏緬語族，但至今仍然無法確定其語支，很多證據表明，獨龍江上游地區的方言與丙中洛怒族阿怒支系方言相近，兩地居民可以通話。獨龍族的先民主要來源於怒江西岸丙中洛和察瓦龍地區，由於維持生計、躲避戰爭等原因不斷往西南遷徙，逐河而居，至 20 世紀中葉才逐漸形成今天的居住格局。20 世紀 60 年代劃定了中緬兩國邊界，中國境內的獨龍族人統稱為「獨龍族」，主要居住在雲南怒江傈僳族自治州貢山獨龍族怒族自治縣獨龍河谷；而緬甸境內的獨龍族人主要分佈在緬北克欽邦境內恩梅開江和邁立開江流域，在宗教領袖和頭人的推動下統一稱為「日旺」。[92]各地的獨龍族人依山水而居，無論過去和現在都保持著經濟文化上的聯繫。除了獨龍河谷，貢山縣丙中洛鄉小茶臘、迪慶藏族自治州維西傈僳族自治縣俅扒卡村以及西藏察瓦龍鄉紮恩、昌西兩村都有部分獨龍族人居住。根據 2011 年貢山縣經濟工作統計資料，全縣獨龍族人口有 5832 人，占全縣總人口的 16.2%。[93]在國家民委近期發佈的一項規劃中，將人口在 30 萬人以下的民族歸為人口較少民族，進行重點扶持以促進其社會經濟的發展[94]，毫無疑問，獨龍族是這個規劃中的人口較少民族之一。從政治地理上看，獨龍族分佈地區位於緬甸北部和中國雲南、西藏交界地帶。

92　參見楊將領、李金明：〈中、緬跨界獨龍族：自稱與他稱釋義〉,《世界民族》2010
　　年第4期，頁78-83。

93　資料由貢山縣統計局於2012年7月提供。

94　《扶持人口較少民族發展規劃（2011-2015 年）》，參見國家民族事務委員會網
　　（http://www.seac.gov.cn/art/2011/7/1/art_149_129390.html），2012年9月8日查看。

　　2011 年 7 月 23 日，筆者背著行李搭上了從昆明到怒江六庫的夜班車，開始了筆者的第一次怒江田野調查。第二天淩晨過了怒江橋，矇矓中所搭乘的臥鋪車停下來，邊境公安上車檢查身份證，筆者才意識到已到中國邊陲之地了。整個怒江州的公路沿著怒江直上西藏交界處，從州府六庫到貢山縣城乘車所花的時間相當於再一次回到昆明的時間，但在峽谷中坐車身心絕不會很輕鬆，尤其是第一次來到怒江的人。六庫和貢山之間還隔著福貢縣。整個怒江州以傈僳族居多，筆者走訪的州縣政協、史志辦見到的負責人幾乎都是傈僳族人，這讓筆者想起了他們先輩在歷史上的強勢地位。

　　貢山，民國時期取之於高黎貢山之意，是怒江沿線距西藏最近的縣城。貢山縣地處高黎貢山北段，位於怒江西岸的茨開鎮是縣政府駐地。1930 年，調查員楊斌銓等人到貢山茨開，有記曰：「內居民三十餘戶，漢夷雜居處。……察瓦龍俅江一帶出產藥材，皆集中於此。」[95] 今天的貢山縣城已是 400 多戶 7000 多人的小鎮，是貢山漢族、傈僳族、藏族、獨龍族、怒族等多民族雜居的政治經濟中心，是通往獨龍江、西藏察瓦龍的必經之地，而來自獨龍江和西藏察瓦龍這兩地的高山藥材也會先集中在這裏銷售和加工，然後再運往全國各地銷售。

　　貢山與西藏察瓦龍兩地有公路相通，但沒有客運班車，也很難有車輛進出。幸運的是，筆者在貢山農貿市場一個藥材鋪裏認識了察瓦龍藏族人紮西。他是一個經常往返雲南和西藏的藥材商人，筆者坦誠地告訴他要去察瓦龍做歷史文化調查，並懇請他幫忙，他非常爽快地答應了，並告知筆者第二天有車回察瓦龍，要筆者到時候跟他聯繫。

---

95 轉引自尹明德、楊斌銓、王繼先等：〈滇緬北段界務調查報告〉，李根源輯，楊文虎、陸衛先主編：《永昌府文徵》（校注本）（昆明市：雲南美術出版社，2001年），頁142-143。

在解決了車的問題後，趁有時間，筆者搭車去了丙中洛普化寺，並對寺裏的僧人進行了訪談。該寺建於 1773 年，由迪慶燕門鄉藍秋活佛始建，它是當時葉枝土司捐建的十三大寺之一。寺裏初期喇嘛多為土司家族人。清中後期，該寺曾代理地方土司管理過獨龍江俅人（獨龍族先民），處理訴訟、稅收等地方事務。

第二天，筆者順利地坐上了此前聯繫好的車，這是一輛掛著西藏林芝地區牌子的警車。車上除了司機，還坐著察瓦龍鄉年輕的黨委副書記以及一個察瓦龍村民和一個昌都人。除了筆者，他們都是藏族人，原來他們是來貢山縣辦事情。一路上，筆者向同車人說明此去察瓦龍的目的，並強調是為了寫一本書而去瞭解地方歷史文化，懇請鄉政府支持和幫助。年輕的副書記曾在西藏大學讀書，非常理解筆者的調查工作，並答應給予相應的幫助與提供調查便利。就這樣，筆者非常幸運地搭上了去往西藏的車。一路上，我看到不畏艱辛的工人在修路、探礦，半路上還看到豎著一塊「外國人不准進入」的牌子，好像是進入了一塊神秘的區域。公路沿著怒江不斷往北走，越到察瓦龍腹地，怒江峽谷兩岸的高山植被就越少，最後則是一片矮叢林和僊人掌；途中經過大流沙地，是 30 年前楊毓驤前輩遇險的地方，今天依然非常危險，山頂上沙石隨時會滾下來砸到過往的人與車。經過 6 個多小時的顛簸和驚險，筆者終於到達了察瓦龍鄉政府所在地𥻗那村。該村位於怒江東岸的一塊臺地上，從雲南貢山縣丙中洛出發到該村，行程共 91 公里。

察瓦龍，是西藏林芝地區察隅縣東南面與雲南相鄰的一個鄉，「察瓦龍」藏語意為炎熱的河谷，「龍」或「絨」在藏語當河谷解，小鎮上飛揚的黃塵和附近裸露的岩石以及稀疏的僊人掌就是一個明證。然而最直接的身體感受才是「熱谷」真實的寫照。清代以前，這地方被稱為「野番之地」。雍正五年（1727 年），清王朝為了扶持黃

教，將桑昂曲宗等地（如芒康、貢覺、左貢、洛隆、碩板多、邊巴）賞給達賴喇嘛為香火地，直接受拉薩噶廈政府管轄。當時，察瓦龍屬於桑昂曲宗管轄，並任命了該地悶空的富戶為協傲[96]管治地方。宣統二年（1910 年），趙爾豐的邊軍控制了該地，並派人勘察了地形、人口、經濟作物等情況，這是該地區最早的漢文字記錄。當時，因為悶空的協傲和喇嘛寺控制地方政治宗教，文獻上常以悶空[97]來指稱今天的察瓦龍地區。宣統三年（1911 年），辛亥革命爆發，西藏地方政府趁內地政局混亂，復又佔據了桑昂曲宗等地，察瓦龍重歸悶空協傲統治，一直到 1950 年中國人民解放軍進駐，才改變了察瓦龍的地方政治結構。目前，察瓦龍鄉有 28 個行政村，分 6 個片區，轄 49 個自然村，居住著藏族、漢族、傈僳族、白族、怒族、獨龍族等多個民族。根據 2010 年國民經濟統計資料，察瓦龍鄉常住人口共有 1153 戶7097 人。[98]察瓦龍地處橫斷山脈北端南北深切的怒江峽谷中，村落分散在低地河谷臺地或是在海拔較高的緩坡上。本地藏族與滇、川、藏三省（自治區）歷史和現實的聯繫都非常緊密，他們講康巴方言，自稱康巴人。在這條峽谷中，靠近南邊雲南貢山的村落，有很多民族雜居；而過了中部昌西村以北，全部屬於察瓦龍康巴人的村子。他們以農牧結合的生計方式，在低地河谷耕種青稞、小麥、玉米等口糧作物；而在高山海拔 2000 至 4000 米之間，有豐富的林下資源和高山牧場，他們相應地從事放牧和藥材、食菌採集活動。察瓦龍人有經商的傳統，過去交通不便，全靠馬幫人力運輸商貨。有驛道從阿墩子途經察瓦龍門空到察隅，民國左仁極所作《昌都雜瑜調查報告》中稱察瓦

---

96 協傲，相當於現在的鄉長，由地方有實權的頭人擔任，3 年一換。據當地人口述，地方有勢力的富戶賄賂西藏地方噶廈政府得以擔任協傲一職。

97 悶空，又作門空或閘工；工，藏族意為沿河較高的村落。

98 資料由察瓦龍鄉辦公室於2011年9月提供。

龍的居民為「察瓦絨巴」，並稱「其人性喜經商，故雲南西北部與康定、昌都等地，處處皆有察瓦絨巴之莊號與騾幫蹤跡。門空一帶，富商尤多，且多與滇商有感情」[99]。本地很多領主多為富商，他們信仰喇嘛教，財富多捐給寺廟。在西藏這樣政教合一的地區，富商們通過捐贈財富和控制喇嘛寺的方式獲得更多權利和社會威望。

由於交通不便，鄉政府駐地與各村之間行程少則 2 小時，多則七八小時。筆者先在鄉府附近村落走訪，一旦有政府部門的車進村筆者就跟著他們一起進村。這樣，在鄉政府的幫助和支持下，筆者先後走訪雄當（自然村）、鄧許、紮那、則那（自然村）、前中瓦、康然和紮恩，對著老進行訪談，初步瞭解察瓦龍的地方歷史，以及各村的生計、人口、婚姻家庭、日常宗教活動和政治活動如村委選舉等情況。其中，前中瓦村和康然村屬於過去的悶空片區，康然村有最大的寺廟達吉寺，過去為地方神權中心，與獨龍江和怒江上游政治經濟聯繫緊密，但一度遭摧毀。今天，重建之後的達吉寺建築規模不足 30 平方米，但香火仍然很旺。

最後筆者選擇紮恩村作為自己長時間田野工作的地方。紮恩村位於察瓦龍鄉中下部怒江西岸，村寨與怒江隔著一座像馱馬的岩峰，此岩峰被當地人奉為有神靈居住的神山，紮恩即「在岩峰後面的寨子」之意。從怒江東岸的察貢公路下來，繞過這座岩峰才能爬到掩藏在半山中的小寨。從地勢上看，此處為易守難攻的要地。紮恩村海拔約1860 米，村落以下的低地是耐旱的灌叢，背後綿延的山嶺即伯舒拉嶺的南端，翻過兩座山後下達雲南獨龍江上游麻必洛，這條路是舊時收稅官來往的唯一路線，亦為雲南到西藏茶馬古道南線之一。無論商

---

99 左仁極：《昌都雜瑜調查報告》，王曉莉、賈仲益主編：《中國邊疆社會調查報告集成》（第一輯）（桂林市：廣西師範大學出版社，2010年），頁49。

貿還是收稅，紮恩都是雲南進入西藏的重要網站。解放軍進藏前，紮恩有四大莊園以及 9 戶平民；民主改革後，大莊園的農奴解放了，分房分土地，成為紮恩村的成員。紮恩有 33 戶 181 人，村民族源分別來自獨龍江鄉迪政當村獨龍族、貢山的怒族和傈僳族、昌都和德欽藏族以及本地藏族，他們大部分都是莊園的農奴、佃農的後代。在訪談中，自稱與獨龍江有淵源的有 18 戶，其中雙親都是來自獨龍江獨龍族的只有兩戶。通過一段時間的瞭解得知，他們的祖輩並非全都是富戶地主買來的農奴，有的是由於自己家庭貧困自願來打工維持生計的。經過幾十年的互相通婚，各族群形成了婚姻親屬關係交錯的一個村落共同體，他們講藏族方言、信喇嘛教，共用一套文化體系。雖然這是一個多族群的村落，但他們的族群身份和歷史淵源並未影響日常生活，只有在村落政治事務（如村委選舉以及縣鄉人大、政協代表選舉等）中才凸顯出族源的符號意義和歷史價值。

　　筆者的房東是獨龍族後裔，但他的父母給他取了藏族名字阿沃頓珠，他長期擔任本村幹部。由於他做事公道，有責任心，擅長處理村內外的事務，在村裏享有很高的威望，是本縣獨龍族人大代表。阿沃的妻子是藏族人，兩個兒子共娶了一個妻子，一家人和睦相處。他們熱情地接待了筆者。筆者跟他們學習語言，一起上山找菌子、挖蘭草、看犛牛。每到祭山的日子，他們就帶著筆者一起到山上煨桑做儀式。這裏的村民每天早上 8 點左右就已上山忙農活了，到晚上 7 點後才回來。經過 1 個月，筆者發現他們基本上生活在山上，村落只是晚上回來睡覺的地方。這就是他們的生存方式，他們寧願上山挖藥材，也不願去城裏打工。經過一段時間的訪談和觀察，筆者基本瞭解了村民的生活和生產習俗，於 2011 年 9 月底離開村子，察瓦龍田野調查暫告一段落。

　　筆者再次返回貢山縣城，然後尋找去獨龍江的客車。獨龍江的交

通比察瓦龍方便多了，有專門的客運公司運營，同時也有私家麵包車來回招攬生意。這個時節雨水少，交通方便，是進入獨龍江的最佳季節。從察瓦龍紮恩村到獨龍江鄉坐車需要兩天時間，而從紮恩往西北徒步翻越兩座海拔 4000 多米高山的埡口兩天之後也可以到達獨龍江上游的村子。據村民介紹，目前舊道草木叢生，若沒有嚮導帶路很容易迷路。

筆者於 2011 年 9 月 31 日進入獨龍江，所乘的車為吉普車改裝的班車，有 7 個座位，每人票價為 100 元。近期人員流動比較大，座位常常爆滿，司機不得不加一兩個凳子給予乘客方便。貢山—孔當公路沿途亦是一片忙碌，國家投入大量人力物力修建獨龍江公路。由於貢山到獨龍江的公路經過海拔 4000 多米的黑普埡口，每年 12 月到翌年 6 月為雪季封山期。目前，隧道正在修建，預計一年後通車，這對獨龍江鄉和生活在當地的獨龍族來說具有劃時代的意義。經過 7 小時，車子到達獨龍江鄉政府所在地孔當村，第二天筆者轉乘貨車，沿著獨龍江北上，經過 4 小時到達目的地──獨龍江鄉最北的行政村迪政當村。

迪政當村轄有冷木當、迪政當、雄當、木當、普爾、向紅 6 個村民小組。全村 154 戶 638 人。其中，冷木當為行政村所在地，海拔1780 米，是該村的政治經濟文化中心。目前，獨龍江鄉進行新農村建設，計劃將迪政當建設成民族文化特色村（如民房改造、村落集中），兩年後要把 6 個村民小組集中於交通地理條件比較好的冷木當和雄當兩個自然村。在 1 個多月的調查中，筆者目睹了獨龍族人拆房建房的過程，也算見證了歷史變遷。雄當為獨龍江麻必洛和克勞洛支流匯合地，沿著麻必洛河，經過迪政當最北的一個自然村木當，過張巴提姆，翻越勒色喇卡，進入察瓦龍藏族聚居區勒巴爾牧場，再翻一座埡口勒恰喇卡，過金獨，可抵達紮恩村。從雄當往西北走，沿著克

勞洛河，經過迪政當村的南代自然村可進入藏族聚居區，最後抵達察隅日東。迪政當行政村駐地原來在迪政當村民小組，1973 年獨龍江發洪水後才遷到冷木當，但這個村名一直沿用至今。冷木當即「寬而長的壩子」之意，從地形地貌上看，冷木當東面與高黎貢山隔江相望，翻過高黎貢山可以到達貢山縣的另外一個鄉──丙中洛，冷木當西靠擔當力卡山，中緬兩國的國界就是從擔當力卡山山頂經過的。

迪政當南面與獨龍江鄉的另一個行政村龍元接壤，兩地中間以山梁為界，龍元以上的地段，當地人稱為喇卡達，迪政當一帶的人則被稱為「住在山背後的人」。筆者在迪政當田野訪談時問及文面女和耆老，他們都有察瓦龍藏族人收稅一直到新中國成立才結束的記憶。可見，察瓦龍協傲統治獨龍江上游和收取錢糧是歷史事實，雖然何時開始統治的還不能確定。同時，老人們也指出，迪政當為舊時察瓦龍協傲管家駐地，每年開春他們從棨恩過來，等收完獸皮、毯子、麝香等貢物後再返回。因此，察瓦龍棨恩村和迪政當村在歷史上通過納貢收稅而聯結在一起。這種歷史上的勾連關係是筆者選擇迪政當村和察瓦龍棨恩村作為田野點的主要原因。

筆者在迪政當田野調查期間，以行政村駐地冷木當為核心，走訪其它村民小組，包括獨龍江兩個支流沿岸最北端的村子木當和向紅小組；11 月中旬趁還沒封山，筆者返回縣城，結束了在獨龍江的調查。

到第二年開春的時候，即 2012 年 2 月初，筆者再次進入察瓦龍棨恩村。由於那時正是藏曆新年前夕，察瓦龍藏族人來到貢山辦貨，一些有車的村民還開車拉貨，這樣，筆者很順利地搭上了棨恩村人開的車進入了察瓦龍。到了棨恩後，筆者同樣住在阿沃頓珠家。這次村裏更加熱鬧了，在外上學的學生與經商的人都回到村子裏。和他們一起過藏曆新年是筆者難以忘懷的田野經歷。筆者也漸漸融入房東家的生活。有時到了轉經的日子，他們沒有空，房東就讓筆者代他們去祭

拜，這讓筆者親身體驗了祭山神活動。在當地人的觀念裏，山神保護他們身體健康、出門安全並帶來好運。老人們說，這裏的獨龍族婦女不文面，因為山神不保護文面的女人。這似乎在傳遞這樣一層意思：獨龍族婦女文面與否都體現了一種生存的觀念。這次的調查主要集中在年節習俗、村落中人際網路關係等方面，同時搜集了一些傳說，並參與了他們的年節活動和祭山轉經等儀式。4月中旬全鄉舉行的賽馬節結束後，村民開始外出，有的上山挖蟲草，學生也陸續迴學校上課，村落又恢復到年前的寧靜。4月底，筆者也結束了第二次的調查，由於獨龍江下雪封山，還沒有開放，只能等到6月開山時才能進入獨龍江。

2012年6月初，筆者第三次來到貢山，這次是和學弟羅波一起進行田野調查工作。我們這次沿著獨龍江下游走訪了巴坡、馬庫一帶的村民。這裏的獨龍族在語言上與上游地區有一些差別，文化上主要信仰基督教，與緬甸獨龍族人來往比較多，所以我們這次瞭解的內容主要集中在宗教和邊境經濟生活方面，同時也瞭解了獨龍族人獲取食物的傳統方式，如董棕粉的製作和食用。由於這段時間正值獨龍江最長的雨季，幾乎每天都在下雨，村一級公路基本癱瘓且到處塌滑，尤其是巴坡到馬庫村的路只能靠人的兩條腿走過去。長時間的雨季給當地人生活帶來了很大的影響，由於公路不通，村民所需的生活物資全靠背運，所以在馬庫一帶我們遇見很多行走在路上的背夫。他們有的是來自緬甸附近的村落。出了國界，他們的山路更難走，當地人稱他們為「不怕死」的人。但是，如果沒有這種不怕死的精神，就沒有吃的糧食和穿的衣服，也就很難生存了。我們和這些背夫走在一起，同樣負載著沉重的行李，但他們的腳步比我們輕盈，只要我們稍不留神，他們便會把我們甩開幾十米遠。如果走得慢，大家很難在天黑之前趕回村子裏。這樣的經歷，讓我們明白了為什麼很多遊客抱怨找的

背夫和嚮導走得太快，這是他們長期生活在獨龍江的習慣使然。

　　由於雨水造成交通困難，南部很多村落的舊房改造工程進展緩慢，很多老房子還沒有拆掉，這也讓我們有機會看到傳統獨龍族建築的模樣。與上游迪政當不同的是，這裏的民居建築多用竹篾圍牆，上蓋茅草，後來改成鐵皮瓦，但仍然用竹篾圍牆。據說，緬甸那邊的房子同樣也是由竹篾和茅草構成。

　　同年 7 月，我們來到了上游，再次見到了迪政當的朋友。村民剛從山上挖藥材回來，他們蓋新房子的進度由於雨水再一次被拖延了。漫長的雨季讓人厭惡，但對於村民來說，這一切他們似乎都已經習慣了。一天之中也並非總是下雨，下雨就關在家裏看電視，雨停就出門找豬草，生活安排得井井有條。而我們則利用雨停的間隙去找報導人[100]。這次我們主要瞭解家族、本土宗教生存狀況，以及 20 世紀 50 年代前去察瓦龍打工的人的經歷。15 天後，我們離開了村子，返回鄉政府孔當。雖然這次調查時間短暫，但我們第一次用雙腳走完從下游國境邊上的欽蘭當到上游迪政當村的路途，從整體上感受到了獨龍江流域獨龍族內部存在的差異性。

　　本書中大部分材料來源於這三次田野調查。在具體搜集材料方法上，我們主要運用人類學參與觀察法，面對面地與村民訪談，參與到當地村民的生活中，親身感受和體驗。同時，在家庭結構、婚姻狀況方面我們也使用了問卷法，當然，也有憑藉面對面交談或者通過材料搜集的。我們也在反思傳統的田野調查方法，這次的調查點比較多，但還是有兩個村的田野調查時間達到了兩個月以上。這種長時間的多次田野調查以及多點調查，目的在於從整體上把握獨龍族的社會文

---

100 報導人：在實地調查中，一些瞭解與懂得地方社會歷史與宗教知識的人，或者生活經歷豐富的人，充當訪談對象，筆者稱之為「報導人」。另外，為了保護報導人的隱私，本書中提到的人名大多用了化名。

化。另一方面，我們不僅關注社會結構和文化規範，同時也注重個體的生活史，這樣在關注整體結構的同時也照顧到了個人生活層面，瞭解了結構和觀念是如何在日常生活中實踐的。前文我們提到獨龍族的歷史文獻記錄很零碎，但不等於沒有，我們沒有漠視它們的價值。所以，我們除了深入獨龍江、察瓦龍現場獲取第一手材料，也去了怒江州、貢山縣有關政府部門瞭解情況，搜集地方文獻，以此對獨龍族的歷史進行深入的研究。

　　雖然我們離開了村子，但這並不意味著完全結束了調查。我們通過電話、手機和互聯網與報導人和村民保持聯繫。同年 9 月，從獨龍江傳來消息說，中國農網進入了獨龍江，以後他們上網更方便了，獨龍族人對國內外大事也有了更多的瞭解管道。國家力量對獨龍江和獨龍族的影響要比以前大很多；這也意味著調查和搜集資料的手段更加多樣化了。最重要的是，我們認識到我們的書寫是在和獨龍族報導人、村民交流合作中共同完成的。與他們一起交流、生活體驗，讓我們深切體會到獨龍族人生存的不易，也讓我們更加敬佩他們的生存意志和信念。

第一章
食物的生產及技能的調適

廣谷大川異制，民生其間者異俗。

——《禮記‧王制篇》

　　世界範圍內任何一個民族始終都面臨著生存的考驗。生活在高山峽谷間的獨龍族人歷來就善於利用大自然無私的饋贈來維持生存。他們在向大自然索取的過程中逐漸形成了特定的文化適應方式。然而，在政府的積極干預下，在社會主義現代化轉型進程中，獨龍族人的生存方式發生了極大的變化，其生存的基礎已悄然改變。

第一節　食物的供給與技能習得

一　植物的認知與採集工作

　　為了延續生命，所有的生物群體都必須滿足某些基本需求，其中最為重要的就是食物，沒有食物便無法生存。正如馬克思、恩格斯所言：「我們首先應當確定一切人類生存的第一個前提也就是一切歷史的第一個前提，這個前提就是：人們為了『創造歷史』，必須能夠生活。但是為了生活，首先就要衣、食、住以及其它東西。因此第一個歷史活動就是生產滿足需要的這些資料，即生產物質生活本身。」[1]

1　馬克思、恩格斯：《馬克思恩格斯文選》（第一卷）（北京市：人民出版社，2009年），頁531。

獨龍族人也不例外，在漫長的社會歷史過程中，他們一直與生存作鬥爭，而刀耕火種農業就是他們與生存作鬥爭的方式之一。

歷史上，獨龍族先民被稱為「俅」。清代以前，漢文獻對俅人的生產生活狀況記載甚少。直到清代的《清職貢圖》、《雲南通志》、《麗江府志稿》等文獻對俅人的生活狀況才稍有記載。不過，上述文獻記載中關於獨龍族人的生產生活狀況記載粗略且語焉不詳。夏瑚《怒俅邊隘詳情》中記錄的「所種之地，惟以刀伐木，縱火焚燒，用竹錐地成眼」[2]，就是對當時俅人刀耕火種耕作方式的描述。民國期間的文獻中獨龍族人依然採用刀耕火種的生產方式。從 20 世紀 50 年代開展的少數民族社會歷史調查的資料中可見，獨龍族的生產方式仍然沒有明顯改變，刀耕火種歷來就是他們獲取糧食的方式之一。但在以這種刀耕火種為代表的原始農業階段，獨龍族人靠天吃飯，生產收成極不穩定，常因為雨水多未能燒出乾地或者糧食被鳥獸偷吃等原因造成收穫量很少，並且因為生產工具的限制，生產力極其低下，人們還不能完全依靠農業來維持生計，一般來說農業收入只能維持 710 個月的口糧，少者甚至不足半年。[3]這種情況到 20 世紀 50 年代仍沒有多大改變。以龍棍為例，缺 3 個月口糧的有 4 戶，缺 2 個月口糧的有 1 戶，缺 1 個月口糧的有 1 戶，缺半個月口糧的有 1 戶，缺 20 天口糧的有 1 戶，共有缺糧戶 8 戶，占總戶數的 53.3%。如遇上天災人禍，則缺糧者更多。[4]因此，歷史上獨龍族人食不果腹是常有之事。

在新的歷史時期，國家對獨龍族人口糧不足的情況甚為擔憂，為解決獨龍族人溫飽問題做出了各種努力。在各級政府的大力幫助下，

2　方國瑜主編，徐文德、木芹、鄭志惠纂錄校訂：《雲南史料叢刊》（第十二卷）（昆明市：雲南大學出版社，2001年），頁149。

3　參見雲南省編輯組編：《獨龍族社會歷史調查》（二）（昆明市：雲南民族出版社，1985年），頁12。

4　同上，頁61。

獨龍族在短時期內實現了由刀耕火種向鋤耕農業的過渡，鋤耕代替了刀耕，刀耕火種地為水田和固定的旱地所代替，也實現了自產稻穀的突破。但由於降雨量多、光照不足以及傳統觀念的影響，固定耕地的糧食畝產比較低。為了彌補口糧的不足，當地人仍然沿襲著刀耕火種的傳統農業生產方式。與此同時，獨龍族人還繼續利用當地豐富的植物資源作為糧食補充。事實上，尋找食物是人類的適應對策中最為穩定的一種形式。[5]而在 1 萬多年前，全世界的人都是採集者與狩獵者。

植物是自然環境諸要素中外部特徵最明顯、與人類關係最密切的環境要素，也是諸環境要素中最具多樣性的要素之一。正確認識植物，對它們加以命名，並對其採取相應的行動，以文化適應的方式積極面對自然，成為獨龍族人生存的重要方式。幸運的是，獨龍族人生活的獨龍江兩岸雨水充沛、土地富饒，有著豐富的森林資源和各種根莖類植物與野菜。因此，每到春荒和夏荒青黃不接時，他們差不多依靠採集的野糧作為生活的主要來源。據不完全統計，獨龍族人採集食用近 200 種植物的根、塊根、莖、葉、花、果、種子等。[6]採集比較多的野菜有董棕、大百合、達格勒、芒、蕎、密幾、阿波、木苦必力、竹筍、克龍、阿龍、葛根、野山藥、野韭菜、竹葉菜、阿特、土仰、吉秋、不裏、野蒜等二三十種，菌類有木耳、青頭菌、羊面菌、松茸、乾巴菌等 20 餘種。周國雁等在對獨龍族農業生物資源及其傳統知識的調查中發現，獨龍族栽種或飼養、管理和利用的農業生物資源極為豐富，共涉及芭蕉科、禾本科、殼斗科、豆科、薔薇科、山茶科、百合科、葫蘆科、茄科、獼猴桃科、胡桃科、漆樹科、蓼科、杜

5　參見〔美〕盧克・拉斯特著，王媛、徐默譯：《人類學的邀請》（北京市：北京大學出版社，2008年），頁128。

6　參見龍春林、李恒等：《獨龍族村社的自然資源管理》，熊清華、施曉春主編：《高黎貢山研究文叢（第二卷）高黎貢山民族與生物多樣性保護研究》（北京市：科學出版社，2006年），頁31。

鵑花科、十字花科、薯蕷科、芸香科、莧科、藜科和天南星科等 20
科 47 個種或亞種的植物。這些種質資源按用途可分為糧食、蔬菜、
果子、飲料、香料及木本油料 6 類。[7]有些學者用表格的形式羅列了
獨龍族採集的常用野生食用植物及食用部位、方法（見表 1-1）[8]。

表 1-1　獨龍族人採集的常用野生食用植物

中文名	獨龍名	食用部位	食用方法及用途
觀音座蓮	Depuche	根狀莖	煮食、烤食或蒸食，代糧
黑木耳	—	全株	煮食或炒肉，野菜
薺菜	—	全株	煮食，野菜
碎米薺	—	全株	煮食，野菜
大百合	—	鱗莖	加工後煮食或蒸食，代糧
董棕	Alei	髓芯	加工後烤食，代糧
野芋	Guiyi	塊莖	烤食、煮食或蒸食，代糧
雞嗉子果	—	果	生食或釀酒，野果
福貢龍竹	Meihao	筍	煮食或加工後做湯，野菜
參薯	—	塊莖	煮食或蒸食，代糧
黃獨	—	塊莖	加工後煮食或蒸食，代糧
五葉薯蕷	—	塊莖	煮食或蒸食，代糧
木瓜榕	—	果	生食，野果
斜倚箭竹	Meihao	筍	煮食或加工後做湯，野菜

7　參見周國雁、伍少雲、胡忠榮等：〈獨龍族農業生物資源及其傳統知識調查〉，《植物遺傳資源學報》2011年第6期，頁999。

8　龍春林、李恒等：《高黎貢山地區民族植物學的研究II：獨龍族》，熊清華、施曉春主編：《高黎貢山研究文叢（第二卷）高黎貢山民族與生物多樣性保護研究》（北京市：科學出版社，2006年），頁23。

中文名	獨龍名	食用部位	食用方法及用途
弩刀箭竹	Meihao	筍	煮食或加工後做湯，野菜
蕺菜	—	根莖、莖葉	生食或煮食，野菜
野核桃	—	種子	生食或烤食，野果
香菌	—	全株	煮食或炒肉，野菜
川百合	—	鱗莖	煮食或蒸食，代糧
西南鹿藥	—	嫩莖葉	煮食或做湯，常用野菜
管花鹿藥	—	嫩莖葉	煮食，野菜
長柱鹿藥	—	嫩莖葉	煮食或做湯，常用野菜
紫花鹿藥	—	嫩莖葉	煮食或做湯，常用野菜
窄瓣鹿藥	—	嫩莖葉	煮食，野菜
甘葛藤	—	塊根	生食或提取澱粉，代糧
鼻涕果	—	果	生食，代糧

　　表 1-1 對 26 種獨龍族常用野生食用植物的食用部位、食用方法做了詳細的分類，並且就糧與菜做了區分。從中可以看出，獨龍族人對分辨周圍的植物資源有著豐富的傳統經驗。蔡家麒也認為，獨龍族的飲食是糧食和野生食物約各占一半的雜食型。[9]而我們在獨龍江調查時，房東也會採摘不同的野生植物做菜食用。可見，獨龍族人採摘野菜的方式一直延續至今。綜上可知，峽谷自然條件給獨龍族人的生產生活帶來極大的不便，但同樣賦予了獨龍族人豐富的自然資源，獨龍族人在這種特定條件下並沒有消極面對，而是積極去適應。因此，在很長的歷史過程中，家家戶戶上山採集，找野糧挖野菜。遇到農業

9　參見蔡家麒：〈獨龍族社會歷史及宗教信仰習俗概述〉，何大明、李恒主編：《獨龍江和獨龍族綜合研究》（昆明市：雲南科學技術出版社，1996年），頁36。

歉收，人們更需要依靠採集來維持生活，度過災荒。難怪獨龍族人說：「只要有力氣挖野糧，在獨龍江即使不種莊稼也餓不死人！」

在眾多的野糧中，董棕是獨龍族人採摘最多的一種。獨龍族人稱董棕為「Alei」，它生長於海拔 370 至 2500 米的石灰山岩地區或溝谷林中，一般高 525 米、直徑 25 至 30 公分。其莖為黑褐色且有明顯的環狀葉痕，果實呈球形至扁球形，木質堅硬，可作水槽與水車，其堅韌的樹皮纖維還能直接作為墊蓋、繩索或房屋的建築材料，有防潮、防雨作用。董棕不僅分佈在我國雲南、廣西，東南亞部分地區也有生長。

董棕粉為董棕的可食部分，是從董棕髓芯提取的澱粉。董棕樹生長緩慢，一般需要 10 年甚至長達 25 年才能砍伐提取董棕粉。董棕粉的提取較為複雜：首先是試砍，先用砍刀從樹的根部逐刀往上試砍，倘若刀刃上沾有澱粉質的白漿，則從此處下刀放倒該樹，然後再沿著樹干上端往下試砍，若有白漿滲出，則由此處截頭，餘下的樹幹便是產澱粉的部分；其次是搗碎，要把餘下的樹幹砍成小塊搬運回家，去皮留芯，然後將髓芯切片剁細；再次是過濾，在靠近山泉或者有活水的地方，用竹木搭穩一個約 1 米高的長方形檯子，檯面用鑽有小孔的竹臺鋪成，四周較高中央稍低，臺下用大片芭蕉葉綁在四周做成個大漏斗，其下放一個寬口細篾筐，把削好的樹芯放在檯面中央，人站在檯面上一邊赤足不斷地踩壓樹芯一邊不斷地沖刷樹芯，踩壓出來的澱粉質隨著流水透過竹篾檯面經芭蕉葉漏斗流入細篾筐過濾，這樣，水流走了，隨水帶下來的澱粉卻沉澱了下來；最後把經過踩壓、過濾後的沉澱物收集起來用麻布毯子緊緊包裹並放好，晾曬或在火塘邊烘烤後便可以得到成塊的澱粉。整個董棕粉的提取過程複雜而又耗時，特別是赤足踩壓削好的樹芯這個過程，很容易弄傷踩壓人的腳。在訪問中，不少報導人跟我們訴說踩壓樹芯時腳底多次弄出血泡。

　　董棕粉的吃法也有多種。有燙著吃的，先用冷水把董棕粉拌濕然後用開水燙，再加點糖；也可以直接烤著吃，將董棕粉焙成粑粑「阿雷不列」，或者與其它的雜糧一起煮食。由於董棕樹的生長期較長，特別是生長20年以上的樹，產量很高，一塊2尺多的樹幹就能產五六十斤董棕粉，全樹總產量約為700斤粉。所以，獨龍族人比較喜歡在房屋的四周栽種董棕樹，缺糧時砍一棵再接著種一棵。如此往復，該樹就成為大自然賜予獨龍族人家的「麵包樹」。據馬庫村現任村支書介紹，董棕粉有降血壓、止瀉、治療糖尿病等功效，對皮膚也有益，不過黏在身上就癢。現在居住在巴坡以下的一些村民有時還製作董棕粉，但大部分居民是從境外緬甸鄰居手裏購買董棕粉。也正因為董棕的生長周期較長，這代人種下的董棕要下一代人才能享用，所以很多獨龍族人不願意再種植董棕。隨著獨龍江地區人們生活水準的提高與旅遊開發的加快及社會主義新農村建設的推進，村民房屋四周的董棕樹也逐漸變得少見，董棕粉也不再是獨龍族人生存的重要輔糧，而是漸漸轉變為獨龍江地區的特色產品，受到遊客以及國家機關工作人員的追捧。一些村民還把買賣董棕粉作為一條重要的生財之道，他們到處收購董棕粉拿去貢山縣城賣，主要是供應給酒店做早點或者直接賣給縣城居民。

　　在調查時，有報導人告訴我們另一種名為「Diu」的野生植物。它也是獨龍族人在缺糧時期的一種常用替代食物，常見於獨龍族人居所周圍的山上。其製作方法如下：先是將其砍倒，切成一截5公分長，然後一截一截地削皮切碎，接著把切碎的「Diu」裝好放在靠近河邊或者山坡的地方，用葉子蓋起來，23個月後就會自然成熟，然後把葉子取走，拿回家用篩子搓，再搓成粉並揉成一塊一塊的放在鍋裏烤，烤熟之後就可以直接食用。如果不經過野外23個月的日曬雨淋，「Diu」食用起來就有苦味，難以入口。此外，還有一種叫

「Meineng」的植物也可食用，不過製作過程更為複雜。先要煮一次去除苦味，然後放在水裏泡上 1 個星期左右，接著又拿回來再煮，最後放在袋子裏用東西壓，去除水分，最終的成品就不苦了。由於「Meineng」的製作方法複雜，耗時較多，所以很多人不願意製作。

　　菌類也是一種重要的採集對象。獨龍江河穀雨量充沛、土地肥沃，盛產各種菌類。每年的 6-7 月，山林裏遍地長滿了各種各樣的野菌。獨龍族人在長期的採集勞動中，積累了豐富的菌類知識，對於哪種有毒哪種可以食用分得很清楚。這些菌類為獨龍族人的生活提供了豐富的營養。對於獨龍族人來說，無論是過去還是現在，黑木耳都是主要採集的菌類之一。它色澤黑褐，質地柔軟，味道鮮美，營養豐富，並且價格可觀。據筆者瞭解，乾黑木耳在當地的價格達每公斤 160 元，貢山縣城價格更高，所以出售黑木耳也是獨龍族人創收的一條途徑。

　　除採集董棕、菌類外，捕捉野蜂、採集蜂蛹與蜂蜜也是獨龍族人重要的生產活動之一。獨龍江兩岸的蜂種有岩蜂、土甲蜂、牛角蜂、七星蜂、火黃蜂、葫蘆蜂、馬蜂等。它們築巢於樹上或土洞內或山崖上。岩蜂也叫野蜂，與自養的家蜂相區別。它們的軀體比普通蜜蜂大 1 倍，巢一般建在高高的山崖上，呈橢圓狀，不容易採集。採集蜂蜜時採集者要從山崖頂搭軟梯上去或者用竹繩捆身從懸崖頂將自己放下去。採集時，先用火煙熏跑蜂群，才可割蜜。家蜂其實原本也是來自於野外。在獨龍江，公路邊、岩石上、糧倉旁、屋簷底下都可以見到蜂房。製作蜂房時，可以用一段被掏空心的樹幹，兩端用木片堵住，並留出小孔作為蜜蜂的出入口。引蜂入蜂房的一般辦法是在蜂房內塗上一層蜂蜜或撒一些鹽，吸引工蜂搬入；或者在春暖花開的季節，抓來蜂王翦掉翅膀再放入新的蜂房，這樣蜂群就會自動跟入蜂房；到春夏之交或是深秋有蜜之時，先用火熏蜂房，使群蜂飛散，再打開木片

取出蜂蜜。不過,人們在採集蜂蜜的時候並不是全部取完,而是會留一部分,既防止蜂群在搬遷或者嚴冬時餓死,又方便來年再取。馬蜂蛹也是獨龍族人經常採集的對象。馬蜂一般是春季開始築巢繁殖,到秋末時小巢可以長成籮筐大小。在發現馬蜂的小巢時,獨龍族人就會在樹底下插一節削皮的樹枝,做好記號,表示別人不能來此取。根據馬蜂的活動規律,人們會選擇夜間行動。方法是用長長的竹棍捆好火把把蜂燒死,否則被馬蜂蜇輕則疼痛重則過敏。尋找蜂窩是獨龍族人擅長的技藝。他們會拋出誘餌如土蠶、蚯蚓、蚱蜢或者蟋蟀等小動物的屍體,或者直接用魚、肉來引誘蜜蜂,從而觀察其飛行方向,並且往蜜蜂飛行的方向移動誘餌,再根據蜜蜂往返的次數計算出蜂窩的距離,然後找到蜂窩。蜂蜜可以直接沖水喝,也可以伴著董棕粉製成的粑粑吃。蜂蛹含有豐富的蛋白質,口感極好。在我們調查期間,房東也曾去野外取蜂蛹,用油炸好給我們改善伙食。

除食物外,各種藥材也是獨龍族人採集的對象。獨龍江附近的高山盛產黃連、貝母、蟲草等藥材。在與外界交往過程中,獨龍族人漸漸獲知黃連等藥物的經濟價值,因此每當採集之季,他們就要上山挖各種藥材,用來交換牛、鹽、鐵器、針線等生產與生活用品。

獨龍族人的採集活動,主要以火塘[10]為單元。男女成員都參加採集,老年人憑自己的採集經驗負責指導,兒童雖然不是採集的主要承擔者,但也要協助成年人進行揹運。[11]對於一些生長在地下的植物或者是生長在地面上的巨大莖幹,採集時需要付出較多的勞動,所以成年男性也就成為採集工作的主要承擔者,女性多負責採集莖葉。不

---

10 火塘:生火的地方,一個火塘即代表一個家庭。

11 參見《民族問題五種叢書》云南省編輯委員會、《中國少數民族社會歷史調查資料叢刊》修訂編輯委員會編:《獨龍族社會歷史調查》(一)(北京市:民族出版社,2009年),頁96。

過，在進行食品加工過程中，女性要付出大量的勞動。採集品也是由
各個火塘自己儲存與保管，但在原始共產製的家庭中實行集體消費，
按共食原則平均分給每個火塘。當然，存儲糧食的火塘也要將自己的
糧食食品平均分配給每個成員，而採集者也與其它成員一樣吃一份採
集品。[12]

　　獨龍族對採集食品有著嚴格的地域範圍限制。在獨龍族社會中，
土地、森林、魚口和岩蜂等生產資料歸「克恩」公有，即家庭公社集
體所有。[13]因此，每個家庭集團生產活動所及的山峰、河谷等就受到
「克恩」的限制，採集活動也不能超出它的範圍。不過，一些沒有被
「克恩」佔有的地區則屬於公有範圍，所有家庭成員都有權利在該範
圍內進行採集。

　　通過對獨龍族食物採集的種類、採集方法、分配方式、採集範圍
的介紹，我們不難發現，獨龍族的食物採集與當地傳統的農業生產方
式有關。刀耕火種的傳統農業生產使得人們每年獲取農作物的多少與
土地的好壞有極大的關係。並且刀耕火種民族的農業資源的核心並不
是土地，而是森林；他們賴以生存的食物和生活資料並非僅僅依靠農
地的產出，農地產出只是一部分，相當多的部分則是向森林索取。[14]
由於水田與旱地數量的限制、交通的阻礙、生產工具的落後、交換的
不發達、人口的增長等因素，在無法通過生產得到穩定的食物來源
時，獨龍族人就把大自然作為獲取食物的主要來源。獨龍族人在長期
的採集過程中積纍了豐富的自然知識，對多種可食植物的認識超乎想

12 同上。

13 參見國家民委《民族問題五種叢書》編輯委員會、《中國民族問題資料・檔案集
　 成》編輯委員會編：《中國民族問題資料・檔案集成〈民族問題五種叢書〉及其檔
　 案彙編（第5輯）》（北京市：中央民族大學出版社，2005年），頁465。

14 參見尹紹亭：《遠去的山火——人類學視野中的刀耕火種》，（昆明市：雲南人民出
　 版社，2008年），頁279。

像。不少民族志也表明，作為對自然環境的文化適應，採集成為許多
以採集狩獵為生計的民族的重要生存基礎。馬歇爾・薩林斯曾批判經
濟發展理論把石器時代的採集狩獵者當成「糊口經濟」的反面教材，
認為這是根深蒂固的成見，需要辯證地審視，而認為「當你重新發現
石器時代的生活時，就會發現那實際上是個原初豐裕社會」。[15]客觀上
講，不管是「糊口經濟」還是「原初豐裕社會」，採集植物對獨龍族
生命的延續、生活的維持發揮了不可替代的作用。

二　狩獵

肉類食品含有豐富的蛋白質與脂肪。蛋白質可以提供人體所需的
全部種類的氨基酸；食肉還可以使人身體變得更強壯，也能使人更耐
饑。從歷史上看，狩獵與採集是人類最古老的覓食方式，也是舊石器
時代唯一的食物生產方式。[16]對獨龍族人來說，狩獵也是其生產生活
的重要內容之一。在獨龍江兩岸的深山密林中，生活著成群的水獺、
野牛、熊、岩羊、猴、馬鹿、兔、刺蝟、竹鼠、松鼠、野雞、鹿、
熊、獐、狼等動物。對畜牧業並不發達的獨龍族人來說，大量的野生
動物極為重要。據茂鬥老人說，他在 70 多年前與其父茂爪棒一年能
打到野牛、岩羊、麂子、山驢等 70 只以上，足夠當時他家 13 口人吃
5 個月。[17]

---

15 參見〔美〕馬歇爾・薩林斯著，張經緯、鄭少雄、張帆譯：《石器時代經濟學》（北
　　京市：生活・讀書・新知三聯書店，2009年），頁1。

16 參見〔美〕馬維・哈里斯著，許蘇明編譯：《人・文化・生境》，（太原市：山西人
　　民出版社，1989年），頁52。

17 參見《民族問題五種叢書》云南省編輯委員會、《中國少數民族社會歷史調查資料
　　叢刊》修訂編輯委員會編：《獨龍族社會歷史調查》（一）（北京市：民族出版社，
　　2009年），頁78。

　　狩獵的季節主要在農閒而多雪的冬春兩季，夏天一般不出獵，只是為了保護莊稼而獵取猴子、熊等。[18]冬春季節天氣寒冷，山上的毒蛇轉移至江邊冬眠，這減少了打獵的風險，各種野生動物也會在海拔稍低的區域活動。每年的六七月，野牛會成群地來到有鹽礦物和水草的地方，這段時間比較適合捕殺野牛。

　　獨龍族的狩獵工具主要有獵狗、弩弓、竹簽、砍刀及扣索。獵狗是廣泛使用的狩獵工具，如果單獨狩獵，獵狗就是最好的搭檔。到了山林，獵人就會放出獵狗。訓練有素的獵狗就會主動搜索獵物，一旦聞到獵物的氣味，獵狗就會狂吠追蹤。弩弓使用很普遍，製作也非常精細。它主要由弓柄、弓背、弓弦、箭、箭包五部分組成。弓背、弓柄需要用質地堅硬的木材做成，弓弦由麻反搓成繩。箭由本地竹削製而成，一般分兩種：一種有毒，村民把有毒植物的汁塗在箭鏃上，射殺野牛、野豬、熊等大型野獸；另外一種無毒，用來射殺鳥雀。竹簽是由竹子削尖而成，一般插在熊、野牛經過的地方，並要做好偽裝，一旦動物踩到，頃刻斃命。扣索由堅韌的細麻繩做成，一端是繫在樹樁上的繩子，另一端是一個圓圈狀的死結圈套。

　　獨龍族的狩獵組織形式分成集體與個人兩種。獵取大型野獸時必須依靠集體進行，有經驗的獵者會在狩獵活動中擔任組織者或指揮者。如果獵者單獨去狩獵，只要有時間，就會去離村寨不遠的山林打獵。不過，無論是集體還是個人狩獵，每個成員都要將自己所用的竹鏃削出特殊的形狀作為標誌，如方尖或圓尖，以便識別獵物由誰射中。[19]在獨龍族人眼中，射中野獸是一種榮譽，在分配戰利品的時候

<hr>

18 參見國家民委《民族問題五種叢書》編輯委員會、《中國民族問題資料・檔案集成》編輯委員會編：《中國民族問題資料・檔案集成〈民族問題五種叢書〉及其檔案彙編（第5輯）》（北京市：中央民族大學出版社，2005年），頁551。

19 參見國家民委《民族問題五種叢書》編輯委員會、《中國民族問題資料・檔案集

將會給予擊中者獎賞。剩餘的按照平均分配的原則，將獵物的各個部分按照參加人數分成相等的份數。參加狩獵的人也要拿出一部分獵獲品進行再分配，分給未參加狩獵的家庭或火塘。所以，狩獵者往往將自己獵殺的野獸的頭骨掛在門前，誇耀自己的狩獵技能與成績。現在，不少獨龍江人家的正門上方還掛著野牛、鹿等野生動物的頭骨。

　　獨龍族狩獵也有公共獵場與私有場口之分。每個「克恩」都有共同的獵場，共同的獵場禁止別的「克恩」成員入內狩獵，唯有遇到追逐野獸時因為野獸通過別的「克恩」獵場的情況，才能通過別的「克恩」的獵場。[20]一般來說，公共獵場的範圍是村寨四周之內。20 世紀 50 年代，獨龍江茂頂的獵場東西寬 75 公里、南北長約 2.5 公里。私人「號」獵口，是指在公有獵場的原始森林內選擇野獸經常經過的地方製作標誌，或是在一旁大樹上砍上鋸齒形狀符號，或是在路口將兩截木樁交叉放置。

　　從迪政當村村民的口中，我們得知了用扣索捕獵的過程。首先，要做好捕獵的扣索，用獨龍語來說即做好「Jiu」，放扣索即下「Jiu」。扣索是由堅韌的細麻繩做成的，一端可以繫在結實的樹樁上，一端是圓圈狀的死結圈套。然後把扣索的圈套平放在地上用於給獵物踩踏的一個支撐物上，並用茅草蓋在圈套上面做好掩蓋，支撐物是深凹於地面的。接著把扣索的另一端係在周圍的堅硬且有彈性的竹竿或者木杆端上，再用另外一根繩子繫在杆的末端並與野獸要踩踏的支撐物扣連成機關，整個結構成弧狀，隨後把四周的道路圍住，留出野獸必須經過「Jiu」的通道。一旦野獸路過踩中圈套，支撐物也隨

　　成》編輯委員會編：《中國民族問題資料‧檔案集成〈民族問題五種叢書〉及其檔案彙編（第5輯）》（北京市：中央民族大學出版社，2005年），頁469。

20 參見國家民委《民族問題五種叢書》編輯委員會、《中國民族問題資料‧檔案集成》編輯委員會編：《中國民族問題資料‧檔案集成〈民族問題五種叢書〉及其檔案彙編（第5輯）》（北京市：中央民族大學出版社，2005年），頁469。

即牽動，就會發動扣連機關，彎杆彈起，野獸也就高高地弔在杆上而無法咬斷圈套的繩索，捕獵也就成功了。

不過，上述過程也只是捕獵過程中最關鍵的部分，據村民介紹，祭祀獵神「仁木達」也非常重要。在獨龍族人看來，如果沒有舉行祭祀儀式，就不能捕獲獵物。在出發捕獵前，首先要準備好酒水、香紙、雞肉、粑粑等，還要用紙製作各種野獸模型，基本上是想捕獲什麼獵物就製作什麼獵物的模型；此外，還要準備好足夠的乾糧，因為打獵的地方一般會離寨子較遠，需要在山上過夜。獵人出家門後，在途中要念一些祈禱語，祈望順利捕獲獵物；到了山林，選擇一個有水、較平並且離打獵者住宿不遠的地方擺好酒水和祭品，然後獵人不斷地念祈禱語，念完後，便把製作好的動物模型丟到不遠的地方，這些動物模型的頭要對著獵人以示吉祥，然後吃掉祭品並把動物模型燒掉。通過祭拜獵神后，獵人們才充滿信心去捕獵。

隨著農業經濟的發展和森林的砍燒，野獸數量也在減少，狩獵活動也隨之減少。20 世紀 80 年代，國家在獨龍江地區建立自然保護區，明令禁止捕殺野生動物。因此，獨龍族的狩獵活動受到了國家政策的限制，狩獵活動大為減少。而隨著獨龍族雞、豬、牛、羊等家畜的養殖，以及從江外流入的肉類食品為獨龍族提供肉食來源，他們逐漸放棄靠狩獵來補充蛋白質。這樣，狩獵在獨龍族生活中的重要性也日趨式微。

三　土地類型及耕作技術

土地是進行農業生產不可或缺的物質條件，也是不可替代的重要物質生產資料，更是創造財富的重要基礎。我國各種地形錯綜複雜，自然條件千差萬別，是世界上土地資源最豐富的國家之一。獨龍江流

域北自西藏察隅邊境的源頭，南抵巴坡村欽蘭當小組與緬甸接壤的地
界，面積為 4260 多平方米，兩岸山高穀深坡陡，有著豐富的土地資
源。據歷史調查資料，巴坡至迪政當之間，海拔 2200 米以下的土地
面積約 290 萬畝（1 畝＝0.06667 公頃），即使除去 70% 現有的森林地
和不能開墾的陡坡地，仍有百萬餘畝。[21]

　　依照獨龍人的理解，土地分為四大類型。第一大類叫「香木朗」
（或「香木瑪」）。「香木朗」的意思是刀砍的火燒地。按照種植的種
類區分，「香木朗」又分為木林火山、竹林火山、竹木混合林火山三
類。根據種植次數的多寡，木林火山地又可分為「目林木」、「樣伯」
（或「樣沙」）、「樣奇」。僅種過一次的稱「目林木」，連種過兩次的
稱為「樣伯」，連種過數次的稱為「樣奇」。在三類木林「香木朗」
中，「目林木」土地肥沃、作物產量最高，休耕時間較短，但是難以
開發；「樣伯」產量高出「樣奇」，休耕時間一次比一次長。竹林火山
地按照竹子的種類也分為三種。第一種叫作「日久垮」，「日久垮」是
一種大竹，高 10 餘米，粗壯如碗；第二種叫作「久爪」，「久爪」形
似金竹但中空小，節短壁厚，沒有竹膜；第三種是「格綠」，「格綠」
竹竿細小修長，成片密佈。這三種竹林火山地中，第一種、第二種土
地肥沃，莊稼長勢較好，第三種稍差，不受獨龍族重視。這種砍燒天
然生長的樹木與竹林的生產方式是獨龍族傳統生產方式的第一階段，
也是他們長期從事刀耕火種農業經驗積纍的結果。

　　第二大類為「斯蒙木朗」，意為水冬瓜樹地。這是生產技術上通
過改良土壤、恢復地力的一種生產辦法。[22]獨龍族通過種植水冬瓜樹

---

21 參見楊毓驤、楊奇威：《雪域下的民族》（昆明市：雲南教育出版社，2008年），頁3。
22 參見《民族問題五種叢書》云南省編輯委員會、《中國少數民族社會歷史調查資料
　　叢刊》修訂編輯委員會：《獨龍族社會歷史調查》（一）（北京市：民族出版社，
　　2009年），頁63。

苗與玉米、稗子等農作物來恢復地力。每年秋天，水冬瓜樹開始落子，如果在落子前把水冬瓜樹林砍燒，第二年就非常有利於樹子發芽和生長。於是，獨龍族人每年 12 月前後便到山中採集樹苗，塌方的土坡上樹苗最密集。人們將高約 1 米的樹苗背回家浸泡在水中，等來年清明節時便移栽到地裏。這種土地一般位於村寨附近較好的地方，耕作兩三年後便進入休耕期。土地休閒五六年之後，水冬瓜樹便可長成高 10 餘米的大樹，屆時又可以進行新一輪砍種。在整個獨龍江流域，「斯蒙木朗」是僅次於「香木朗」的重要土地類型，相對於獨龍江南部來說，「香木朗」在獨龍江中北部村寨中所佔的比重更大。

第三大類是「格魯」或「結白」，即園地。園地是房屋四周小塊的耕地，獨龍族人喜歡在自家房屋四周建小塊園地，四周築起石頭或用竹籬笆圍護並種小米、稗子、芋頭、南瓜等早熟作物，並且往往採取混雜間種的方法。這種土地每家都有，不過大多數家庭的面積不超過 1 畝。土地的耕種不用進行輪休，適合精耕細作。

第四大類是「阿白木朗」，意為熟地。「阿白木朗」與園地相似，不過園地不休耕，而「阿白木朗」一般連耕三四年輪歇一兩年，再連種三四年，然後又輪休一兩年，如此周而復始迴圈。獨龍族土地分類見表 1-2。

表 1-2　獨龍族土地分類

第一類	「香木朗」 （刀砍的火燒地）	林木「香木朗」	「目林木」
			「樣伯」或「樣沙」
			「樣奇」
		竹林「香木朗」	「日久垮」
			「久爪」
			「格綠」

		竹木混合竹林「香木朗」
第二類	「斯蒙木朗」（水冬瓜樹地）	—
第三類	「格魯」或「結白」（園地）	—
第四類	「阿白木朗」（熟地）	—

　　獨龍族土地類型雖多，但據獨龍族社會歷史調查資料，獨龍族人擁有可耕地面積卻不多。就龍棍的情況而言，「解放前共有可耕土地435 塊，其中火山地 339 塊，可撒種子 12.64 石，占全部土地的77.93%（芋頭地可算作火山地）；還有與火山地同類型的水冬瓜樹地71 塊，可撒種子 1.285 石；園地 25 塊，可撒種子 0.335 石。[23]。

　　除擁有的土地數量較少之外，土地的佔有方式對獨龍族人的生活也產生了較大的影響。歷史上獨龍族土地的使用有以下四種形態，即「公有共耕」、「夥有共耕」、「私有夥耕」及「私有自耕」。

　　「公有共耕」即整個村寨或家族成員集體開墾。獨龍族把集體耕種的地稱為「奪木枯」。按照獨龍族的習慣，由頭人或者家族長召集全體成員共同耕作。各家湊齊種子帶好工具來到開墾地點進行耕種，收穫時也按戶平均分配。「夥有共耕」為整個村寨或家族成員佔有，幾戶合夥耕種。由各戶平均出勞動力、種子，收穫時也平均分配。「夥耕」的組織規模通常為 24 戶，最多不超過 6 戶。「私有夥耕」為幾戶家庭公社成員共同佔有一片耕地，共出勞力、種子，收穫物按照戶數與種子量平均分配。這片土地的佔有者除有使用權外，也有丟棄、轉讓乃至出售權。「私有自耕」為每個家庭私有共耕以及私有私耕。家庭私有自耕地一般是水冬瓜樹地、小面積的火山地和園地，其土地肥沃，產量高。這種土地佔有形式是 1949 年以前獨龍族社會土

---

23 由此看來，固定的土地數量是十分微小的」雲南省編輯組編：《獨龍族社會歷史調查》（二），雲南民族出版社1985年版，第59頁。

地的主要佔有形式。四種不同的土地類型在獨龍族中所佔有的比例也有所不同。比如 1957 年，「根據對第四村二十六家的調查，共耕作四十七塊土地，其中實行個體耕作的占土地總塊數的 53%，集體耕作的仍占 46.8%」[24]。

獨龍族人在長期的農業生產實踐中逐步積纍和掌握了地勢、土壤、季節、氣候、作物性質等方面的知識，每個家庭據此在上述土地類型的若干土地上種植不同的農作物，增加農業的產量。這既是獨龍族人生產多種作物的需要，也是防災的重要手段。土地的分類不僅反映了峽谷地區海拔高低懸殊、垂直氣候差異顯著的自然條件，還體現了獨龍族土地利用的特色，更是獨龍族人智慧的結晶。

土地的利用率和產量與生產工具有著直接關係。20 世紀 50 年代，獨龍族社會生產尚未超越鐵器、竹器、木器並用的時代。在獨龍族民間長期以來一直保存著細緻磨製的石斧和石棒。他們把石斧看作天斧（獨龍語叫「嫩木恰蘭具」），認為石斧是保證穀物豐收的神聖工具。這說明石斧在生產上曾經起過重要作用。

木竹製工具在採挖塊根植物、播種、除草等方面發揮了重要作用。那時的木竹製工具主要是「郭拉」和「宋姆」（點種棒）、「恰卡」、「俄爾種」。「郭拉」意為小木鋤，是由一樹杈砍去一端的一節削尖為鶴嘴狀而成，長約 66 公分，鶴嘴狀部分為 12 至 15 公分，製作簡易。其主要用於在園地上和第二年輪種的火山地、水冬瓜樹地上播種時鬆土及除草；不過，由於材質主要為木質，容易折損，所以人們平時就會準備好一批，外出工作時就帶上幾件以備用。點種棒也是由木或竹棒削尖而成。下種時，一個人在前用點種棒將土撬開一個洞，

---

24 《民族問題五種叢書》云南省編輯委員會、《中國少數民族社會歷史調查資料叢刊》
修訂編輯委員會編：《獨龍族社會歷史調查》（一），民族出版社2009年版，第52頁。

另一個人在後面將玉米種子投入洞內。這種播種方式效率很低，兩人
3 天才能播完 1 畝玉米。「恰卡」意為小鋤，是半木半鐵的生產工
具，即在「郭拉」尖端包上約 10 公分長的鐵片而成的，主要用來鋤
挖小米地的。使用小木鋤挖地，每天只能挖 16.28 平方米，效率較
低。「俄爾種」，本地人又稱為怒鋤，是獨龍族人從怒江的傈僳族和怒
族那裏學會使用的。怒鋤比小木鋤高明不了多少，只不過是在一小塊
長約 15 公分、寬約 6 公分的小鐵鋤上接上一根木柄罷了。但是，怒
鋤的挖土效率比「恰卡」要高 1 倍。

　　鐵製工具主要有砍刀和鐵斧。砍刀是最早傳入獨龍江的鐵器，是
獨龍族社會主要的生產工具，也是最有效的工具之一，使用最為普遍。
據 1949 年的調查，第一行政村龍棍共有 15 個個體家庭，全勞動力、
半勞動力 62 個，共有各式砍刀 33 把。第二行政村 62 戶個體家庭，
1949 年共有勞動力、半勞動力 176 個，共有砍刀 111 把。第三行政村
35 戶個體家庭，1949 年有 103 個勞動力和半勞動力，共有砍刀 103
把。第四行政村巴坡自然村，1949 年共有勞動力、半勞動力 50 個，
共有砍刀 40 把。平均每 3 個勞動力（包括半勞動力）有兩把砍刀。[25]
有了砍刀，砍伐樹木更加輕鬆並且能開出火山地，還可以剖出板子木
料以建造房屋；另外，在製作弩弓、砍柴等方面，也都離不開它。砍
刀一般是前端稍寬，尾部稍窄。獨龍族的砍刀還有大小之分：「男子
所用的刀長約 45 公分，刀身前端寬約 6 公分，尾寬約 3 公分；女子
用的刀長約 30 公分，刀身前端寬約 4 公分，尾寬約 2 公分；少年兒
童用的刀長約 20 公分，刀身前端寬約 2 公分，尾寬約 1 公分。」[26]

---

25 參見國家民委《民族問題五種叢書》編輯委員會、《中國民族問題資料．檔案集
　　成》編輯委員會編：《中國民族問題資料．檔案集成〈民族問題五種叢書〉及其檔
　　案彙編（第5輯）》（北京市：中央民族大學出版社，2005年），頁482。
26 同上，頁416。

並且，砍刀的使用壽命較長，一般可以用 3 至 4 年。

鐵斧用獨龍語表示為「俄兒」、「蘭具」。與砍刀相比，鐵斧效率往往高出一半到 1 倍，用於砍伐大的樹木效率更高，能有效擴大獨龍族人的耕地面積。除此之外，鐵斧還供家庭劈柴等日常生活之用，還在冶鐵時可代替鍛錘。儘管鐵斧在某些方面比砍刀要優越，然而不及砍刀使用普遍、廣泛。因為它沒有砍刀輕便、靈巧，並且價格亦較砍刀貴，非獨龍族家家戶戶能買得起。有時一些買不起的農戶在借鐵斧時還需要給一點糧食作為使用後耗損的補償，如果損壞了，則需要償還一把新的鐵斧。

表 1-3[27]表明，在獨龍江第二村中，平均每個勞動力擁有的工具為 1.3 把，即使是「恰卡」，平均每個勞動力也不到 1 把，一定程度上限制了農業生產的發展。但總體來說，砍刀等鐵器工具的傳入和使用，使得獨龍族人有了更強的能力開墾林地，有利於獨龍族擴大種植面積，進而推動獨龍族社會刀耕火種農業的進一步發展。與 60 年前相比，砍刀在當今獨龍族人生活中的重要性一點也沒有下降，獨龍族人外出砍柴、除草、挖藥材等時常佩戴砍刀。

表 1-3 第二村 6 個村寨 1949 年生產工具統計

村名	戶口	人口	勞力	恰卡	砍刀	斧頭
迪郎	15	67	35	29	29	5
丁更	16	78	51	23	19	9
龍總	11	56	32	18	18	1
先久當	5	34	18	12	15	3

---

27 雲南省編輯組編：《獨龍族社會歷史調查》（二）（昆明市：雲南民族出版社，1985年），頁69。

村名	戶口	人口	勞力	恰卡	砍刀	斧頭
迪郎梅	8	60	23	10	14	0
齊當	7	45	17	10	16	0
合計	62	340	176	102	111	18

　　獨龍族人在 1950 年前種植的農作物主要有包穀、小米、粟、蕎子、稗子、雞腳稗、土豆、芋頭、獨龍芋、旱穀、黃豆、小麥、四季豆、南瓜、黃瓜、麻等幾十種。獨龍江北部還種植高山耐寒的燕麥、青稞等糧食作物，也栽培蔓菁、蔥、蒜、韭菜、辣椒等十幾種蔬菜作物；在園地裏還種植各樣零星作物，隨熟隨吃。獨龍族栽種的作物受周邊民族影響較大。獨龍族稱玉米為「達嘛」，曾是獨龍族的主食。玉米的栽培，是受藏族、怒族的影響，經怒江流域傳到獨龍江地區的。傳入後，玉米代替粟與蕎麥成為主糧。黃豆是由傈僳族傳來的，獨龍語中保留了「阿奴」的稱法。據說旱穀也是很晚才從木刻傳入的。而水稻是到 1952 年才學會栽種的，並且因為獨龍江南北氣候的差異，獨龍江北部不適宜種水稻。

　　獨龍族的耕作技術極為粗放，廣種薄收，砍樹燒山是農業耕作的基本方法。玉米主要種植於火山地與熟地之間。一般是在 3 月砍火山地，等樹幹後放火焚燒，接著會將燒不完的枝幹集在一起燒，然後將燒不著的移走，之後就可以進行點種。栽種的順序是先高山、後江邊，10 月就有收穫。玉米地間套種粟、高粱、馬鈴薯、豆類和瓜類等，一塊地間種、套種作物可達十餘種。小米、水稻、豆類作物傳入後，出現了點種的播種方式，即用木、竹棍在土地上挖洞點種，接著撒播小米、蕎子等。旱穀的耕作技術分為兩種，一種是將種子播撒在火山地上或第二年復種的水冬瓜樹地或火山地上，另一種就是將種子播撒在熟地上。芋頭與馬鈴薯也於一二月間栽種。

　　農作物的管理還需要防範鼠、雀、熊、猴等動物災害。玉米下種後至苗長至 16 公分時，就要下扣子防鼠、雀把芽或種子吃掉，在鼠、雀災害嚴重的地裏，10 畝玉米地用於下扣子的工時達 15 個之多。包穀成熟時，在地邊野獸經常出沒的地方或必經之路，下扣索、陷阱、竹簽、地弩等用於防熊、猴等災害；若在玉米地四周都是原始森林、離村遠且獸災嚴重的情況下，除採取上述措施外，還要在地裏搭蓋草棚，由人日夜駐地看守。

　　鋤草也是獨龍族田地管理的一項重要工作內容。由於農作物大部分種植在火燒地上，每到春夏之際，氣溫上陞、雨水較多，火燒地中野草叢生，加上沒有現代農藥化肥的運用；因此，為了提高農作物的產量，每當天氣放晴的時候，獨龍族人每家都要去包穀地裏除草，以增加包穀的收成。包穀地除草 1 至 2 次，第一次用手拔，第二次用刀子砍。仔細算下來，獨龍族人每年在農作物種植至收穫期間要花費大量時間與精力用於田地管理。

　　在長期與大自然的鬥爭中，獨龍族人也積纍了一定的生產經驗。通過生產實踐逐步掌握了很多自然科學知識，知道找向陽的地方來開墾火山地，而且懂得選擇在坡度小且容易耕種的山坡上或者在山腳江邊的平地上；根據不同的地勢和土壤種植不同的作物，利用鳥鳴花開和一些自然現象來安排種植時間，特別是通過人工種植樹木增加土壤肥質。[28]休耕也是獨龍族人利用土地的一種方式。土地經過第一次砍燒後，需休耕六七年才可砍地，以後砍燒的次數越多，休耕所需的時間越長。因為樹根所受的傷害越大也就越需要時間來恢復，土地經過砍伐燃燒的次數越多也就越貧瘠，穀物產量也越來越低。所以，獨龍

28　參見國家民委《民族問題五種叢書》編輯委員會、《中國民族問題資料‧檔案集成》編輯委員會編：《中國民族問題資料‧檔案集成（第5輯）〈民族問題五種叢書〉及其檔案彙編》（北京市：中央民族大學出版社，2005年），頁539。

族人通過人工造林的方式，改進了刀耕火種土地的經營。輪種也是另外一種利用方式，在一塊土地上輪流種植玉米、小米和蕎麥或者輪種豆類和芋頭等。

　　由於自然條件的限制，加上簡陋的生產工具、簡單的耕作技術和較少的田間管理，獨龍族糧食收穫量極低。「一個五口之家有全勞動力三人，其中男一人、女二人，共種有火山地兩塊4.5架（1架約等於3畝），其中2架是合種，稗子地一塊（1架），雞腳稗地一塊（0.5架）、黃豆地一塊（0.5架）、園地一塊（0.5架），平均每個勞動力負擔1.5架；共獲得糧食2.25石，另收瓜類180斤、芋頭80斤、四季豆30斤，折合糧食100斤左右，總共收糧食775斤，平均每個勞動力得糧食258.3斤。如果一年一個勞動力要消耗400斤糧食的話，則每人還缺141.7斤。再以龍棍15戶人來看，1949年實際耕種面積125架，每個勞動力耕2.17架，依單位面積平均產量計算（1斗30斤計），所收得的糧食如下：火山地70.9架，40.39石；水冬瓜樹地12.5架，12.9石；園地10架，15.55石。以上共計20640斤，以62個勞動力平均分配，每個勞動力可得330斤。」[29]由以上資料可知，一個勞動者的糧食產量是遠遠不夠生活支出的，不足的部分，就只能靠採集來補充了。

四　生產周期與勞動力分工

　　在年復一年的生產周期中，從生產準備開始到收穫產品的整個過程需要一段很長的時間，因而也需要做出精細的安排來確保生產順利進行。獨龍族人在長期的生產活動中積纍了豐富的生產經驗，其中一

---

29 雲南省編輯組編：《獨龍族社會歷史調查》（二）（昆明市：雲南民族出版社，1985年），頁61。

條就是關於生產周期的安排，且獨龍族人的勞動力分工也能從生產的安排中體現出來。

（一）生產周期的安排

　　獨龍江兩岸是陡峭的山坡，不適合人群密集居住。因此，獨龍族各個氏族不斷分裂、不斷遷移，交錯分佈於獨龍江的峽谷兩岸。每個小家族在一定的地域範圍內建立村寨，這就是獨龍族的家族公社。家族公社首先是一種社會組織。家族公社的頭人是家族長，獨龍語稱其為「嘎桑」，意思為能說會道的人。他們有的由選舉產生，有的是自然形成的。如果家族長死掉或因故失去威信，則另找新人，新人則會成長為家族長。家族長全由男人擔任。家族公社還是一種經濟單位，公社成員聽從家族長的號召，定期集體耕種。獨龍族人會依據生產的進程及自然季節的變化，把一年分成 12 個時間長度不等的節令，用以支配生產活動。12 個節令以「龍」為單位，「龍」即為「個」的意思。不過，也有用「斯拉」代替「龍」的用法，「斯拉」意為月亮，不過大多數老人仍習慣採用「龍」。這 12 個節令為：①得則卡龍（意為人無農活可做）──山上有雪，男子打獵女子織布；②阿蒙龍（意為草開始生芽）──山上有雪，開始栽小麥、小米、青稞；③阿暴龍（意為地上有草）──砍火山地，種土豆；④奢久龍（意為有些鳥開始叫）──砍火山地，種南瓜等；⑤昌木蔣龍（意為什麼鳥都叫）──栽秧，種包穀、雞腳稗等；⑥阿累龍（意為出竹筍）──栽秧、薅草、挖貝母、捕魚等；⑦布安龍（意為麥子可吃，竹筍光了）──挖貝母結束，薅草、捕魚結束；⑧阿松龍（意為山上松葉開始黃了）──種蕎子，吃青草包、瓜類，收小米；⑨阿長母龍（意為山上下霜、樹葉黃了）──收包穀，砍草；⑩曹羅龍（意為稗子、包穀收了）──山上有雪，收包穀、搭包穀架；總木加龍（意為各種糧

食收完）──山上有雪，收雞腳稗等；力哥龍（意為江水清且小）──江邊有雪，找柴，狩獵。[30]

　　獨龍族也有年和月的概念，一年稱為「極友」，一月稱為「數郎」。從月亮最圓的那天算起至第二次月亮最圓的時候為一月，從今年大雪封山到次年大雪封山時算一年，獨龍族人每月的生產活動見表 1-4[31]。

表 1-4　獨龍族每月的生產活動

月份 ＼ 類別	獨龍稱謂	意義	生產活動
1 月	阿猛	過雪月	大家休息，個別戶種早洋芋
2 月	阿薄	出草月	山草開始生長，大量種洋芋
3 月	奢久	播種月	開始播種小米、芋頭、棉子等作物
4 月	昌木蔣	花開月	桃花開，鶴集中鳴叫，播種完畢
5 月	阿石	燒火山月	大量燒火山，停止下種
6 月	布昂	飢餓月	存糧吃光，荒月，大量採集野糧
7 月	阿茸	山草花開月	薅草，採野糧
8 月	阿長木	霜降月	山草被凍死，開始收莊稼
9 月	單羅	收穫月	收穫小米、包穀、稗子、蕎子
10 月	總木甲	降雪月	收穫完畢，儲糧，山頂降雪
11 月	勒梗	水落月	河水降落，找冬柴，砍苦蕎，準備過冬
12 月	得則砍	過年月	又叫「羅奢什臘」，婦女砍蕁麻，織麻布，跳牛舞

30 參見雲南省編輯組編：《獨龍族社會歷史調查》（二）（昆明市：雲南民族出版社，1985年），頁30。

31 《民族問題五種叢書》雲南省編輯委員會、《中國少數民族社會歷史調查資料叢刊》修訂編輯委員會編：《獨龍族社會歷史調查》（一）（北京市：民族出版社2009年），頁24。

獨龍族人的 12 個月份，主要是以陰曆為準，大體上相當於漢族地區的生產季節，不過每個季節沒有固定的天數。例如，大雪的日子，「過雪月」便要延得很長，有時要超過 2 個西曆月份；糧食歉收時，5 月份就要開始過「飢餓月」了。從 12 個月的生產活動安排來看，獨龍族人已經有了比較固定的節氣觀念，生產季節已由狩獵、採集逐漸轉向農業季節。

像花開鳥鳴、霜雪等自然特徵也成為獨龍族人認識時間的重要線索。每年春季到來，「告克拉」鳥鳴叫了便要開始春耕播種，而當「夏公馬鞏」鳥叫時就必須全面播種；當鳥王「崩得魯都」鳴叫時，播種一定要完畢，不然會減產；蟬叫時便種植小米；桃花開放時種植包穀、土豆；藤篾竹生長的時候就種蕎子。對天陰、雨、晴也根據經驗判斷。比如 5 至 7 月是雨季，這時獨龍江水猛漲，山石崩塌，不時會傳來「嘩」的聲響，田間青蛙也會不斷鳴叫；8 月「舍馬」樹、「像馬助」樹花開天將放晴；在雪融桃花開放的時候，便在河裏捕魚，3 至 5 月是魚汛期；冬天到了，森林裏樹葉零落，男性開始外出打獵。因此，每當鳥鳴花開之際，就是獨龍族人最繁忙的日子。所以，作為組織者和領袖，家族長須懂得計劃時間，才能順利按時播種。

年節也是獨龍族人生活中的一項重要安排。年節即為過年的意思，是獨龍族人為慶祝一年的豐收而舉行的。該節日沒有固定的日期，大概於每年的 11 至 12 月之間舉行，持續 23 日，一般各個村寨都會事先選好日期。年節期間，各村寨中較富裕的人家就要殺豬或牛，將肉分送各家各戶並請親友一起喝酒、跳舞，歡度節日。

不過，隨著獨龍族慢慢進入國家行政體系和更大範圍的市場經濟體系，這種原始的生產安排開始發生變化，一些家庭已慢慢學會用西曆來計算時間。而據筆者的調查，現在獨龍族的農業生產主要安排如下：

10 月至次年 1 月種洋芋，3 至 6 月種包穀、白菜、青菜，10
至 11 月水稻收割，3 至 4 月挖重蔞、黃連（藥材）。[32]
2 月除草，3 月挖地，4 月種豆子、玉米、芋頭，5 月種玉米、
草果，6 至 7 月育苗、插秧，8 至 9 月分批收包穀，10 月拔
草，11 月草果地拔草，12 月下雪背柴火。下雨時間較長，5
至 10 月下雨，11 月封山。[33]
3 至 4 月開始挖地，準備種大豆、包穀，先種土豆，等它長高
時再種包穀，3 月開始挖重蔞；7 至 8 月收土豆（一年種一
季），也打魚，挖黃金果；9 月以後就要準備柴火、收包穀；
12 月至次年 2 月下雪，大家烤火、喝酒。[34]

這種安排與表 1-4 中的內容相比已經發生了很大的變化。巴坡及
水田較多的地方就要種植水稻；經濟作物的採集、種植與管理逐漸佔
據獨龍族很大部分生產時間；為了準備日常做飯、燒水、烤火等柴火
之需，獨龍族人要安排大量時間來找柴火。據村民木利軍介紹，每年
的 6-8 月都要找柴火，因為這是雨季，獨龍江江水較大，江水會沖一
些木材下來，基本上是雨下得越大、持續時間越長，雨水帶下來的木
材就越多。村民就在江邊彎處打椿攔截木材，把打撈上來的木材曬上
34 個月，木材曬乾後就可帶回家使用。[35]

（二）男獵女織

分工是人類社會的一種內在傾向。每一個社會都會根據各種指標

32 2012年6月17日訪談九當魯江利的材料。
33 2012年6月21日訪談巴坡木利軍的材料。
34 2012年7月4日訪談迪政當李金強的材料。
35 2012年6月21日訪談巴坡木利軍的材料。

比如性別或者年齡進行分工，社會分工使人類從事的各項勞動更加專業化、獨立化和精細化。男人和女人做什麼工作，每個群體都有自己的習俗和傳統。獨龍族社會生產生活中也存在著明顯的社會性別分工體系，分工體系的存在使得獨龍族的社會生產生活有序組織起來。對此，他們也有自己的認識：

> 下雨的時候，一般一家人坐下來烤火聊天，也會編織一些竹器，如背籃、漁簍，家務事情也是必不可少的，晚上也看看電視，男人很多時候也會打牌，女人也會旁觀。喝酒是常有的事，忙碌後的家庭主婦們也會集中在一起喝喝酒、唱唱歌。不下大雨時有些人就下河去抓魚、放魚簍，女人還會織毛衣、織布，獨龍毯就是有空的時候拿出來織織。[36]

在國家自然保護區建立以前，狩獵一直是獨龍族地區的一項重要活動。獨龍族男性則是狩獵活動的主角。至於為什麼女性不能參與狩獵活動，獨龍族人也沒有明確的說法，但是我們可以從獨龍族地區流行的某些禁忌看出一些端倪。例如，狩獵前，獵手不得與女人同床；妻子懷孕的丈夫不能參加狩獵；獨龍族婦女生育時的房間不能放有弓、箭等物品，因為這些物品具有較強的攻擊性，牆上掛這些物品不利於小孩的順利誕生；等等。這些禁忌表明，在獨龍族人看來，女性的特殊性會導致男性不能有較好的收穫，所以獨龍族狩獵活動中一直沒有女性的身影。但這並不意味著整個狩獵從準備到完成沒有女性的參與，女性還是會做一些輔助性工作，如獵手出發前為他準備食物、祭祀品等。獨龍族地區的個人狩獵也時有存在，但集體狩獵大型動物

---

36 2012年6月25日訪談馬庫江英芳的材料。

時更能體現男性之間的分工與合作。有經驗的獵手會擔當狩獵互動的組織者與指揮者，由他指揮各獵手各就各位。一部分獵手帶著獵犬在林中追趕，另一部分獵手則要把守獵物可能出現的各個山坳口。圍獵時並不是誰先看見獵物就由誰射擊，需要全體獵手的團結配合，否則狩獵不僅不能成功，狩獵者還會受到猛獸的攻擊。在長期的狩獵活動中積纍的經驗與形成的默契能夠提升狩獵的成功率。狩獵不僅有成年男性參與，未成年人也是狩獵場的重要成員。他們跟隨著父輩穿梭於山林之中，學習如何製作弓與弩、採製毒藥、布置陷阱、射擊、相互配合以及識別獵物等相關知識。在父輩們的實地指導下，獨龍族未成年人學會狩獵知識並逐漸成為有經驗的獵手。

按照國家規定，獨龍江流域海拔 2000 米以上的區域為國家自然保護區，在保護區內不允許打獵。國家自然保護區的建立使得作為獨龍族傳統生計方式之一的狩獵逐漸退出歷史舞臺。在問及還能不能狩獵時，不少獨龍族群眾跟筆者說，狩獵是國家禁止的活動，獨龍族人很聽黨和國家的話，說不允許狩獵就不狩獵。狩獵工具也成了重要的裝飾品。雖然如此，偶而還是會有獵手上山獵取野牛、猴等動物。狩獵活動減少的一個後果是野生動物的活動範圍不斷擴大，熊、猴子等動物漸漸向山腰以下活動，破壞農作物的情況時有發生，山羊、獨龍牛等動物也難免遭傷害。

捕魚也是獨龍族男性重要的生產活動之一。獨龍族人把一年內魚群活動的規律歸納為「七上、八下、九歸巢」。即 7 月魚往上游或小河游去，8 月魚從各支流游下獨龍江，9 月魚歸江中的深潭處過冬。也就是說，每年從四五月河水暴漲到秋末為止是捕魚的好季節。每當下大雨河水暴漲時，獨龍族人就會穿著雨衣拿著竿網去江邊網魚。竿網夾魚是獨龍族的一種傳統而有效的捕魚方法。兩根長約 5 米的筆直空心竹竿、漁網為其主要部件。竿的根部用寬 6 公分、長 2 米餘的柔

軟皮條或者直接用粗線相連，尖端纏上寬約 2 米、長約 3 米的網，網頂繫在竹竿上、末端繫在離竿尖 1 米處，兩側用繩把漁網紮緊繃平。夾魚時，人站在江邊危石之上，下顎向前伸，壓住竿上繩帶，雙手撐開漁竿送漁網入水，然後兩手交叉、兩竿相併，稍扭轉後便把網托出水面。這樣，魚就被網緊緊纏住而無法逃脫。

釣魚、撒網也是獨龍族人常用的捕魚方式。撒網的主要方法如下：先找幾個小石頭，用繩子繫牢，繩子最後要伸出一截；隨後把漁網撒開，用漁網上綠色的浮標繫住石頭上伸出的繩子，然後借助漁竿把漁網送進江裏面。漁網留有長長的拉繩，並把它綁在江邊的石頭或者枯枝上，經過一個晚上再起竿，起竿只要拉繫在石頭上或者枯枝上的拉繩即可。據報導人介紹，以前的漁網都是獨龍族男性親自編織而成，用麻線紡織成長方形的網，網眼有大有小；現在，各種漁網都能在市場上買得到，很少人自己費時編織漁網了。打撈上來的魚主要有白魚、扁頭魚兩類。由於江魚味道鮮美，供不應求，白魚市價也由以前的 1 公斤 30 元漲至現在的 1 公斤 60 元。因而，捕魚也就成了獨龍江男性創收的一條途徑。可惜的是，隨著捕魚人數的增多，江裏的魚也越來越少了。

除狩獵與捕魚外，編織竹器也是獨龍族男性的拿手好戲。獨龍江兩岸盛產竹藤，他們能用竹子編織簍、背籮、盤、竹籮等生產生活用具。筆者在去巴坡的路上，就見到一位獨龍族男性在編織漁簍，用獨龍話來說就是在編織「仁薩」。據其介紹，編織好的「仁薩」會拿到三鄉（獨龍江鄉政府所在地）去賣，售價 1 個 25 元，銷路還不錯。

男性的狩獵與捕魚，為糧食不足的獨龍族人提供了重要的食物補充，也漸漸凸顯了男性在獨龍族社會中的地位。但我們不能用地位低下來形容獨龍族女性，在織布、耕作、家務、人際關係處理等方面，獨龍族女性的作用不可替代。

　　在獨龍族地區流行主婦管倉庫的習俗。在包括雙親和幾個兒子、媳婦共居的大家庭裏，若母親還有料理家務的能力，倉庫全由母親掌握，糧食出自她的手；若母親去世，則由大兒媳繼承。在吃飯時，由主婦平均分給每人一份。如果兒子們尚未分家，那麼糧食由主婦掌握，全家在一個鍋內煮食；如果兒子們已經結婚分家並且立了火塘，但住在同一個大房屋內，則由數個兒媳輪流煮飯，每人煮一頓，煮成後由主婦分。[37]

　　至於獨龍族的衣著，清代夏瑚對其有著詳細的記載，「男子下身著短褲，惟遮臀股前後，上身以布一方斜披背後，由左肩右掖，抄向胸前拴結」，「女性以長布兩方，自肩斜披至膝」。[38]這說明在清代，獨龍族人使用自己編織的長布，並不著漢人常穿的衣服。長布也就是現在廣為人知的獨龍毯。獨龍毯是用野生大麻紡織成細線，染上紅、橙、黃、綠、藍、紫等顏色後用手工織成長度不限的布幅。整個編織過程從劈麻直到織成麻布，都用手工完成。織布過程耗時費力，需要靈巧的手工，因此女性是當仁不讓的主角。獨龍族姑娘10多歲便開始學習織布技術。織好的毯子披在身上，左纏右繞，成為一身合體的衣服。獨龍毯的披法也有講究，在不同的場合採用不同的披法。例如，在家休閒時就採用斜披法，這樣簡單方便；上山打獵時採用纏繞披法，這樣便於行走和追尋獵物；若在特定場合，如剽牛儀式或祭獵儀式上，剽牛手或祭司披毯就要採用橫式正披法，再持上梭鏢和法器，塑造出威武、飄逸和神聖的形象。除了作為衣服，獨龍毯還有其它的用途。有的用來背小孩，有的用來當口袋，有的用來當屏障，有

---

37 參見雲南省編輯組編：《獨龍族社會歷史調查》（二）（昆明市：雲南民族出版社，1985年），頁43-44。

38 參見方國瑜主編，徐文德、木芹、鄭志惠纂錄校訂：《雲南史料叢刊》（第十二卷）（昆明市：雲南大學出版社，2001年），頁149。

的用作被子蓋；如果朋友來訪，它是最好的紀念品；一些青年男女還把精心編織的獨龍毯作為定情物互相饋贈。每當收割糧食的季節，獨龍族人於田間地頭裏鋪幾張獨龍毯，在毯子上給糧食作物脫粒，這樣既簡便又有效地避免了糧粒散失。然後，將脫了粒的糧食在鋪開的毯子上晾乾，再將糧食裝入毯子並背回家。

而如今，身披精美的獨龍毯已成為獨龍族人特有的傳統服飾，告別了傳統上「衣不蔽體」的時代。隨著到獨龍江地區旅遊的遊客不斷增多，獨龍江女性趁機把獨龍毯推向市場。每當空閒時，獨龍族婦女就會坐下來織獨龍毯，一些女性專門以此為職業謀取生計。據介紹，一個獨龍族婦女一天織 1 米左右，速度快的話一個星期就能織好一條獨龍毯；該毯售價 1 條 300 元左右，好點的能賣到 400 至 500 元，到過獨龍江地區的遊客都不忘帶幾條獨龍毯送給親朋好友。不過，現在的獨龍毯並不都是用麻線製成的，獨龍族人用在市場上購買的毛線代替麻線，這樣獨龍毯製作起來就更省時省力了。

雖說獨龍族在狩獵、捕魚、家務等方面存在著性別分工，但許多工作還是需要男女一起完成。以耕種為例，挖地、播種、除草等工作並沒有嚴格的性別區分，而是夫妻雙方一起勞作。野糧的採集也不分性別，男女老少都要參與。同樣，採集蟲草、重婁、貝母、黃金果等藥材也沒有性別之分，男女都可以參加。

第二節　以政府為主導的技能培訓

一　水田開墾與水稻作物引進過程

糧食是生存的基礎。水稻的栽培、種植及改進為從事農業生產的人們解決了糧食的來源，也孕育了稻作文明。而對於獨龍族人來說，

他們在 20 世紀 50 年代以前的很長一段時期裏不知水稻為何物，更不用說如何種植。50 年代後，政府在獨龍江地區推廣水稻種植，水田的開墾也是從那個時候開始的。

1949 年 8 月 25 日，貢山和平解放；1950 年 4 月 8 日，貢山縣人民政府成立。為擴大人民政府的影響力以及確保政令暢通，人民政府立即對縣域進行重新劃分。全縣共劃為 4 個區，獨龍江地區為第四區，下轄 4 個行政村，並任命孔志清為區長、黎明義為區幹事。之後，第四區分別召開群眾大會，宣傳黨的農村政策並進行了 4 個行政村的村委選舉。至此，黨和政府的架構建立完畢，國家權力滲入獨龍江的每一個村落，也為在獨龍江地區開墾水田發展生產打下了堅實的組織基礎。

1952 年 10 月，剛參加完雲南省委舉辦的整黨學習的貢山縣委書記楊世榮路過碧江時接到怒江區工委的指令，要求其做好開墾水田的調查準備，並要求 2 個月後進行彙報。接到指令的楊世榮立即著手開展工作，並於 11 月初奔赴獨龍江地區開展調查工作。經過近 1 個月的摸底調查，楊世榮決定利用冬春農閒季節，集中勞動力在獨龍江中游的學哇當村進行開田種稻的試點工作。也因為當時大雪封山，楊世榮並沒能返回怒江，而是選擇繼續在獨龍江工作。在召開群眾大會那天，每戶都派了 1 人參加，此次會議的主要內容是動員群眾開墾水田。會上，大家經過討論，一致同意集體開墾水田。會後，下發給每家衣服四五件，農具也無償地發給群眾使用。這樣，一場浩浩蕩蕩的水田開墾運動就在獨龍江地區開展起來了。據楊世榮回憶：「我和黎明義、蔣炳堂、傑圖、阿當等同志，從區政府所在地的巴坡趕到有一天路程的學哇當村，組織和發動老百姓修工棚，做開田的準備工作。因為是第一次組織開水田，為了取得當地群眾的支持，經區政府研究後給各家各戶發放救濟布共 380 餘件。在商業部門的支持下，特帶去

15 把犁頭、400 多把鋤頭（板、條鋤各占一半），趕去 7 頭耕牛。工棚修好後，經過反覆動員，從全區各村寨發動了 300 多人投入了開田挖水溝的工作。」[39]期間，水田開墾受到天氣情況的影響。1953 年 2 月一場罕見的大雪壓垮了工地上的工棚，積雪 33 公分多，整個工程耽擱 10 多天。雖受種種因素的影響，開墾水田工作還是取得了較好的成績，「從 1952 年 12 月到 1953 年 2 月，短短的 3 個月裏，我們在獨龍江共開水田 53 畝，還從村前的箐溝裏開挖水渠，引來了一股股泉水，解決了新開水田的灌溉問題」[40]。

每年的 3 月份是獨龍族人砍火山地為春播做準備的季節。當時大部分人返回砍燒火山地，只留下 20 餘人繼續學習撒秧、耙地、犁田、斗犁架等技術。時至水田插秧的季節，「縣裏從原先就有種水稻栽秧經驗的永拉嘎、茨開等地組織了 10 多個青年男女，前來學哇當村傳授栽秧技術，支持栽秧工作；同時，動員村裏的年輕勞動力和各行政村留下來的民工，都投入了緊張的栽秧工作」[41]。

然而，推廣水稻的過程也並不是一帆風順的，也曾出現一些問題。一是用地問題。土地作為最重要的生存資源，獨龍江地區本來就地少人稀，江邊較好的地已經被佔據，地多的戶主不願意拿出地供開墾，那麼用誰的地開墾水田比較合適呢？在多次召開頭人協商會議之後，決定開墾家族共有地和未被佔有的處女地，並鼓勵個體家庭開墾私有水田。二是勞動工具的問題。開墾水田所需的犁、耕牛、鋤頭等工具在獨龍江地區根本找不到，為此，政府下大血本，包幹供應，分

---

39 楊世榮：《獨龍族牛耕的開始》，政協怒江州委員會文史資料委員會編《獨龍族》（德宏：德宏民族出版社，1999年），頁170。

40 楊世榮：《獨龍族牛耕的開始》，政協怒江州委員會文史資料委員會編《獨龍族》（德宏：德宏民族出版社，1999年），頁171。

41 同上，頁172。

配每人 1 把鋤頭，每村 1 頭耕牛、1 套犁，還陸續發放其它工具。「從 1954 年到 1958 年，國家贈送的犁頭、鋤、砍刀、鐮刀、斧頭、玉米脫粒機、打穀機等近 4000 件，平均每戶 9 件。」[42]此外，農藥、化肥等農業生產物資也由人民政府免費提供。三是工具使用的問題。牛對獨龍族人來說是重要的肉食來源，傳統生活中沒有用牛來耕地的想法，更不知犁為何物。他們感覺板鋤使用起來又笨重又不方便，而且還容易傷人，使用的時候不是打著前面的人就是打著後面的人。當時政府採取的辦法是手把手一個一個地教。往往是一個動作要反覆教好幾次才能教會。因此，從上面請下來的老農技術員身後都會跟著四五個學徒，學習各種開墾動作。此外，政府還組織一部分開墾積極分子到內地參觀學習，讓他們感受內地百姓的農耕技術。四是水田管理與勞動成果分配的問題。因為水田屬於集體開墾，不能分到戶，所以水稻種植後接下來的田間管理與收穫分配如何進行是事關群眾生活的大事。工分的引入為群眾的勞力提供了一個計算方法，記分初始一律採用木刻，凡一個工即刻一刀，每人一個自己保存。同時，使用最簡單的評工辦法。開始時無論大人小孩，全勞力、半勞力，幹 1 天活即算 1 個工；一年之後，經過評議，改為全勞力 1 天算 1 個工、半勞力 1 天算半個工，犁地的 1 天算 2 個工。[43]秋收後把稻穀放在一個糧倉裏，實行按勞分配，多勞多得。當年新開的田裏，穀子長得特別好。每畝田平均收穀子 150 多公斤，總產 53 擔，合 7500 多公斤。穀子收回來後，按出工天數分紅。凡參加開田修水利勞動的每個工（即勞動

---

42 中共雲南省委黨史研究室編：《雲南民族「直過區」經濟社會發展研究資料彙編》（昆明市：雲南民族出版社，2006年），頁113。

43 參見《民族問題五種叢書》云南省編寫組：《獨龍族社會歷史調查》（二）（北京市：民族出版社，2009年），頁99-100。

日）分 1.5 公斤穀子。[44]

在獨龍江河谷下游開墾水田還受到了當地祭師們的反對。他們認為修田不吉利，認為低地多「鬼」，並對開墾加以干擾。但是，這種干擾並未阻止開墾的步伐。經過幾年的開墾，第四區水田的數量迅速增長。截至 1957 年，第四區共開有水田約 40 公頃，孔當、丙當、學哇當三個公社內部幾年來開發水田 4.56 公頃，其中公有共耕水田 2.22 公頃，占水田總數的 49%，私開發水田 2.33 公頃，占水田總數的 51%。[45]總數雖多，但地區分佈不均，獨龍江北部開墾的水田數量要比南部的少。由於是第一次耕種水田，加上不能熟練使用各種耕種工具以及不能及時施肥薅草，水稻的產量較低，1956 年畝產平均僅有 324 斤。[46]

從人民政府體系架構設置完畢到開始實施開墾水田，歷時 2 年多。一個很有意思的問題就是，為什麼人民政府急於要在獨龍江地區開墾水田？首先，在此之前，獨龍族人以玉米為主食，食物的不足部分靠上山採集各種野糧來補充，並且採取刀耕火種、土地輪歇的耕作方式，有時還過著遊居的生活。這一切在當時的人民政府看來是多麼的落後，需要被拯救。因此，人民政府認為有責任幫助獨龍族人過上安居、溫飽、平等、幸福的生活。其次，在當政者看來，通過開墾水田與稻作技術的推廣就能夠解決獨龍族人的口糧問題，從而有利於邊

---

44 參見楊世榮：《獨龍族牛耕的開始》，政協怒江州委員會文史資料委員會編《獨龍族》（德宏：德宏民族出版社，1999年），頁173。

45 參見國家民委《民族問題五種叢書》編輯委員會、《中國民族問題資料・檔案集成》編輯委員會編：《中國民族問題資料・檔案集成〈民族問題五種叢書〉及其檔案彙編（第5輯）》，（北京市：中央民族大學出版社，2005年），頁393。

46 參見國家民委《民族問題五種叢書》編輯委員會、《中國民族問題資料・檔案集成》編輯委員會編：《中國民族問題資料・檔案集成〈民族問題五種叢書〉及其檔案彙編（第5輯）》，（北京市：中央民族大學出版社，2005年），頁393。

疆地區的穩定，進而有利於國家政權的鞏固。當時的頭人協商會議上
就強調「開成水田，改變原始落後的耕作方法，對大家有好處，對自
己也有好處，對子孫也有好處」[47]，人民政府相信只要開墾足夠的水
田，教會獨龍族人水稻耕種技術，獨龍族人就不會挨餓、吃野菜，不
會食不果腹。最後，在 20 世紀 50 年代，糧食問題是關係農業發展的
基礎問題。毛澤東曾多次強調，糧食是農業發展的關鍵，「全黨一定
要重視農業。農業關係國計民生極大。要注意，不抓糧食很危險。不
抓糧食，總有一天天下大亂」[48]。因此，在「以糧為綱」的時代背景
下，在生存的迫切要求下，狠抓糧食生產是當時各級政府的重要工
作任務；加上獨龍族歷史上很長一段時間過著缺衣少糧的生活以及獨
龍江地區地處邊疆的獨特地理位置，糧食政策的具體落實也就更加
嚴格。

　　第一次在獨龍江地區成功種植水稻的消息的確令人興奮。1953
年 11 月，貢山縣召開了較大規模的生產會議，會議決定在 1953 年冬
至 1954 年春繼續在獨龍江地區開墾水田。經過不斷學習，群眾開田
的技術和經驗得到了很大的提高與豐富，工作效率也大大提高，到
1962 年重新測量開挖水田時水田數量達到 251.3 公頃。

　　水稻引進後，政府並沒有放棄對水稻品種的積極改良，希望能試
驗出一種既能增產又能適應當地獨特氣候環境的品種。據獨龍族第一
代農藝師馬宗仁回憶：「為了提高水稻的單位面積產量，我和縣農水
科的王七斤同志曾被派到瀘水縣賴茂種子站，學習人工授粉繁殖水稻
新品種，經過幾個月的努力，終於培育出三系水稻種子。可是在貢

47　《民族問題五種叢書》云南省編寫組、《中國少數民族社會歷史調查資料叢刊》修
　　訂編輯委員會編：《獨龍族社會歷史調查》（二）（北京市：民族出版社，2009 年），
　　頁 99。

48　《毛澤東文集》（第七卷）（北京市：人民出版社 1999 年），頁 199。

山縣試種，由於海拔、氣候條件差異大，試驗沒有取得理想的結果。」[49]然而，此次試驗的失敗並沒有使當局放棄改進品種的努力，隨後，馬宗仁調往獨龍江鄉農科站，並在獨龍江鄉試驗和推廣地膜育秧，這是一種採取改良耕作方法的方式。「在鄉農科站的積極配合下，我們在鄉政府駐地附近的茂頂村種了幾畝薄膜育秧示範田。示範成功後，又到獨龍江中游的孔當、丙當等村社進行大面積推廣。」[50]工夫不負有心人，用薄膜育出的秧苗，明顯要高於用以前的老辦法育出的秧苗，並且受到當地老百姓的歡迎，試驗取得成功。馬宗仁在與獨龍江鄉一山之隔的丙中洛鄉也曾開展過多次水稻品種的試驗，通過引進新的常規種代替之前的河系品種，產量大大提高，試驗產量每畝達到500公斤以上，推廣產量平均每畝達400公斤。儘管如此，「1985年全鄉糧食總產量為50.5萬公斤，農民人均有糧81.5公斤」[51]，糧食產量還是不能滿足獨龍江群眾的生活需要，缺糧依然是獨龍族生產生活需要面對的難題。

誠然，水田的開墾與水稻的引進，對獨龍族產生了深遠影響。首先，水稻種植，增加了糧食產量，在一定程度上緩解了缺糧危機，為獨龍族的糧食提供了一個可靠來源，同時也極大地改變了獨龍族的生產方式。據社會歷史調查資料，一畝水田約需42個人工、6個牛工，從犁秧田到收割完畢要經過22道工序，這需要獨龍族人重新接受一套新的生產方式，改變他們對土地與生產的認識，農耕文化也漸漸在獨龍族人心裏留下烙印。其次，獨龍族的生活方式也發生了極大

---

49 馬宗仁：〈獨龍族第一代農藝師的回憶〉，見政協怒江州委員會文史資料委員會編《獨龍族》（德宏：德宏民族出版社，1999年），頁180。

50 同上，頁181。

51 丁永明：〈獨龍族第一次種上了地膜玉米〉，政協怒江州委員會文史資料委員會編：《獨龍族》（德宏：德宏民族出版社，1999年），頁176。

改變。產出的稻穀漸漸成為獨龍族的主糧，飲食結構發生改變。飲食不僅只要主食，還需要一些現在所說的「下飯菜」。獨龍族對「菜」的理解並沒有現在這麼豐富，據獨龍族地區年長的老人介紹：「以前不會吃菜，後來用水來煮，用核桃來做油，核桃也是野生核桃。二三十年前（有了商店之後）才學會炒菜。」[52]因而，獨龍族人的飲食漸漸發生了改變，菜也越來越注重色、香、味。筆者調查期間在房東家吃飯時，房東會說這裏沒什麼菜，煮得也不好吃，讓我們不要見怪。

　　隨著獨龍江「整鄉幫扶」工程的大力推進，獨龍族可用耕地越來越少。很多人認為，新的發展規劃把較好的田地用於建設獨龍族的新居，加上政府禁止砍燒火山地，已經沒剩下多少土地用於耕種，能用於種菜的地就更少了；此外，國家從 2002 年開始實施「退耕還林」工程，對實施退耕的農戶給予糧食補助，每個 2002 年以前出生的人每年有 185 公斤大米補助，初定實行 8 年，目前這一糧食政策仍在繼續實行。所以，獨龍族人種植水稻的積極性漸漸降低。現在獨龍江只有巴坡以下才有少量田地用於種植水稻；而獨龍江上游熊當與獻九當地區已放棄種植水稻，都改成種植旱地作物。

二　地膜玉米種植技術

　　除引進了水稻外，獨龍族還有許多一直續種的農作物，玉米就是其中一種。玉米用獨龍話講為「達嘣」，最先也是從周邊的藏族、怒族等民族那裏學來的，傳入的時間也不是很早，不過在引入獨龍江地區後便迅速成為獨龍族的主食。新中國成立後，獨龍族仍把玉米當作一種重要的糧食來源。

---

52 2012年7月5日訪談普爾咕嚕老人的資料。

　　與其它農作物一樣，歷史上獨龍族種植玉米的技術也相當粗放，主要採用點種的方法。下種時，需要一個人在前用點種棒將土撬開一個洞，另一個人在後將玉米種子投入洞內。兩個人需 3 個工才能完成 1 畝地的種植。再加上雨水、土地肥力等客觀因素的影響，玉米的產量大打折扣。「例如從前砍一塊 3 畝大的火山地，至少需要 40 個以上的勞動力，撒種 5 個工，薅草 30 個工，收穫及打包穀各要 20 個工，合計要 100 個工左右。如果收成好時，3 畝大的火山地，可收 600 市斤包穀；如果遇到歉收時，只能收 200 多斤包穀。」[53]這說明，在 20 世紀 50 年代，獨龍江玉米的產量是相當低的。

　　影響玉米產量最主要的因素為獨龍江地區獨特的氣候條件。獨龍江地處暖濕雨林氣候帶，降雨量大，是雲南省降雨量最多的地區。野草在這種氣候條件下生長迅速，與苗爭肥，不利於莊稼的生長。針對這一情況，政府也是絞盡腦汁，想出各種辦法提高獨龍江地區玉米的產量。1986 年臨近春種的時候，時任獨龍江鄉黨委書記的周建國從縣城帶回一卷塑膠地膜並找到該鄉農技站站長丁永明，問他能否試驗地膜栽培玉米。畢業於怒江州農業中專學校的丁永明接受了這一任務，憑著自己在學校所學的地膜包穀栽培知識，在鄉政府附近的一塊半畝地上進行了試驗。鄉黨委與政府相當重視這次試驗。試驗時，鄉、村幹部以及附近農業社的社員共 30 多人前來實地參觀學習。丁永明一面操作、一面講解，按照操作流程進行鬆土、挖塘、施肥、點種、覆蓋地膜以及講解後期管理和防治病蟲害的方法。到了收穫時節，鄉政府和農技站又在地膜包穀試驗地上召開了現場會，為此次試驗造勢，鄉、村幹部以及附近農業社的社員也前來參加，結果半畝試

---

53 《民族問題五種叢書》云南省編輯委員會、《中國少數民族社會歷史調查資料叢刊》修訂編輯委員會編：《獨龍族社會歷史調查》（一）（北京市：民族出版社，2009年），頁21。

驗地實收包穀達 250 公斤，為當地包穀地常年產量的 3 倍（當地包穀平均畝產為 150 公斤左右），試驗獲得了很大成功。[54]政府認為，採用地膜栽培包穀的方法，可以有效地遏制包穀地的雜草生長，有利於升高土壤溫度，也有利於保肥保土，適合獨龍江地區的氣候地理條件。試驗的成功讓政府明白這次努力沒有白費，並從中看到技術推廣的可能；不過，試驗的成功並不意味著能為群眾增加玉米產量。丁永明同時指出：「地膜包穀的科學栽培方法只有在固定耕地上才能有效實施，因此必須加強基本農田建設，改坡地為梯地，固定耕地面積，還要使用良種、化肥、農藥，加強田間管理，防治病蟲害，才能達到增產的目的。」[55]在充分考慮這些因素之後，鄉政府向縣政府上報了在獨龍江大面積推廣地膜技術的計劃。隨後，貢山縣政府批准了 1987 年在全鄉擴大推廣地膜玉米種植面積的計劃，並對這一計劃提供多方面的支持，無償供應群眾地膜、良種、化肥、農藥。

雖然有了上級政府的許可及支持，但推廣計劃在獨龍江鄉並沒有立即如火如荼地開展。考慮到獨龍族人對新技術還有一個理解、接受、熟練使用的過程，鄉黨委、鄉政府將全鄉按海拔高度分為河谷、半山、高山三個點，分別派鄉幹部深入工作點，指導獨龍族人開展地膜玉米的推廣工作，而農技站具體負責各個點的技術培訓。在接下來的時間裏，鄉農技站的所有人員在全鄉的村村寨寨進行技術指導，與獨龍族群眾打成一片，哪裏有需要就奔赴哪裏。經過一年的努力，獨龍江全鄉推廣地膜玉米面積 6.7 公頃，平均每畝產量約 450 公斤。1991 年怒江農牧局首次扶持示範 6.9 公頃玉米地膜覆蓋，配以良種後，平均單產每公頃 4,590 公斤，比當地露地栽培單產（每公頃

---

54 參見丁永明：〈獨龍族第一次種上了地膜玉米〉，見政協怒江州委員會文史資料委員會編《獨龍族》，（德宏：德宏民族出版社，1999年），頁177。

55 同上，頁177。

1,178 公斤）增產近 3 倍，雲南省農業廳決定連續 3 年予以無償扶持。[56]與 1949 年前玉米的產量相比，這兩次的推廣獲得巨大成功。與此同時，政府推廣地膜玉米種植的信心也大受鼓舞，到 1992 年全鄉推廣地膜包穀種植面積擴大到 30.3 公頃，這一年地膜包穀大面積單產仍保持了 450 公斤的高產紀錄，全鄉糧食實現了空前大豐收，總產量達到 69.8 萬公斤，比推廣地膜包穀前 1985 年的糧食總產量增長 38%。[57]

　　地膜玉米種植技術的成功推廣，也備受上級領導的關注與重視。時任雲南省農牧漁業廳廳長的黃炳生在獨龍江視察指導工作時，聽到使用地膜栽種包穀在獨龍江獲得大增產的消息時十分高興，對農技站工作人員給予了表揚，並當場拍板由省廳每年直接撥給 5 萬元專款，用於繼續推廣地膜玉米的種植。省廳領導的表揚與獎勵，對在基層開展技術推廣工作的人員來說是莫大的鼓舞，工作的積極性大大增強。

　　據現迪政當村李自才回憶：

> 剛推廣地膜的時候，鄉政府選我到巴坡參加培訓。當時我也很高興，覺得國家提供的地膜用上之後可能包穀產量會提高。於是培訓完，我把地膜背回來。那時候沒有修通公路，路非常難走。這不記得是哪一年了，那時候還沒有分地，可能是 70 年代末，冷木當小組試驗，後來效果還不錯。[58]

　　從李自才的回憶來看，地膜技術的推廣還是受到當時獨龍族人歡

56 參見高應新：〈獨龍族聚居區農牧業開發〉，《山地研究》1995年第4期，頁237。

57 參見丁永明：〈獨龍族第一次種上了地膜玉米〉，見政協怒江州委員會文史資料委員會編《獨龍族》，（德宏：德宏民族出版社，1999年），頁178。

58 2012年7月8日訪談李自才的資料。

迎的。經過多次實踐，現在獨龍族群眾已經能熟練地使用地膜技術種植玉米。每到播種季節，村民就會自發去市場購買地膜，為種植做準備。

三　牛的放養與飼養

　　獨龍江地區雨水充沛、植物茂盛，許多動物都選擇在該地區安家。牛也是其中的一種，不過獨龍族對牛有所分類。

　　第一類是野牛。其學科名為印度野牛，是現牛種中體型較大的一種。其主要特徵是頭、耳明顯較大，雌雄均有外圓內曲的較長銳角，額部常有灰白區域；肩部顯著隆起，背脊明顯高凸，故站立時顯得肩高臀低；體毛短稀，呈油亮棕褐色；唇、鼻灰白，自前額至尾基形成一暗褐肖紋；喉部具黑色長毛，頸下有肉垂；尾細長而被毛稀短；四肢健壯，其上內側為金棕色，肘、膝以下則呈白色，故又有「白襪子」之稱。[59]野牛不僅在我國雲南南部和西南部可見，印度、緬甸以及東南亞諸國也有分佈。有資料記載：「高黎貢山西麓有野牛，經常數十或數百隻結群遨遊在大森林裏，獨龍族人常用毒弩射殺捕食，每只野牛重達 500 市斤。」[60]可以說野牛是體重肉多，成為獨龍族過去圍獵捕殺的心儀對象之一。

　　第二類是黃牛。1949 年以前，獨龍族地區沒有種植過水稻，所以，獨龍族的黃牛並不用來耕地，而且獨龍族人也不知道如何使用畜

---

59 參見馬世來、馬曉峰、石文英編著：《中國獸類蹤跡指南》，（北京市：中國林業出版社，2001年），頁222。

60 《民族問題五種叢書》云南省編輯委員會、《中國少數民族社會歷史調查資料叢刊》修訂編輯委員會編：《獨龍族社會歷史調查》（一）（北京市：民族出版社，2009年），頁12。

力進行翻挖田地。黃牛的數量非常少，且都是用黃連、野獸皮、貝母等土產向怒江和西藏察瓦龍的納西族與藏族交換得來的。獨龍族換牛不是為了耕作，而是為了在年終慶豐收與同族親友聯歡時殺來吃。實際上，只有少數的富裕人家才能換牛。[61]因此，20世紀50年代初期，一些幹部見到獨龍族人在耕地裏用力翻挖泥土而不用正在嚼草的牛時常感到詫異。有的學者提出，1949年前獨龍族人只把牛用於以下四個方面：

（一）得病時，作殺牲祭鬼的祭祀品。原因是，在生產力低下和無力戰勝自然災害的情況下，獨龍族人民崇拜自然界的一切鬼神，認為人死了是「被鬼吃掉了靈魂」，所以把一切天災、人禍、疾病等都看作鬼神的安排。為了「祈福免災」，人們不惜每年花費大量的牲畜、糧食用以祭鬼。

（二）在一年一度的「卡雀哇」（年節）會上，耕牛必須作為「拿木薩」（祭師）剽牛祭天的犧牲品。「卡雀哇」是獨龍族人一年中唯一的節日，年節期內各家族互相邀請，友好往來，年節裏最隆重的儀式是「剽牛祭天」。剽牛開始時，由主持年節的家族長把牛拴在廣場中央的木柱上，再按傳統習慣由年輕婦女在牛角上掛珠鏈，在牛背上披蓋麻布，由「拿木薩」向上天作祈禱之後，即用一鋒利的竹矛，猛插牛腋，此時參加年節的人們結成圓圈，敲起鋩鑼，揮刀舞弓，圍牛跳起「鍋莊舞」。凡參加聚會的人，都可以平均地分得一份牛肉，並當場煮食或烤吃，人們共飲水酒，暢敘舊情，往往連續兩三天到四五天。

---

61 參見雲南省編輯組編：《獨龍族社會歷史調查》（二）（昆明市：雲南民族出版社，1985年），頁60。

（三）按婚姻的傳統習慣，耕牛是男方娶妻必送的彩禮，獨龍族稱娶妻為「濮瑪旺」（意即買女人），討妻的聘禮叫「特布加雷」（價錢和東西）。意思是說：女人是物品，彩禮是價錢。這樣，婦女就被當作一件物品，通過一定的價錢被男方購買過來，所以耕牛也往往成了這種極不合理的買賣婚姻的交換品。

（四）耕牛可抵作外族外寨土司搶擄奴隸時的交換物。自明清以來，獨龍族人除了每年要向土司上足規定的「貢物」外，還要繳納所謂「香火錢糧」或「超度費」；如繳納不起或「貢物」不足，土司便強擄人口，永做奴隸。獨龍族人為了使自己的親人免遭客死異鄉的苦難，不得不用耕牛抵換……[62]

不過，這種說法值得商榷。首先是「耕牛」的名稱使用方式上，1949年前，「曲子（獨龍族）皆赤貧，而又不知改良生產之方。故其生產方式，常停滯於無進化的狀態中，至於今日，並畜牧亦且不知為何事，其它雞與豕因甚少，牛馬羊更無論矣」[63]。可見，牛的數量非常少，加之黃牛不用於耕作，談何「耕牛」，獨龍族人學會用牛耕作是1952年之後的事了。其次，對獨龍族來說，牛是一種財富，擁有牛的家庭非常少。所以傳統上，牛也並不是男方娶妻必送的彩禮，許多貧困家庭根本無力支付像牛這麼貴重的物品。正因為牛很稀缺，1949年前的獨龍族之間經常會有黃牛的借貸，還時還需要支付一定的利息。借牛無力償還時，借者要將自己的妹妹或女兒送給債主做妻子或人質。[64]

---

62 劉達成：《獨龍族》，（北京市：民族出版社，1998年），頁45-46。

63 中國科學院民族研究所云南民族調查組、雲南省民族研究所民族研究室編：《雲南省獨龍族歷史資料彙編》，1964年刊印，第3頁。

64 參見《民族問題五種叢書》云南省編輯委員會、《中國少數民族社會歷史調查資料

第三類是獨龍牛。獨龍牛與野牛特徵類似，額部顯得特別大，故又稱為大額牛。獨龍牛全身結構勻稱，骨骼堅實，肌肉豐滿，前軀粗壯，步伐有力，全身背毛灰褐色，毛短細密；四肢膝下及唇部為白色，角圓粗大，角長30至40公分，角間距80至100公分，角呈平面伸展，角尖稍向後彎，額寬，頭形上寬下窄[65]；體重400至600公斤，最重的可達800公斤。此外，獨龍牛力氣大、靈活、抗病毒性強，善走險坡險道，能過急流，能在江河中任意游渡。獨龍牛與野牛的區別在於，獨龍牛的腿比野牛的稍短，背脊也不似野牛那樣突起。獨龍牛的染色體數目介於野牛和家牛之間，數百年前，獨龍牛仍處於野生狀態，後經獵人捕獲逐步飼養馴化而成。所以，獨龍牛並不是圈養的動物，習慣於生存在野外，且性子烈、好鬥，生人很難接近，連山林裏的豺狼等動物也不敢靠近。

獨龍族地處亞熱帶，位於西南季風的迎風坡，年降雨量可達3000公釐以上，有充足的水資源，適合草木的生長，這也為獨龍牛的放養提供了良好的食物來源。因此，獨龍牛常常三五成群地穿梭於高山密林之間，自由生活。主人只要每月定期餵獨龍牛一次鹽巴，並不需要其它飼料。獨龍族還流傳著一個關於獨龍族與牛的故事：「相傳很久以前，獨龍江下游一帶有個獵人去深山打獵，發現在鹵水泉邊有一頭野牛整日不走，也不怕人。獵人很奇怪，覺得這是神賜予自己的，不忍心傷它，就慢慢靠近用鹽餵它，它竟然十分親近人，獵人就把它領回家了。」[66]為什麼獨龍牛需要餵鹽巴呢？村民跟筆者解釋，

叢刊》修訂編輯委員會編：《獨龍族社會歷史調查》（一）（北京市：民族出版社，2009年），頁53。

65 參見趙伯樂主編：《新編怒江風物志》（昆明市：雲南人民出版社2000年），頁345。

66 楊將領、李金明、曾學光：《獨龍族》，（北京市：中國水利水電出版社，2004年），頁146。

獨龍牛不吃鹽容易生病，吃了鹽之後，就會長得更壯。所以，每當到需要喂鹽的時候，獨龍族人就去草場給牛喂鹽。很有意思的是，獨龍牛認識主人，見到主人就會迎上來並到主人手裏來吃鹽。草場上很多牛，但哪些牛歸屬誰從不會搞混，因為獨龍牛能聞到主人獨特的味道。這樣，鹽巴成了獨龍族人與牛之間重要的溝通中介。有材料表明，喂鹽確實有改善飼料味道、增強適口性、促進食欲的作用，然而更重要的是補充鈉和氯兩種元素。鈉廣泛分佈於體內，維持體內水、電解質及酸堿平衡，並維持細胞內外液的滲透壓，使牛既不乾瘦也不水腫；鈉還調節著心臟的正常生理活動。氯除了維持水、電解質及酸堿平衡外，還能形成胃酸。胃酸能促進食欲，增強消化，提高蛋白質、糖類、脂肪的利用率。但是，植物性飼料裏，鈉和氯的含量很少，需要通過喂鹽來補充。若牛的口糧裏補鹽不足，牛食欲降低，生長緩慢，產乳量和乳脂率都會下降。[67]

獨龍牛是我國稀有的品種，也是國家重點保護的品種。因此，如何保護稀有的物種資源一直是國家有關單位面臨的重要任務。1986 年，貢山縣畜牧獸醫站與雲南省改良站簽訂保種協議。經過技術人員與飼養戶的共同努力，獨龍牛保護工作得到了發展，並於 1987 年獲得雲南省畜牧局科技推廣成功獎。此外，獨龍牛的內地飼養也取得成功。現在，不僅獨龍江地區有獨龍牛，同州的六庫、福貢等縣也在人工飼養獨龍牛。

獨龍牛的數量在 20 世紀 50 年代並不多，但隨著國家保護力度的增大，獨龍牛的數量也大幅增長。1979 年集體和私人飼養 23 頭，1985 年增加到 67 頭，1990 年便發展到 237 頭[68]，2003 年更是增長至

---

67 參見趙世鐸、韓俊彥編著：《養牛問答》（瀋陽市：遼寧科學技術出版社，1985 年），頁61。

68 參見楊毓驤、楊奇威《雪域下的民族》（昆明市：雲南教育出版社，2008年），頁19。

1880 頭[69]。獨龍牛數量的迅速增長與當地各級政府對獨龍族產業發展的定位有著直接的關係。1998 年 11 月，中共雲南省委書記令狐安深入獨龍江鄉調研時曾指出：「獨龍江鄉僅有 40 至 50 人，但草山草場面積佔了全縣的 60% 以上，有著發展畜牧業生產得天獨厚的條件。鄉黨委、鄉政府要把畜牧業生產當作第一支柱產業來發展，特別強調不要忽視獨龍牛的發展，飼養獨龍牛是獨龍族群眾致富的好門路，獨龍牛就是獨龍族群眾的『搖錢樹』；要『遠抓林果，近抓畜牧』，要採取『以羊生羊，以羊還羊』的滾動發展方法，要走『以草養畜，以畜換糧、以畜換錢』的路子。」[70]令狐安的話如實地反映了當地的情況，為獨龍族的產業發展指明了方向。國家自然保護區的建立又為獨龍牛的生態放養提供了絕好的環境。另外一個適合發展獨龍牛的原因就是獨龍牛長肉迅速，具有良好的肉類開發前景。因而，當地對獨龍族進行扶貧的一種方式是各扶貧單位購買獨龍牛交給獨龍族放養。筆者在巴坡調查期間就曾見到貢山縣畜牧局從鄰縣福貢購買了兩輛車的獨龍牛交給茂頂小組的群眾放養，獨都小組就有 11 頭。據獨龍江鄉農科站工作人員介紹，現在有些人家就放有幾百頭獨龍牛，一些政府單位也在獨龍江放有獨龍牛，全鄉加起來估計有七八萬頭。為了提高獨龍牛的成活率，鄉農科站定期給獨龍族群眾講授一些獨龍牛集中飼養以及如何防治口蹄疫病等的知識與技術。

隨著社會生活品質的提高，人們對無污染、無毒害的綠色食品的消費需求也越來越高。有的商人打著「生態開發」的口號走進了獨龍江。他們看中了這片未被工業污染的土地，利用獨龍江豐富的草場、

---

69 參見《雲南日報》記者部編著：《三江並流流向世界》（昆明市：雲南民族出版社，2006年），頁299。

70 轉引自尹善龍：《風流高黎情報告文學集》（昆明市：雲南大學出版社，2002年），頁28。

雨水資源，發展生態養殖、綠色養殖。獨龍牛就是其中一個重要的養
殖品種。還有公司到獨龍江調研後就有意在這邊發展獨龍牛牛肉加
工，想要打響獨龍江這個品牌，把獨龍牛推向更廣的市場。現在，在
政府的大力推廣與扶持下，在市場商業主體的參與下，獨龍牛養殖已
成為當地最熱門的話題之一。市場上的成年獨龍牛價格為 6000 至
8000 元不等，因此，對普通的獨龍族人來說，把獨龍牛推向市場無
疑是件大好事。一些群眾為了增加獨龍牛的數量，還自發地從售價稍
低的緬甸購買獨龍牛放養，以期在市場上獲得更高的利潤。不過，在
獨龍江大規模地放養獨龍牛也存在不利條件。不少獨龍族人對此有著
清醒的認識。獨都小組迪長老的大女婿就認為：

> 獨龍江除了樹多、風景好，其它條件都不好。每個村小組有獨
> 立的牧場。但是，你們也看到了，這個地方的地勢多為高山峽
> 谷，幾乎沒有平地，草木不多，螞蟥、血吸蟲多，這些自然條
> 件實際上增加了養獨龍牛的難度。特別是獨龍牛有野性，只能
> 放養、不能圈養，這點與黃牛不同。放養獨龍牛的牧場離村子
> 比較遠，增加了管理難度，同時母牛生仔不能很好護養，有的
> 病死、跌死，一個月去看一兩次，發現有的牛不見了。而且，
> 獨龍牛養殖時間長，母牛養 45 年、公牛養 56 年才可以賣，價
> 錢不是很好，一般人家捨不得殺來吃，結婚、過年有條件者才
> 殺牛。養獨龍雞成本也很高，養幾年也只能長 12 斤肉，每隻
> 價錢亦只是 100 元。所以我覺得養牛養雞成本高，難以發展。[71]

　　獨龍族鄉中學的高老師對在獨龍江地區大規模推廣獨龍牛的養殖

---

71 2012年6月25日訪談材料。

也有著自己的看法。他認為：

> 獨龍江養牛（尤其是）養獨龍牛很難發展，原因是實行「天保
> 工程」、退耕還林後，大部分火山地沒有了。沒有草或者草長
> 得很少，牛的天然飼料就少了。牛只能到岩石上吃草，容易掉
> 崖受傷或者當場摔死。[72]

在獨龍江，獨龍牛意外死亡是常有的事情。筆者到達欽蘭當的兩天內就有獨龍牛因為吃草而跌下山崖，筆者因此嘗到了美味的獨龍牛肉。所以，在看到廣闊的市場前景的同時，獨龍牛的養殖推廣更應該考慮當地的實際條件。如果因為疾病、跌下山崖等原因導致獨龍牛的成活率下降，這將對獨龍族人放養獨龍牛的積極性造成很大的打擊。獨龍族能不能禁得住市場風險的考驗也是在推廣獨龍牛養殖時必須考慮的一個問題。在獨龍牛收購價格沒有保障的前提下，獨龍族人也不敢輕易地增加獨龍牛的數量，否則，一旦市場銷路受挫，獨龍牛收購價格下降，期待在市場上獲得更高利潤的獨龍族人將陷入更加貧困的境地。這對本不富裕的獨龍族人來說是無法接受的。

四　其它種類的技能培訓

當地政府為增強獨龍族人生存的能力，提高獨龍族人的收入水準，除推廣獨龍牛養殖外，還舉辦其它各類技能培訓。例如，草果、附子、重婁等中藥的種植，花椒、大棚蔬菜、西瓜、漆樹的種植，中蜂的養殖，沼氣池的建設，百名駕駛員培訓計劃，廚藝、旅遊接待等

---

72 2012年7月8日訪談高老師的材料。

生活技能的培訓，等等。總之，當地政府為了使獨龍族人擺脫貧困、過上現代文明的生活，可謂是煞費苦心。

　　隨著退耕還林工程的開展，獨龍族逐漸放棄水稻種植，獨龍江地區的農業產業結構面臨著較大的調整。其中一個重要的發展思路為：「依託獨龍江獨特的民族風俗、神秘的自然景觀、良好的生態環境、多樣性的生物資源，逐步建立獨龍江國家生物物種基因庫，充分發揮『三江並流』核心地區的區位優勢，開發獨龍江原始生態旅遊區，大力發展科考、探險、人文、生態的觀光旅遊，帶動第三產業的發展。」[73]對此，縣鄉兩級政府有著明確的發展方向。為提高獨龍族的旅遊接待能力，讓旅客享受良好的旅遊服務，縣旅遊局從獨龍江鄉各村遴選了一些村民到縣城參加旅遊接待的培訓。對此，獨龍江鄉農科站工作人員說道：

> 看一下整個獨龍江鄉哪些人想搞這個「農家樂」，把這些人集中起來，告訴他們怎麼做菜，怎麼搞好環境衛生。操辦「農家樂」，要怎麼搞好環境衛生、怎樣吸引遊客、怎麼洗碗等都要培訓。洗碗的話，按照外面的特別是酒店的標準，用洗潔精洗的話必須沖洗三遍，才能把殘留降到最低。不能把洗潔精往水裏面放，然後將碗撈出來就裝東西給客人吃。但本地人並不知道這些東西，也不介意，外地人來旅遊了，一吃就能發現有洗潔精殘留。還有，菜洗得是否乾淨、殺雞衛生、殺豬衛生、做菜環節衛生、環境衛生都要培訓。還有就寢的地方，要給搭蚊帳，不搭蚊帳的話，萬一蚊子叮咬，有些人會過敏，有些還相當嚴重，蚊子叮一下就會叮出很大一個包。還有其它飲食方

73　《獨龍族糧食問題調研報告》，http://www.ynethnic.gov.cn/Item/2105.aspx，2012年11月24日。

面，如我們推廣中蜂養殖，都知道蜂蜜是好東西，但不能誰都給，要問遊客對蜂蜜是否過敏。山上的蜂蛹也很多，「農家樂」可以提供，不過弄給人家吃前，要提醒遊客如果對高蛋白過敏的話就不能吃。還有用漆樹油弄點漆油雞啊，或者弄點「夏辣」給遊客喝的話，首先要問清楚遊客對漆樹是否過敏，如果說不清楚的話，到時候出問題就不好辦了。我們在推廣漆樹種植的時候，也要跟群眾說清楚。不然，萬一出什麼問題，群眾就會找我們這些搞技術推廣的人。[74]

當今，鄉村旅遊業興起速度非常快，其重要原因就是它適應了現代都市人的需求，即能夠遠離都市的嘈雜、感受鄉村的寧靜。因此，最大限度地迎合遊客的各種生理需求、安全需求、精神需求成為擺在獨龍族旅遊開發面前的一個重要問題。從上面的介紹可以看出，縣、鄉為迎接大規模遊客的到來，在衛生、飲食、休息等細節方面做了精心的準備。不過，就目前獨龍族人對現代旅遊的理解與接受程度而言，今後還需要更多類似的培訓。

中草藥的推廣，在獨龍江地區也逐漸展開。作為「國家生物物種基因庫」，獨龍江流域的高山森林裏盛產野生蟲草、黃連、貝母、重婁、野三七等珍貴植物藥材。每年 3 月份開始，獨龍族人以及來自福貢的挖藥材的人就陸陸續續地上山挖取藥材。在獨龍江調查期間，我們就見過多批人來獨龍江流域或挖藥材或收藥材。當然，挖藥材也不僅限於獨龍江流域，他們也經常越境到緬甸的一些原始森林裏挖。獻九當支書的弟弟前不久去緬甸挖了 33 天的藥材。我們路過龍元時，龍元的村支書帶著幾個兒子也剛剛從緬甸挖藥材回來。藥材的價格每年都不同。重婁 2010 年的價格為每公斤 260 元，2011 年的價格為每

---

74 2012年7月10日訪談獨龍江農科站的材料。

公斤 360 元，2012 年為每公斤 260 元。蟲草的價格則比較高，每公斤要賣到 4000 元。所以，賣藥材已成獨龍族人收入的最重要的來源。不過，隨著挖藥材的人越來越多，藥材也越來越少。不少獨龍族人冒著生命危險花很長時間在森林裏挖藥材，收穫卻頗少。特別是國家建立自然保護區後，國家明令禁止群眾上山挖藥材。但是，國家的禁令並沒有阻擋群眾進山挖藥材的步伐，即便國家在出入獨龍江的路邊設立檢查站，對各種藥材運出獨龍江進行檢查，群眾還是不斷地上山挖藥材。因此，當地政府在增加群眾收入與保護森林資源之間進行著兩難的選擇。20 世紀 70 年代，商業部門派出技術幹部幫助獨龍族人發展種植，並先後在茂頂、孔目、獻久當等地的半坡山林中種植黃連、貝母等幾萬畝，每畝產藥材 3.5 公斤。1978 年時黃連每公斤售價提高到 26 元，貝母每公斤售價提高至 35 元，還規定凡交售 1 公斤黃連或貝母者，除付給現金外還獎糧食 5 公斤，以鼓勵農民種植藥材。[75]現在政府在獨龍江地區推廣比較普遍的草藥是草果，在平整的土地比較多的獨龍江北部則是推廣附子。正因為縣、鄉兩級人民政府的大力推廣，漫山遍野都是草果。由於推廣的批次不一樣，一部分已經開始有產量了，有些則剛剛發芽，有些剛剛長成。附子的推廣還處於試點階段，而推廣的面積要看試點能否成功。

第三節　技術改良與發展干預

一　技術的推廣與效果

綜上可知，國家為了使獨龍族人擺脫貧困走向富裕，在不同時期開展了不同的技術培訓與推廣，但推廣的效果並不都是成功的。像大

---

75 參見楊毓驤、楊奇威：《雪域下的民族》（昆明市：雲南教育出版社，2008年），頁19。

棚蔬菜、附子等專案還正處於試點階段，而獨龍牛養殖、草果的種植等專案的效果正在顯現，也曾有試點失敗的專案。儘管一些專案的推廣出於良好的初衷，但經過推廣後並沒有收到預期的效果，有的甚至還遭到部分人的反對。因此，如何確保取得良好的推廣效果取決於政府部門、推廣工作人員以及獨龍江村民之間的互動。

　　新技術或者新品種在獨龍江地區有著一套獨特的推廣模式。獨龍江鄉農科站工作人員王某向我們介紹道：

> 不是一有新品種就推廣，我們要先示範種植，找個 1 畝左右的地進行示範，看下產量以及怎麼種才合適。我們會到農村租一塊土地，因為各地點海拔高度相差大的原因，我們會上邊試一點、下邊試一點、中間試一點，試成功了才推廣。推廣前沒有進行試驗，種了之後產量很低，或者是種了病蟲害多了，導致推廣失敗的話，不僅僅是農機站站長有責任，農業局局長也有責任，包括鄉裏面主管農業的副鄉長也有責任，所以這個東西不能亂搞。[76]

　　這位工作人員的介紹與在 20 世紀 80 年代推廣玉米地膜技術試驗的情況類似，都要採取試點。至於為什麼要採取試點，上面的介紹也談到了原因。其一，因為採用的是新產品或者新技術，對於能不能成功剛開始都沒有把握，只有通過小範圍的試點才能看出收穫如何。其二，對新推廣的技術或者品種在試驗階段出現的各種問題能進行及時補救。正如上述所說，如果新品種未經過試驗，村民種植之後，蟲害很多，收成受影響，不僅會影響村民種植的積極性，還會影響政府的

---

76 2012年7月10日訪談材料。

形象。其三，進行試點也是一次良好的教育和示範的機會。由於村民對新事物的接受能力相對較弱，因此，在試驗的整個過程中，村民的參與非常重要。政府相關部門也明白這個道理。所以，每次試驗時，都會從各村抽取一些積極性較高、接受能力較好的村民參與到試驗過程中。技術人員通過手把手地教這部分積極分子，讓他們熟悉整個操作過程，再由他們回去教會普通村民怎麼操作。其四，獨龍江獨特的氣候與地理條件使得新產品或者新技術如果不經過試點就根本無法在獨龍江流域推廣。獨龍江南北部海拔相差較大，氣溫也不同，正因為如此，有時會出現同一個品種在獨龍江北部能試驗成功而在獨龍江南部就不適應的情況。這就需要在不同海拔地區進行多點試驗，這也符合科學規律的要求。一般來說，試驗田的產量與農民自己種的產量還是有較大的差距。以旱地的玉米為例，1 畝試驗田，經過精心管理，獲得的子粒有 500 公斤以上；而村民自己管理的話，畝產只有 350 多公斤。

　　試驗成功就能為該專案在獨龍江地區的推廣打下深厚的基礎。但是，由於鄉農科站人員人數有限，加上國家對獨龍江地區扶持力度加大，各種專案陸續開展試驗。所以，如果所有的試驗都由他們親自動手的話，根本就忙不過來。因此，政府也想方設法地提高推廣的效果。現在鄉農科站在各村培養了一個農業技術指導員，增加科技人員的力量，大部分項目的試驗與推廣就需要他們或者村裏精英的幫助：

　　　　那些農業技術指導員是本村的，是我們自行發展的。像去年推
　　　廣的那種西瓜嘛，也是推廣的試驗新品種，我們首先就要找我
　　　們培養的那一戶，或者看誰接受能力強就推廣給誰，然後他成
　　　功了、賺到錢了，他就會去告訴別人。其實，我們開一萬個
　　　會，也沒有那個人說一句話好使，我們到村裏面開一萬個會每

天告訴他這樣弄賺錢、高產，沒有用。關鍵是我們找一戶典型的，或者在村裏面有權威的、有文化的人家做一個試驗，他賺到錢了，別人看到了就會來做，那你就推廣，困難就比較小。[77]

從上面這段話可以看出，鄉農科站的工作若沒有村幹部和精英的配合，很難完成推廣的任務，並且政府的這一套工作模式很難適應村寨的實際。普通村民對於政府以開會形式宣傳新專案的這一套模式並不感興趣。對於普通獨龍族人來說，他們更注重實惠。如果試點戶在種植新品種或者採納新技術時取得成功，經濟收入得到提高，加上政府的大力宣傳，很多村民就會跟著採納，從而達到推廣的效果。

一些項目還直接承包給外來的人。以丙當小組正在建設的大棚蔬菜為例，縣農牧局讓承包者負責建設大棚並進行管理，而大棚就建在丙當小組的寨子邊上；並且在整個建設管理的過程中採取包教的方式，讓承包者告訴當地人怎麼建大棚、怎麼種蔬菜、怎麼管理，目的是通過大棚的建設與管理，使當地村民參與整個過程；當大棚蔬菜產出獲利時，村民也學會了如何種植，類似於農業技術推廣模式。

當然，在推廣的時候也碰到不少問題，其中最重要的是科技與傳統觀念相容的問題。在獨龍江北部平整的土地裏隨處可見土豆、玉米、南瓜、四季豆、向日葵等作物的混種，而對於這種混種，王某有著不同的見解：

上次我去迪政當推廣單株密植，我告訴村民這個瓜別種了。單株密植本身就很擠了，你再種這些南瓜進去，很擠，容易得病；再一個瓜往上爬，把芽壓倒了。沒辦法，他們還是要種。

---

77 2012年7月10日訪談王某的材料。

這從科學上講是不科學的嘛，玉米和土豆種在一起是套種，這
個是我們推廣的，在縣城他們也是；像這個瓜就不適合，黃瓜
啊冬瓜啊都不適合，太密集了。[78]

在他看來，從科學的角度來說，單株密植的話產量是相當高的，
而且能夠保證成活率。而上述的大混種是不利於玉米和土豆產量的提
高，可是村民並沒有接受該技術員所講的科學道理。對為什麼種植南
瓜，獨龍族人也有自己的考慮。因為南瓜可以保存，成熟以後能夠保
存得很久，就能解決一部分喂豬戶的飼料來源，也就不需要經常去外
面找飼料。這種混種在獨龍族聚居區已成為一種慣例。儘管經過科學
種植的宣傳與培訓，獨龍族人還是選擇自己的耕作慣例。再以管理大
棚蔬菜為例，農科站工作人員經常勸說獨龍族人早上趁早去管理大棚
蔬菜，保證一天中早上關門、中午開門、晚上關門。儘管多次動員，
但是一些村民還是無法按照科學管理大棚的方法進行管理。

與其它推廣的項目相比，地膜技術的推廣還是比較成功的。
1977 年，我國從日本引進了地膜覆蓋栽培技術；1978 年在農業部的
主持下，在全國 14 個省、市的科研單位的 400 公頃地面上進行了試
驗和示範；1980 年擴大到 23 個省、市、自治區，採用邊實驗、邊示
範、邊推廣的辦法；到 1982 年全國地膜覆蓋栽培已發展到 11.8 萬公
頃，1983 年為 62.5 萬多公頃，1984 年為 133.3 萬多公頃，1985 年突
破了 200 多公頃，覆蓋栽培的作物已達 70 多種。[79]如前所述，獨龍江
地區最先開始試驗地膜玉米是在 1986 年，一年後試驗取得成功。到
1992 年，全鄉推廣地膜包穀種植面積擴大到 30.3 公頃。因此從總體

---

78 2012年7月10日訪談王某的材料。

79 參見朱永祥編著：《實用地膜覆蓋栽培技術》，（成都市：四川科學技術出版社，
　 1987年），頁4。

上看，採用地膜技術種植的土地面積逐漸擴大。現在這種技術仍在使用中，在獨龍族的土地上，隨處可見從地膜覆蓋的土地中長出來的玉米苗。草果的推廣也比較成功。據孔當村魯江利支書介紹，草果的果苗由國家免費提供，種植面積一般一家都有 0.67 公頃左右，不過草果的價格隨市場行情波動，有時賣到每公斤 4 元多，而有時每公斤能賣到 14 至 16 元，算下來的話，一家一般有 6,000 至 10,000 元不等的收入。有的人家還直接從縣裏買一些老苗回來種下去，只要成活第二年就能發芽，第三年就能結果了，這種模式遠比種幼苗來得快。[80]

　　不可否認，在獨龍江地區推廣的專案也並不都是成功的，所以一些項目也不敢貿然推廣。據王某透露，他們單位原本想推廣合作社養豬專案，但是試點沒有成功，也就沒有推廣了，在村裏村民就把這個項目否定了。失敗的原因，可總結為兩點：其一是市場原因，如果賣方市場過大的話，村民養的豬過多，一旦市場銷路受影響，村民賣不出去、賺不到錢，自然會影響村民的積極性；其二怕影響團結，如果合作社一方積極地去工作，而另一方工作不積極，就很容易產生矛盾。因此，已經成型的比較好的合作模式移植到獨龍江地區並不適合，最後這個項目也不了了之。而且，對於藥材的推廣，王某還有著深層的擔憂。他說：

　　　　藥材市場也不穩定，藥材大部分需要積貨、壓貨，也許你種的時候行情很好，你收的時候行情卻不好了，賣了你就虧了，你就只能積壓。但是老百姓就沒那個積壓能力，也就不敢貿然地推廣，有些東西是能賺錢但是不敢推廣，現在風險大，因為整個獨龍族經濟比較脆弱。這幾年經濟比較脆弱的話，搞錯了一

80　2012年訪談魯江利的材料。

臺事情，那我們以後其它的事情就很難辦了。

　　總之，在國家強有力的扶持下，各類項目接連而上，但對不同的品種和技術，獨龍族有著不同的接受程度。筆者認為，在對獨龍族進行技術推廣時，必須考慮到獨龍族自身的文化適應能力。國家在扶持開發時務必發揮獨龍族的文化適應的主觀能動性，務必多傾聽當地人自身的意願與想法，多從地方文化中汲取智慧，這樣推廣的效果會更好。

二　國家權力的滲透與發展干預

　　消除貧困，是全人類的重大課題，對擁有 13 億多人口的中國來說意義更為顯著。獨龍族作為我國多民族大家庭中的重要一員，歷史上長期處於食不果腹的生存狀況中；加之地處中緬邊界，歷代中央政權都對獨龍江地區疏於管理，使之成為名副其實的「化外之地」。獨龍族人並沒有從歷代政權中獲得相應的政策福利，獨龍族人的生存狀況也沒有得到較好的改善。隨著社會主義的確立，國家政權深入到獨龍江地區的每一個村落。從此，在社會主義建設和改革的歷史進程中，在國家強有力的發展干預下，獨龍族人的生活進入新的歷史階段。

　　從國家的角度出發，剛成立不久的社會主義政權在全國範圍內的鞏固必須得到各地人民群眾的支持，而獲得邊疆民族地區人民群眾的支持尤為重要。獨龍族人的生存狀況事關國家邊疆的安定、民族的團結、國家政權的穩定以及社會主義政權的形象。因此，為改善獨龍族人的生存狀況，實現真正的民族平等、團結以及共同富裕，國家在不同時期加大對獨龍族地區的發展干預是歷史的必然趨勢。

　　現在，我們先回顧一下國家在獨龍江地區的一些政策與做法。與

其它許多民族不同的是，國家根據獨龍族社會、經濟發展形態，按照「慎重穩進」以及「團結、生產、進步」的工作方針，沒有在獨龍族聚居區進行土地改革，而是採取依靠廣大貧困民眾，團結、改造愛國民族上層人士，大力說明發展生產的方式使獨龍族人逐步、穩妥地過渡到社會主義，因而獨龍族地區又被稱為「直過區」。同時，在生產生活方面，國家為獨龍族運去糧食、布匹、食鹽、衣被、砍刀、茶葉、鐵器等生產生活用品，幫助獨龍族人改善生活、組織生產以及發展經濟。大規模的水田開墾對獨龍族產生了長遠的影響，當局希望獨龍族通過引進水稻來解決獨龍族的糧食來源，並逐漸使獨龍族從過去刀耕火種的農業逐漸過渡到現代農業。而開墾水田所需的工具、種子等全部由國家包辦，獨龍族人則出工出力並跟技術人員學習耕作技術。水田開墾的成功，種植水稻的產出，減少了國家支持獨龍族救濟糧食的數量，但是水稻的產出仍不能滿足獨龍族人生存的需要。

在推廣水稻種植的同時，政府沒有忘記獨龍族一直種植的玉米、土豆等作物，希望從多方面切入，解決獨龍族所需的糧食問題。繼而，政府從技術與新品種入手，希望能提高水稻與土豆、玉米的產量。1989 年，獨龍江地區成立了鄉級農業科學技術推廣站，進行農業實用技術的試驗示範，農民逐漸地相信科學、利用科學，繼續改造傳統農業。這才有了地膜技術的試驗和推廣，才有了水稻、土豆等新品種的應用。

2002 年 9 月 4 日，中共雲南省委辦公廳、雲南省人民政府辦公廳發出《關於採取特殊措施加快我省 7 個人口較少特有民族脫貧發展步伐的通知》，決定在包括獨龍江在內的這些民族地區逐步實施溫飽和農業產業化扶貧工程、基礎設施建設扶貧工程、科教扶貧工程、民

族文化扶貧工程和人才培養扶貧工程。[81]同時，自 2002 年起，獨龍江地區實施退耕還林還草和天然林保護等生態工程，大部分耕地退耕還林還草，農民只保留家宅周圍的耕地（菜地）。截至 2003 年末，全鄉按照省農業部門規劃的要求，退耕還林還草完成了 266.7 公頃，人均 0.07 公頃。這樣，獨龍族幾十年來一直從事的刀耕火種的山地農業生產方式已逐步放棄，獨龍族從「砍樹燒山人」變成了「種樹人」、「造林者」、「護林者」。[82]隨後，2010 年 1 月，雲南省正式啟動對獨龍族進行「整村推進、整族幫扶」工程，計劃用 35 年籌集 10 餘億元，實施「六大工程」，說明獨龍族實現跨越式和可持續發展。

與之相關的是，黨和政府各級領導也時刻關注獨龍族人民的生活狀況。「獨龍江鄉再邊遠偏僻，也是祖國壯麗河山不可分割的一部分；獨龍族人民再遠離內地，也是祖國 56 個民族大家庭裏不可缺少的成員……本世紀末，全省要基本解決群眾的溫飽問題，在實現這個偉大目標的過程中，我們決不讓任何一個兄弟民族掉隊。」這是 1998 年初冬中共雲南省委書記令狐安率省民委主任格桑頓珠、省扶貧辦主任和鐵梁與州委書記張耀武等領導徒步深入獨龍江調研時的誓言。而在 1999 年，江澤民同志親筆為獨龍族人民寫了「建設好獨龍江公路，促進怒江經濟社會發展」的題詞，則再一次充分反映了黨和國家對獨龍族地區發展的重視；同年，「雲南省委獨龍江工作隊」進駐獨龍江鄉。後來，溫家寶總理也曾做出重要批示，「一定要下決心解決獨龍族人民的出行難問題」，這些都反映了黨和政府對獨龍江鄉的關懷。

---

81 參見中共雲南省委黨史研究室編：《雲南民族「直過區」經濟社會發展研究資料彙編》（昆明市：雲南民族出版社，2006年），頁115。

82 參見格桑頓珠、納麒主編：《雲南民族地區發展報告（2003-2004）》（昆明市：雲南大學出版社，2004年），頁372。

　　儘管國家付出了大量的努力，但仍很難立即改變獨龍族地區貧困的狀況。就種植業生產狀況分析，1990 年，全鄉實有耕地 528.7 公頃，墾殖系數僅為 0.27%。糧食畝產僅為 87.6 公斤，大大低於全省195 公斤的水準。全鄉種植業收入 31 萬元，占全鄉農村經濟總收入的 50%。其中糧食生產收入 28 萬元，占種植業收入的 90.3%，然而同年全鄉糧食總產量 69.5 萬公斤，人均 179.5 公斤，形成了自行生產糧食又不能自足的局面。國家每年要組織調撥 10 萬餘公斤糧食，人背馬馱翻山越嶺運進獨龍江鄉，以滿足鄉民過冬生活之必需。[83]到21 世紀初，獨龍江地區的貧困情況仍沒有得到根本性改變，2003 年獨龍江鄉人均純收入 637 元以下的絕對貧困人口占 78%，呈現出整體性貧困。[84]

　　綜上可知，在國家持續的扶貧行動中，我們也應看到國家政策一直在不斷地變動與調整。政策的不斷調整對當地產生了極大的影響。以種植需要使用的薄膜、良種、化肥和農藥為例，由於上述物品在推廣時國家承諾是免費提供的，當 2004 年政府停止免費供應，相當部分農戶就不願使用良種、化肥和農藥了，從而影響種植作物的產量。此外，國家推廣的良種土豆產量上來了，但口感大不如本地品種。同樣，21 世紀初退耕還林還草工程的實施，也極大地改變了獨龍族的生產生活方式。對大部分獨龍族人來說，反正國家有糧食補貼，水稻就不需要種植了。就解決溫飽問題而言，國家發的退耕糧是夠吃的；如果不夠吃就需要自己從市場上購買。但是帶來了另外一個問題，國家的退耕糧要發到什麼時候為止呢？在國家還沒有為獨龍族找到更好

---

83 參見田雪原主編：《中國民族人口》（三）（北京市：中國人口出版社，2005年），頁1309。

84 參見中共雲南省委黨史研究室編：《雲南民族「直過區」經濟社會發展研究資料彙編》（昆明市：雲南民族出版社，2006年），頁124。

的糧食來源的辦法時，現行的政策該執行到什麼時候？據瞭解，國家在剛開始推行退耕補糧時，承諾實行補糧政策8年，但是8年過去了，仍然沒有好的政策出臺，所以繼續實行補糧。而隨著「整村推進、整族幫扶」工程的推進，大部分獨龍族的土地用於建設新房，獨龍族已經不可能再走繼續開墾水田種植水稻的老路子。那麼，在獨龍族自身不能產主糧的情況下，其生存靠什麼來保障呢？現在已經有不少村民反映，新農村的建設佔用了太多的土地，他們用來種菜的地都很少，吃菜都成為一個令人頭痛的問題。雖然村民曾多次向政府反映此問題，但由於政府出於某些原因的考量，該問題仍沒有得到很好的解決。並且從目前正在實施的大棚蔬菜工程來看，收效並不明顯。限制大棚蔬菜種植的一個原因，就是獨龍江屬於獨龍族聚居區，人口比較少，且居住分散，如果大家都種大棚蔬菜且不能外銷的話，獨龍族自身並不能內銷這麼多的蔬菜，種出來的這些菜賣不掉，老百姓就會直接棄種，反而導致只能從外地拉菜進來賣。

可以看出，在對獨龍族地區進行的扶貧中，國家佔據主導地位，獨龍族自身的主觀能動性沒有能夠得到很好的發揮。所以，需要警惕的是，現實的矛盾遠比設想的更多也更複雜，國家必須花更多的時間與精力來應對可能出現的新情況。

第二章
流動中的秩序：親屬與村落組合的原則

任何一個群體要能生存，必須具有一套能使它延續的規定——
人們出生以後，必須根據某些原則結合到群體中去；人們死
後，他們所有的東西，必須按規定傳給後人。

──〔英〕雷蒙德·弗斯《人文類型》

　　大部分獨龍族人居住在獨龍江峽谷兩岸，沿著河流逐步擴大居住
地域，直到 1949 年左右，他們的不同分支散居於恩梅開江、邁立開
江上游各支流兩岸叢林中和緩坡地上。傳統上，獨龍族人習慣住在上
靠山頂、下臨河流、對岸又不易通行的緩坡地段，而不是臨近河流的
低地。過去，河谷地帶耕地有限，人們不得不到海拔更高的山林中開
墾火山地和尋找獵物，這種食物生產模式使得每一個氏族並沒有聚居
在某個固定的區域；加之通婚的原因，氏族內部不斷裂變，分散在獨
龍江流域不同地帶。易變而靈活的社會組織中，存在一定的穩定性，
那就是親屬紐帶。根據 20 世紀 50 年代的調查資料，獨龍江兩岸的人
群根據不同的傳說和血親關係劃分為 15 個父系氏族。今天，多數老
人仍然清楚地記得自己屬於哪個氏族，祖先來自哪個地方。由此可
見，土地與家族的聯繫非常緊密，兩者的結合是村落社會秩序得以穩
固的重要基礎。

第一節　親屬分類法則

　　作為一種非常重要的食物生產方式，刀耕火種適應獨龍江雨季長、林木生長周期短的自然地理特點，它在一定程度上也影響了人群關係的組合。20世紀五六十年代的社會經濟調查已經表明，1949年前獨龍族社會還沒有明顯的階級劃分。年齡、性別身份決定了一個人處於什麼樣的社會位置和承擔的義務及權利，一切社會活動都要圍繞著親屬關係而展開，後者依據血親和姻親系統得以確立和維繫。

一　「尼柔」的界定：人群組合的邏輯

　　人與人之間的親屬關係是通過一些特定的稱謂來表達的。在獨龍江兩岸，通常自稱有共同祖先的一群人，他們的關係泛稱為「尼柔」，意為有親戚關係的群體。老一輩的學者（如楊毓驤）將「尼柔」譯成氏族[1]，按照這種概念，在20世紀50年代的獨龍江河谷還能找到15個不同的氏族遷徙的線索。每個氏族的起源傳說表達著各氏族名稱具有的含義。比如，「木江」氏族的起源，過去流傳著「木江」的人被問及來自何地時，總是抬頭望向天上，因此人們認為他們是來自太陽升起的東方，或者象徵著「太陽的後代」；而有的氏族名稱如「克勞洛」和「麻必洛」，與所居住區域的河流、地名有聯繫，表明他們祖先源自那一帶。筆者在獨龍江下游馬庫村聽到了關於「當舍」氏族的傳說。在一次酒後的閒聊中，自稱「當舍」氏族的後人唐榮向筆者講述了一則簡短的傳說：

---

[1] 參見楊毓驤、楊奇威：《雪域下的民族》（昆明市：雲南教育出版社，2008年），頁30。

中國有很多姓唐的人，但是我們跟他們不一樣，有自己的傳
說。我們的祖先發源於「卜郎學裏本」。獨龍語「卜郎」是魔
鬼的意思，這句話的意思就是我們的祖先是從魔鬼的血裏孵化
出來的。這是我們家族代代流傳下來的說法。[2]

這表明氏族名稱大多與居住地區域的自然特徵相聯繫，有的則包
含了超自然的意義。前面多次提到獨龍江的峽谷地形，河谷沖積而成
的平壩地很少，一個地域能承載的人口不多；另一方面，因可耕作的
土地少，只有通過不斷開墾新火山地種植玉米等滿足生存需求的糧
食，這種輪歇式的農業體系在初期並沒有限定在一個區域，因此，氏
族內部的分裂是不可避免的。這就不難理解今天我們在不同村落會碰
到同一個氏族的人，上游的人順江而下，下游的人則溯江而上，找到
自己的家園。因而，各個氏族分散到獨龍江流域各個村落，但並沒有
形成超越村落的氏族組織，氏族內部的聯繫也不多，有關氏族的名稱
也僅成為一種象徵。

這麼說來，獨龍語「尼柔」不可能僅僅指稱氏族，它的含義應該
更加廣泛。法國學者施蒂恩認為獨龍江流域各個地段的人群與周邊的
群體缺少共同的名稱，換言之，作為整體的獨龍族內部並非同質、鐵
板一塊的，而往往通過語言的分類來表達內在的差異性。他發現「尼
柔」這個術語可以用來表達獨龍江河谷中地域與人群不同層次的差異
性，它表達「不同層次的身份，包括族群、氏族、世系群，也包括了
地方居住群體」[3]。而地域和血緣關係則能夠支持不同群體身份認同

2　2012年6月25日獨龍江鄉馬庫村田野調查筆記。

3　Stéphane Gros. "A Sense of Place: The Spatial Referent in the Definition of Identities and
　Territories in the Dulong Valley (northwest Yunnan, China)". In C. Culas and F. Robinne.
　Inter. Ethnic Dynamics in Asia: Considering the Other Through Ethnonyms, Territories
　and Rituals. Routledge, 2010.

的宣稱。

　　筆者在考察中發現，獨龍江南部巴坡拉王奪等村的人不知道「尼柔」，不確定它和祖先有著聯繫；在更南部的馬庫村，則有一些老人知道它的含義，而有些人也根本不知道這個詞。這就是說「尼柔」這個詞已經不再是常用詞語。在上游北部的村落，如迪政當的情況有些不一樣。筆者說出這一術語時，村民能夠理解並能表達其含義。根據迪政當村一個很有學識的祭司稱，「尼柔」指的是包括血親和姻親在內的親屬群體。具體而言，在群體內部，則通過親屬稱謂即相互關係和叫法來界定彼此之間的關係，表達人與人之間的關係和責任。一個父親所生的同血緣兄弟關係稱為「阿能」，大哥為「阿能崩」，他們的男系後代構成的親屬群體即亞氏族稱家族，用「登尼柔」或者「尼柔贊」來指稱。直到 1949 年前夕，獨龍江峽谷聚居在一起的同一個家族，成為社會經濟的基本單位。獨龍族是一個父系社會，嫁出的女人不算在家族的範疇裏，但是見面時，按照長幼排序名稱來稱呼，比如用「楠、尼、尼黛……」來稱呼大姐、二姐、三姐等等。與非親戚／血緣的人群之間的關係叫「榮旺」，其中朋友稱為「拉姆」。通過這些術語，將「自己人」和其它人劃分出來。獨龍江各地的方言不同，但是其劃分人群的方式是一樣的。

　　每個人都被劃分在不同的人群之中，彼此之間的聯繫交錯構成社會結構，反過來又約束著個人的行動。換句話說，劃分人群的目的在於明確自身在親屬（社會）結構中的位置，以及需要承擔的責任和義務。過去，生存環境惡劣，群體之間的合作和衝突時有發生。屬於同一個家族的人，共同開墾山地種植莊稼，饑荒時互相幫助，當外敵入侵時聯合起來共同抵禦。現在，獨龍族人的生活條件已經得到了極大的改善，但是傳統的家族之間的聯繫仍然存在，在建立各種互惠關係時，人們首先尋找自己家族的兄弟合作，他們認為來自家族之間的關係是最穩定的。

　　2011 年 10 月，當筆者進入獨龍江上游迪政當村時，那裏時值民族文化特色村建設，筆者剛好目睹了村民拆房建房的過程。村裏原來的房子大多數是用木板或者木楞疊合而成，屋頂用松樹和水冬瓜樹的薄木板來蓋，也有的用鐵皮蓋。一個家庭的房子包括廚房、臥室、豬圈和穀倉。要在一個地方住下來，首先要解決吃和睡的地方，所以拆遷的時候，廚房和臥室要先拆走。房子雖然簡陋，但是拆建房子仍然需要一群人合作來完成。在一個晴朗的日子裏，房東李付家來了很多人，原來他家的老房子要拆走，這些人是過來幫忙的。筆者吃過早飯後，一些女人將屋裏的鍋、碗、盆等生活用品先搬走，然後男人們才爬上屋頂拆木板。拆木板的關鍵是把釘子拔出來，或者打掉，這活兒男人比較熟練，女人則負責把這些木板搬運到附近的空地上。孩子們在不遠的地方打鬧嬉戲，他們還沒到上學的年紀，正在幹活的父母也沒時間照顧他們，偶而看一眼知道有沒有跑遠就行了。因為人多，一個上午就把兩間房子的木板拆下來了。中午，房東家提供午餐，還拿出煙酒和飲料招待幫忙的人。不論男女，他們都喜歡喝啤酒，尤其天氣熱的時候他們把啤酒當成水來喝。因為蓋好新房子後還要搬回來住，臨時的住房選在離村莊較近的地方。重建新住房時，只要按照原來的模式將木板組裝起來，很快就可以恢復成原來的模樣。

　　晚上，房東家裏殺了一隻雞，買來白酒做了一鍋「夏辣」[4]。這是為了慶祝新居的建成和感謝所有參與蓋房的人。參與拆房、建房的人與房東的關係是親戚或朋友，包括大哥、二哥、姐夫、兩個叔叔、

4　夏辣，意為肉酒，用漆油將雞肉或者山裏獵肉炒熟，然後倒入白酒一起煮到沸騰即成。這是一種在貢山縣怒族、獨龍族和傈僳族家庭生活中流行喝的酒，通常，人們幹完活回來就喝夏辣，以消除疲勞和迅速恢復體力。由於含有雞肉和酒，過去坐月子的女人也喝夏辣，具有滋補身體和保暖功能；也用於接待遠方來客，用意為「團聚」。

兩個表哥和表弟及他們的妻子，另外，李付的好友陳記夫婦也過來幫忙。幾乎是整個家族的人都來幫忙了，李付的姐姐因為嫁在不遠的鄰村，知道要拆房子所以就過來了。而李付的岳母家在另外一個行政村龍元村，步行需要 4 小時，因為距離遠，他們那邊的人就沒有過來幫忙。這種幫忙是建立在互惠基礎上的，不需要付酬金，當其它人蓋房子時，李付夫婦也要去幫忙。晚上喝夏辣酒是一種習俗，具有團圓、共用的意義。

在建設新的民族文化特色村過程中，政府提倡村民參與建設家園，即投工投勞，具體表現在運沙石與提供木料上。後者的工作，需要村民上山砍伐大樹，劈出圓木。政府工作組設想以村小組為合作單位，提供柴油機和柴油。當小組長宣佈這一計劃時，大多數村民表示反對，他們更喜歡找自己人組隊，所謂「自己人」就是同一個家族的人。當然，政府和村委也表示理解，同意村民根據情況自行組織找木料。李付和其它村民一樣，找了自己的兩個哥哥和一個表弟組成砍伐隊，並從村委辦公室領來砍伐的工具柴油機和柴油，然後到屬於傳統家族領地的樹林中砍樹。他們在山裏一起合作，砍倒百棵大樹。每天每人背著酒和食物，當午餐時間到時，將食物攤放在地上一起享用。這種幾個男人間的密切合作和分享一直持續到砍伐任務結束。

在過年節期間，傳統的方式是在祭師「南木薩」和「烏」的主持下共同祭祀天神和獵神，然後整個村的人一起跳舞聚餐。現在沒有此類祭祀活動，而是由村委會組織一些競技娛樂比賽代替。但有一項活動還延續著傳統習俗，那就是在家族長帶領下，人們輪流到各家拜年；拜訪範圍有多大，就表明家族的範圍有多大。互相拜訪結束後，所有家族成員聚到一起吃火鍋、跳舞及遊戲。提到過年，報導人帶著激動的口吻講述了他的經歷：

過年時，除夕和初一在自己家中吃飯，初二、初三邀請家族聚餐。初二晚上輪流到各家（親戚）去跳舞、祝福，有一人抬著掛獨龍毯的旗子走在前面，後面一人拿著長刀翻來翻去，表示把不好的東西趕走，其它人跟在其後。主人提供酒和其它東西如糖果、零食、飲料等，然後跟著隊伍去另一家祝福，一直到拜訪完所有親戚。到了初四，邀上家族或至交朋友，到離家不遠的一個山上活動，每家帶上酒肉和菜一起聚餐。近年來流行搞火鍋吃，大家圍聚在一起吃喝。飯後老少一起參加娛樂活動，比如射弩弓、丟石頭。男的摔跤、掰手、射擊，女的跳皮筋，小孩捉迷藏、玩爆竹……有人帶著小音響，大家跟著旋律跳舞。[5]

　　上述例子表明，家族的觀念發揮著作用，並已經融入獨龍族人的日常生活中。家族內部的互助聯繫，既是互惠的體現，同時也包含著義務。這種邏輯的推廣，便是獨龍族人「有福共用，有難同當」、「有來有往」觀念在獨龍族社會根深蒂固的體現，甚至滲透到婚姻締結過程和日常家庭生活的各個角落。

　　因此，在村落社會中，即使家族組織已不復存在，家族內部經濟、生活方面的聯繫仍然非常頻繁。從狹義上講，這裏的家族實際上代表著「尼柔」群體。它一方面重新劃分了親屬群體，為建立互惠和義務的關係網絡提供了道德依據；另一方面，它還起到了規範婚姻和性行為的作用。

5　2011年11月2日採訪迪政當村李付的資料。

二 親屬稱謂及婚姻原則

稱謂表達了人群分類觀念的具體實踐，親屬稱謂反映親屬制度，即劃分親屬與非親屬以及親屬之間親疏關係的一種原則。按照一般的分類，親屬分為血親和姻親。血親即同一血緣的親屬，又分單系和雙系、直系和旁系。單系和雙系是計算血親的兩種方式，直系和旁系是區分同血緣親屬的兩種方式。姻親是通過婚姻關係而結成的親屬，由婚姻關係產生姻親，但並不意味著只有姻親才與婚姻有關，血親則無關；不論父系或母系血親，同樣受社會的婚姻規範所制約。[6]考察獨龍族親屬稱謂，我們發現了一些規律，叔伯、姨父統稱為「阿旺」，叔伯母、姨母統稱為「阿秋」，岳父、公公、姑父、舅父統稱為「阿克」，岳母、婆婆、姑母、舅母統稱為「阿尼」。一般親屬稱謂反映了一個群體的婚姻制度，也就是說，獨龍族的親屬稱謂屬於類別式，將親屬劃分為若干，而沒有說明親疏關係；另外，他們傳統的婚姻習俗中盛行姑表舅婚。

圖 2-2 為獨龍族地區的親屬稱謂。[7]

拉德克裏夫・布朗在澳洲土著生活中獲得宗譜和有關婚姻規則的敘述，指出要理解任何一套親屬制度，都必須進行社會結構和社會功能的分析，認為每種親屬稱謂都跟一個具體的婚姻規則有關。[8]但是，布朗的興趣在於類型學研究上，而不是日常生活中的具體操作。[9]在

---

6 參見黃淑娉：〈略論親屬制度研究〉，《中央民族學院學報》1981年第4期，頁93。

7 根據迪政當村和馬庫村村民提供的信息製作。需要只出的是，獨龍江南北方言在個別的稱謂上有細微的差別，如在北方的獨龍族人稱「祖母」為「阿澤」，但基本婚姻規則是一致的。

8 參見A. R. Radcliffe. Brown. "Introduction". In A. R. Radcliffe. Brown and D. Forde. (eds.). *African Systems of Kinship and Marriage*. 1950:82.

9 參見A. Kuper. *Anthropology and Anthropologists: the Modern British School*. Routledge, 1983:44-45.

本章中，我們所要揭示的是傳統婚姻規則在現實中是如何產生影響和
發揮作用的。按照獨龍族人傳統婚姻習俗，己身（我）可以和異性
「阿拉」婚配，但不能和異性「阿楠姆」通婚，即排除了己身同父親
的兄弟的子女和母親的姐妹之子女相互婚配，同屬一個「尼柔」（家
族）的人禁止通婚。在通婚的對象規範上，獨龍族實行一種固定單向
迴圈的外婚制，在兩個以上的群體之間輪轉交換婦女。比如，A 家族
的男子固定娶 B 家族的女子，B 家族的男子固定娶 C 家族的女子，C
家族的男子又固定娶 A 家族的女子。在這種系統內部，一個婦女只
能用另一個婦女來「償還」。這種獨龍語稱為「阿門」的婚姻制度，
使得三個或更多的群體通過聯姻聯繫起來。

　　在獨龍語中，「普瑪」統稱所有的女人，即是所有「楞拉」男性
潛在的妻子、情人。「阿門」婚姻的特點是嚴禁家族內部通婚，這樣
排除了「阿楠姆」之間的婚配而實行外婚制。一個家族的所有女子嫁
給另一個家族的男子，通婚的對象只能在固定的人群中選擇。兩個通
婚群體建立的姻親關係，獨龍語稱為「阿恩」。在建立了「阿恩」關
係的群體之間，只能把女兒嫁過去，或者幫兒子娶進媳婦，但是兩者
絕對不能同時發生。上面提到的 A、B、C 三個家族之間聯姻，如果
其中兩個群體之間通過交換女人解決婚姻問題，這叫「南久格來」，
意為「對換門面」。[10] 按照獨龍族的觀念，這樣的婚姻會使得兩個人壽
命不長，也會給家族帶來毀滅性的災難，所以通常情況下嚴禁類似交
換婚姻的發生。按照這樣的婚姻理想類型，傳統獨龍族社會實現婚姻
關係的建立至少需要三個群體之間的互動。

　　按照獨龍族單向迴圈外婚的原則，理想的狀況是，一個男青年及

---

10 參見李金明：《獨龍族原始習俗與文化》，《民族文學研究集刊》（13）（昆明市：雲
　南社會科學院，1999年印行），頁73。

其兄弟只能娶舅父的女兒而不能娶姑父的女兒為妻，而他的姐妹只能嫁給姑父的兒子而不能嫁給舅父的兒子為妻。這種嚴格的婚姻習俗不僅保證了社會通婚關係的實踐，而且促進了通婚集團的經濟聯繫、互相合作和友好交往，成為維繫社會穩定的重要因素。對於外婚制的理解，獨龍江南部馬庫村唐華告訴我們，傳統的原則不可違。

> 在馬庫，唐姓（當舍氏族）和江姓（木江氏族）是親家，我們唐姓的男子娶江家的女兒為妻子，但是反過來就不行，現在還保持著這種習俗。阿肯（舅舅）的女兒可以嫁給我的兒子，我們是他們的姑爺，輩分比他們低。但是，我們祖輩占的地盤大，土地多，這也是他們的女兒願意嫁給我們的主要原因。姓唐的女人則除了姓江的男人以外都可以嫁。這像法律一樣的，誰也不能違反。[11]

從唐華的話中不難理解遵守傳統的習俗在通婚中的重要性，但是，習俗制度並不是影響婚姻關係確立的唯一動力。前面我們多次提到獨龍江兩岸可以用來種植作物的土地不多，尤其是南部馬庫一帶，村落建在海拔 1300 公尺以上的緩坡地帶。有限的土地提供了住房的基地和種植玉米、洋芋等生存作物的場地，所以我們應把土地作為一項非常重要的生產生活條件來考察它如何影響了婚姻伴侶的選擇。與外來遷徙傳說不同，從前面「當舍」氏族起源神話裏推斷，唐姓的家族應該是馬庫這片地區最早居住的群體，根據「先到權」的原則，先來的或者最早居住的人群最有可能比其它群體占的土地多，這種推測和唐華的表述是一致的。今天馬庫村有馬（馬庫）、唐（當舍）、江

---

11 2011年6月25日獨龍江鄉馬庫村田野調查筆記。

（江榮／木江）、布（普魯比亞）、迪（獨都）、秦（欽蘭當）、楊 7 個
姓氏。在 1949 年以前，馬庫（馬）家族和當舍（唐）家族的勢力最
大，大部分土地由這兩個家族所佔據，並且他們的地域界線非常清
楚。另外，唐姓家族內部還流傳著收養孤兒的傳說，這個孤兒就是獨
都家族的祖先。唐家人說：「當舍人收養孤兒獨都，提供吃住，長大
後又給他彩禮娶媳婦，所以獨都世代都不敢背叛當舍，一旦發現背
叛，可以馬上將獨都子孫驅逐出當舍的地盤。」[12]這句話表達了獨都
家族先祖依靠當捨家族而生存，儘管我們缺少足夠材料進一步證實家
族之間的合作和衝突，但是馬庫的例子可以說明土地在婚姻關係中的
重要性。

　　生活在北部迪政當村的李自才是獨龍江為數不多的儀式專家，今
年 71 歲。1971 年從麗江師範學院肄業，回到村裏擔任會計；1980 年
後擔任冷木當村小組長，期間當選過兩屆鄉人大代表；2002 年後不
再擔任組長一職。他屬於科全家族成員，過去，他的族人中出現了不
少傳統宗教的祭司「南木薩」。由於經歷 1949 年以後的各種習俗改
革，很少人熟悉祭祀的知識，他給村民主持紅白喜事亦是前十幾年的
事。目前，獨龍江由於受外界文化的衝擊，人們對傳統文化缺少興趣
和理解，這使他感到憂慮和擔心。談到婚姻時，李自才認為最重要的
是看兩個人所屬的家族是否配對。配對指的是兩個家族屬於傳統通婚
對象，不配對則指習俗不允許的兩個家族的男女互相結為夫妻。不配
對的男女即使結婚了，將來也不會有好結果，他以生活中遇到的例子
證明了遵守規則的必要性。傳統上，科全家族的男子必須娶迪政當村
佳美樂家族的女性為妻。他用「吃奶水」來形容兩個家族的關係——
迪政當村的佳美樂家族哪怕沒有收到科全家族的彩禮，也要「送奶

---

12 2011 年 6 月 25 日獨龍江鄉馬庫村田野調查筆記。

水」給科全家，意為送女人嫁給科全的男子，因為這是祖宗定下的規矩。[13]

但是，現實生活中的婚姻現象是複雜多變的，由於性別比例和土地財產等因素的影響，傳統婚姻習俗的實踐存在著許多變數。同樣在冷木當村，我們發現另外一種婚姻關係的例子。按照通婚原則，斯尤家族的男子娶科全家族的女子為妻，但同時，也有科全家族的男子娶斯尤家族的女子為妻。筆者的報導人都裏（即李林高）和房東李付都是斯尤家族的成員，他們家族原來居住在麻必洛河谷，1973 年發大洪水沖毀了村落，他們才遷移到冷木當。都裏的爺爺娶了科全家族的金尼為妻；李付的舅舅李國又娶了李付的姑姑李秀為妻，李國病逝後，按傳統習俗李秀改嫁給了前夫的族人金榮；李付的叔叔金國則娶了金榮的妹妹念黛為妻。但是到了都裏和李付這一代人就不再遵循這種交換婚姻的原則了。

傳統的婚姻常常為家族群體所安排，而不是由個人的意願所決定。家族長通常以家族共同的利益為考量因素，無論人們是否有權選擇配偶，婚姻通常並非是兩個人之間的關係，而是兩個群體之間的一種關係。所以，很多娶了文面女的老人說，在他們結婚之前，根本不知道對方的臉上有文面。家族的長輩並不會把未來媳婦的美貌放在首位來考慮，他們在傳統婚姻的原則下，優先選擇能夠給家族帶來利益的女子／男子為結婚對象。中部肯迪村的老肯是一名退休幹部，曾經擔任過獨龍江鄉鄉長。談到過去的婚姻經歷，他說：

> 那時候我因為讀書參加培訓，所以到了 20 歲才結婚，在當時算是晚婚了，普通年輕人都在十三四歲就結婚。結婚的一切都

---

13 2012年7月8日迪政當村訪談資料。

是父母包辦，結婚前，有的人沒有見過自己的對象，不知道他／她長得怎麼樣。那時候沒有自由戀愛，不像現在，可以選擇跟自己喜歡的人在一起。父母找的對象，不會住得太遠，而且兩家人平時有來往，彼此熟悉。[14]

　　筆者在三個自然村考察了 20 世紀 80 年代以前的通婚範圍。在北部的冷木當小組，18 對婚姻關係中有 12 對屬於本村內通婚，另外與同屬一個行政村的迪政當通婚的有 4 對，與中游獻久當村通婚的只有 1 例，還有一個是本村的老師娶了貢山的傈僳族姑娘為妻。而在鄰村迪政當小組裏，25 對婚姻關係中，有 13 對屬於同村通婚，與相距 30 分鐘路程的鄰村熊當有 5 對婚姻關係，與同屬一個行政村的最北的木當小組有 1 對通婚，而與南邊更近的冷木當小組通婚的有 2 對，與鄰近行政村龍元村通婚的有 3 對，與獻久當村通婚的有 1 對。在下游巴坡村的木蘭當小組，也發現同樣的現象，12 對婚姻關係中，有 7 對屬於同村通婚。

　　可見，傳統的擇偶對象通常只會在熟悉的人群中尋找，距離的遠近亦是參考的一個因素，尤其是早些時候，因為如果能夠在就近的村莊找到合適的對象，在危急時刻或者農忙時便能得到及時的幫助。這就要求一個家族與其它家族之間保持聯繫，以確立通婚對象。也有可能在家族內部發生通婚，人們通過重新計算血緣關係來應對傳統的壓力，提出三代以內同一個家族不能結婚，三代以外則屬於允許的範疇。20 世紀五六十年代調查的資料可以支持這個推斷。在龍元村 17 對江友氏族的婚姻關係中有 6 對屬於家族內婚，冷木當「凱爾卻」氏族（家族）10 對婚姻關係中有 4 對是家族內婚。筆者的房東李付上

---

14 2012年6月17日孔當村田野調查筆記。

一代的婚姻屬於這種類型，他的叔伯母是他叔父六姨的女兒。不管怎樣，一旦與某一個家族結成聯姻關係，親屬網路勢必會擴大，意味著婚姻雙邊通過勞力交換、彩禮流動等方面建立了互助互惠關係。這樣一來，隨著親屬網路的擴大，應對危機能力的增強，生存的幾率就增大。

三　婚姻關係中的權利與義務

20 世紀 50 年代後，隨著國家基層行政組織的建立和完善，傳統社會組織的重要性逐漸下降，家族組織在社會生活中不再起主導性作用。與此同時，興起的習俗文化改革運動，對婚姻的締結方式和本身性質產生了巨大影響。尤其是 20 世紀 80 年代以來，婚姻關係的建立由個體主導，父母不再包辦兒女的婚姻，兩個人之間的結合可以是自由戀愛的結果，其重要性不必提升到有關家族命運存亡的高度。

通婚範圍往往與人口流動和不同群體之間的互動有關，隨著獨龍江河谷交通條件的改善，各個村落之間的聯繫和互動更加頻繁。鄉政府成立後，教育、經濟活動聚集在行政中心，為年輕男女提供了相互認識和瞭解的機會。很多村民告訴我們，他們在學校上學的時候認識了女朋友，但也有村民說學校裏談的朋友一般不會有結果。普遍認為，現在的年輕人是通過自由戀愛而結成夫妻關係的。上學、購買物品、上山挖藥材、過年聚會等場合被看作結交異性朋友的最好時機。學校彙聚了各村的男孩女孩，由於年紀比較小，加之學校的管理和老師的教育，學生戀愛的現象不多，倒是為他們日後的戀愛和婚姻提供了條件。獨龍江各村距離鄉政府的路程遠近不一，有的走一兩個小時可以到，有的則要走一天的時間才到，在還沒有普及交通工具的前提下，大多數人都是通過走路揹運生活物品，很多人都談到在這枯燥的

行走途中，有機會結交到異性朋友。上山挖藥材一般需要 10 多天或者更長時間，期間晚上休息的時候燃起篝火，大家聚到一塊，一方面可以防止野獸襲擊，另一方面大家聚在一起聊天度過寒冷而無聊的夜晚，這種場合亦可以是男女青年談情說愛的地方。當然，年節是更加盛大的聚會，不論過去還是現在，各地的男女青年都在年節趁機認識和邀約異性朋友。

也就是說，在選擇配偶方面，個人有自主權，父母鼓勵兒女找經濟條件比較好的對象，但不會干涉兒女的決定。與過去相比，獨龍族人的生存環境有所改變。隨著 20 世紀 80 年代以來禁止山林砍伐，刀耕火種的作業方式也消失了，人們不再依靠自己生產糧食來滿足需要，在此前提下，勞動力需求也不會太多。與之相適應的「阿門」單向迴圈婚姻原則不再嚴格執行，但是家族的觀念還有，嚴禁家族內部通婚仍然是古今不變的規定。

兩個人戀愛一段時間後即向父母表明，然後男方父母找能說會道、有威望的族人向女方家提親，過去家族長「卡夏」經常擔當媒人的角色。到女方家提親要帶禮物，如當地人自己釀的水酒、粑粑、肉類等。若女方家同意這門親事，則將禮物收下；若不同意，則把禮品全部退回，同時還附帶送上一把刀或其它東西作回禮。提親中女方家長同意後，當即商量彩禮的問題；媒人回去後，將詳細情況告知男方家長和族人，然後再送禮到女方家。彩禮包括三腳架、鍋碗、砍刀等生產生活工具，還有水酒、煮肉、粑粑等食物，富有的人家還送一頭牛；女方家接受彩禮後，也返送獨龍毯、酒等禮品，但送的禮不會比男方家多，這個過程即是訂婚。通過這樣 3 至 4 次的來往互贈禮物之後，兩個年輕男女就可以生活在一起了，在此期間女方懷孕，社會上不會有非議。訂婚後，結婚儀式在男方家舉辦，女方整個家族的人都會參加；而男方家族每一個人都把婚事當成自己的事，共同承擔道義

上和物質上的義務，熱情接待女方家的親戚。婚後女方跟著男方一起生活，兩個家族即有了「阿恩」（親家）關係，彼此來往更加密切。

巴坡木蘭當小組的木裏是本村小組副組長。1989 年初中畢業後，他回到家鄉郵局擔任送信人。那時候貢山到獨龍江只有人馬驛道，通常要走 3 天，他有時為了趕時間，只用 1 天半時間就把信送到縣裏寄出去。他在郵局工作期間認識了來自馬庫的女孩。不久，木裏在好友的陪伴下，帶了白糖、酒和茶餅去馬庫女方家提親。到了女方家裏，他們受到了熱情招待，大家一起喝酒唱歌跳舞，4 天後木裏帶著心愛的女孩回到自己的村裏。木裏父母早亡，家裏經濟條件不是很好，幸好有族人幫助。木裏回到家裏後，稍微準備一下，邀請了族人和親朋好友一起吃飯喝酒。女方家屬也帶著禮品來參加聚餐，他們在木蘭當停留了一個星期才回去。婚後不久，木裏帶上禮物，陪著妻子回娘家。在岳父母家裏，木裏和他們一起幹活，砍柴背柴，一個星期後才返回。這就是婚禮的過程，雖然簡單，但他們兩人從訂婚到舉辦婚禮的整個過程符合社會習俗的要求，因而得到社會的承認。不過舉辦婚禮後，他們還需要去鄉政府領取結婚證書，這樣他們的婚姻才能得到國家法律的保護。

獨龍族人結婚沒有特別複雜的儀式，最重要的是設宴慶祝，邀請族人和同村的人參加，這是一種公開的聚會活動，目的是讓新人的結合得到親戚和村民的認同，成為一個家族、一個村落的成員。而在訂婚後男女雙方互贈禮品，是姻親關係得以確認的基礎。在贈送禮品中，更準確地說是在交換禮品中，男方送的禮品比女方的多，而且其送的物品和次數的最終決定權在於女方家屬。提到這些彩禮，冷木當的李付深有體會，他覺得「非常折騰」。

李付和他的妻子張秀蘭是在貢山讀書時認識的，之後兩人都考上了昆明的學校，李付就讀於雲南建築學院，張秀蘭在雲南中藥學院學

習種養中藥材。李付畢業那一年到廣西北海實習，兩人一直保持著戀人關係。2008 年李付畢業回到獨龍江，李付的學歷在獨龍族人中算是非常高的，但當年參加公務員考試沒有考上。李付與兄弟一起上山挖藥材掙到了近 1 萬塊錢，他拿這錢準備結婚禮品。他的彩禮包括兩個豬頭、麥粉做的粑粑、啤酒、自釀的水酒、茶壺、口缸、茶磚，還有按傳統必須送的三腳架、砍刀、斧子等生產生活工具，其中酒的費用就花了 3,000 多元，還好有家族的人幫忙，備齊了禮品。他和兄弟及家族裏的叔叔一起用 3 匹馬馱上這些彩禮送到龍元村的白來小組。當天晚上，女方家人設宴招待他們，同時也邀請了同村的族人和村民來喝酒。李付記得，那天晚上當著女方家眾多親戚，他保證以後在生活中照顧好妻子，孝敬岳父岳母。令他特別有印象的是，岳母拿了很多土雞蛋給他吃，他平時很不愛吃雞蛋，但是當時情境下只得吃下去了。晚上宴席中少不了喝酒，其中在場的每人都要喝一碗「夏辣」，代表著圓滿和喜慶。直到第二天，他們才帶著新娘回到冷木當家裏。離開時，女方家也送來酒和肉，讓他們一起馱回來。回到家後，父母和族人幫忙準備了宴席。晚上更加熱鬧，參加的人包括女方父母和親戚以及本村的客人。在吃飯的時候，男方要讓女方家屬先吃，其它客人稍後再吃。吃飯前還有一項儀式，那就是女方父母代表發言，祝福夫妻日後和睦相處，好好生產和生活。隨後男方父母發言，講了同樣的祝福的話，並保證照顧好媳婦不受欺負，讓女方家長放心。吃飯的時候，肉和飯都是平分著吃，由一個人來分食。客人分到的飯和肉吃不完可以帶走。飯後，做一鍋「夏辣」，每人喝一碗以示慶祝。婚禮結束後，本村的客人當晚回家，女方父母或路遠的客人留宿繼續喝酒、唱歌、跳舞、祝賀新郎新娘。第二天早飯後，先送女方客人，再送男方客人。一年後，新婚夫婦帶些酒、肉、糧食等回女方家一次，這次主要是來看望女方父母，在女方娘家居住數日，幫助女方父母幹

活。這以後，夫婦常到女方娘家幫忙勞動。尤其是收穫玉米和洋芋時，李付夫婦都要到女方娘家幫忙。2011 年年末，李付家拆房搬家，他岳母家雖然沒有人過來幫忙，但是提供了粉絲、牛肉乾等食物，而後砍伐木料時張秀蘭又從娘家背回來幾隻雞。[15]這些互惠互助行動體現了婚姻策略帶來人群之間的聯繫，以及獨龍族人「有來有往」的觀念。

李付不止一次跟筆者提到，結婚時他的叔叔、哥哥等家族人對他幫助很大，他們送禮、幫忙備酒、做菜、招呼客人等。作為家族的一員，他也有義務幫助族裏其它任何一個人。如果他叔叔的兒子結婚，他也會毫不猶豫地去幫忙和送禮。同樣，當家族女子出嫁時，他也有權分享親家送來的禮物。在他姐姐出嫁時，他的姐夫送來一份牛肉和酒等其它禮物，他們在母親的主持下，分肉分酒送到全村每一家。當然，同屬一個家族的人會分得多一些，然後，還要邀請他們到家裏喝酒。也就是說，男方家送來的禮品，特別是酒和肉要與同一家族、同村人一起分享。正如李自才所言，「全村人一起大吃大喝，這樣才算結婚」。

所以，婚姻是獨龍族人群體之間結盟的主要形式，姻親之間友善的關係對生存至關重要。我們發現，在獨龍族人結婚過程中彩禮具有重要的社會學意義，彩禮在獨龍語裏稱為「阿恩達」，「阿恩」即姻親關係的意思，「達」有送禮、還禮之意。在獨龍族語境中，彩禮充當了不同人群之間的幾種道德紐帶。首先，它在不同家族之間創造了一種契約關係，它作為相互信任的符號暗示著姻親關係的建立。如果訂婚後，女方不同意和男方結婚，必須退回男方所有的彩禮。其次，彩禮習俗使給付彩禮的家族群體內部加強了團結。親戚之間互相幫忙，

---

15 2011年10月迪政當村觀察和訪談資料。

產生債務和義務。最後，彩禮的分享和宴席的舉辦使年輕夫婦獲得了社會認可的身份，嫁進來的女人也被接納為家族和村落的成員。

四　家庭生活中的性別權利

獨龍族人把結婚稱為「阿宗瓦」，表示組成一個家庭，新婚的夫婦要獨自承擔起家庭的生活和生產，這在個人生命史上具有里程碑式的意義。按照獨龍族的習俗，長子婚後必須分出去獨立成家。這也是為什麼結婚時男女雙方把三腳架、鍋碗、斧頭、砍刀等當作彩禮來送，因為這些東西構成了一個家庭必備的生活用品，尤其是三腳架，它是烹飪食物的工具。三腳架亦象徵著火塘，在過去，火塘數量是區分家庭大小的標誌，一個火塘象徵著一個小家庭的存在。然而，一對新婚夫婦畢竟在財力和生活經驗方面難以承受獨立成家的負擔，通常情況下，父母和同家族的人會提供人力和物力幫他們蓋房子，同時他們還會從男方父母那裏得到一塊土地用以耕種作物。這種土地是屬於比較固定的耕地，不是火山地，包括村落周圍的園地和旱田、水田。如果兩家相隔比較近，或者同屬一個村落，女方也有機會從父母和兄弟那裏獲得一塊土地；如果女方是從遠村嫁過來的，她就不會從父母那裏分到土地。土地的分配權在於父母，父母疼哪個孩子或者哪個孩子對父母比較孝順，分家的時候分到的土地就會多一些。如果一個兒子對父母不孝，在他結婚建立自己的新家時，父母未必分地給他。一個家庭有多少個兒子就存在著多少次分家的可能，最後一個兒子留在老家與父母一起生活。通常，留在老家的幼弟分到的土地和財物更多，因為他要在父母變老、失去勞動能力時承擔養老責任；當然，如果他贍養父母實在困難，其它兄長則有義務回來幫助他。

通過全村人「一起吃喝」定下的婚姻，日後也會在全村人的「監

督」下開始家庭生活。這種監督主要體現在輿論上，如果婚後夫妻不和睦，或者言行不當，都有可能受到輿論的譴責。一個村落常由一個家族或者互為聯姻的幾個家族組成，通過各種親屬稱謂劃分成不同類別的親戚。獨龍族人生長在這個以親屬為中心的社會裏，過著嚴格區分責任與從屬關係的生活，當已婚夫婦產生分歧甚至打算離婚並引起家庭分裂時，由於受到習慣法的約束，通常使破裂的婚姻復合，一般情況下很少出現離婚的現象。如果丈夫病故或由於其它原因而過世，妻子的留或走由男方家族決定。兄弟或者家族的未婚男子理所當然地有權優先選擇和這個女子結婚，結婚時不必再備彩禮送給女方家；如果原來丈夫家族沒有合適的男子與她再婚，經家族同意，她可以外嫁給其它家族的男子，同時要「補償」一定彩禮給原來丈夫的家族。由於這種婚俗的存在，1949 年以前獨龍族社會一夫多妻的現象，往往是在這樣的背景下產生的。獨龍族人將聘禮稱為「奶水禮」，既支付婚姻中婦女的勞力，也包括她隨身帶來的家戶物品。也就是說，娶進來的女人屬於男方家族的「勞力」和「財富」，丈夫亡故後作為家族的財產來處理，或嫁給原來丈夫的哥哥和弟弟，或成為家族長的另一個妻子，總之不會輕易再讓她嫁出去。從生存秩序的角度來看，家庭不會因為喪夫或者喪妻而無法維繫下去。

一個獨龍族婦女在家庭經濟生活中非常重要，丈夫與妻子之間高度合作和彼此依賴，婦女在家庭範圍內有極大的權威。沒有婦女的勞動，家庭秩序也就無法正常維繫。婦女作為不可或缺的勞力，主要和獨龍族社會人口稀少有關。在開墾火山地時，成年女性一起參加勞動，男的砍燒樹木，女的點種穀子。房屋周圍園地上的經營，歸功於婦女擅長種植各種蔬菜的技能。在過去，生產的食物不能滿足一家人的溫飽，至少有一半食物須通過採集與狩獵來補充。其中婦女是主要的採集者，每天上山搜食，總能保證有收穫；而狩獵則不同，它往往

伴隨著風險，有時出獵不一定有所收穫。在家庭生活中，除了參加生產勞動外，婦女還要承擔煮飯、分食、管理糧倉、飼養家畜等事務；同時，獨龍族婦女還要撫養孩子，懷孕後還要繼續參加勞動。很多女性報導人告訴筆者，她們當中有的孕婦在勞動過程中就分娩了，甚至流產。1949 年以前，獨龍族家庭成員所有衣褲都是靠婦女織出來的麻布做成的。巴坡的老約翰回憶起以前的生活，就說一家人中母親是最辛苦的：「白天要參加勞動，回來做飯給大家吃，晚上其它人睡了，她還在火塘邊做衣服。」[16]可以想像，婦女在家庭生活和農業生產中扮演著不可或缺的角色。在以核心家庭為主的當代家庭結構中，婦女的主導性沒有改變。從筆者個人生活體驗來看，婦女在家和不在家時的狀況是不同的。

今天，房東李付上山砍木料，他的夫人回娘家，他們 3 歲的兒子留給我照顧一整天，我都不敢離開小孩半公尺，生怕他不小心摔倒，就像前幾日一樣。路上工程車很多，小孩淘氣，經常會追著車子跑，這是很危險的。房屋周圍有河溝和樹叢，充滿陷阱和危險。終於熬到傍晚了，以為房東回來可以放鬆了。沒想到，李付一身疲憊地回來了，溝裏的水輪機卻壞了，家裏沒電，天一黑，暗得什麼都看不見。李付出去修水電，我趕緊到廚房燒火。剛一打開門，「抗議」了很久的雞、小豬，還有貓和狗一下子衝進房裏，還不斷地叫嚷著，趕也趕不走；小貓上躥下跳，尋找食物。天黑了，小孩沒看到父母也哭鬧起來，這下子我感覺到自己淹沒在黑暗、無序、失控了的吵鬧之中……[17]

---

16 2012年6月22日巴坡訪談筆記。
17 2012年11月5日迪政當田野調查日記。

　　將家庭生活管理得有秩序、使全家都感到滿意，被認為是女性獲得威望的基本條件，其中飼養豬的能力更受到重視。因而，每次宰殺一頭豬，女性就留下頜骨掛在火塘上方的橫樑上，掛得越多，表明該家的婦女越勤勞，這樣，豬的下頜骨代表著女性的榮耀。而象徵男人勇敢和榮耀的東西在於獵物，他們把所獵動物的骨頭也掛在火塘邊，以掛得多者為榮。現在，生活環境和以前不同了，政府實行禁獵之後，很多男人不能再明目張膽地捕獵，就算偶而捕到一頭岩羊，也只能悄悄分配給家族成員。因為受到法律的制約，捕獵活動不再被視為獲得榮耀和威望的源泉。正因為如此，很多男子在新的生活方式中找不到成就感；到了冬天，傳統狩獵活動不能進行，只能像女人一樣在火塘邊烤火，越發感覺沒有了尊嚴。大多數不信基督教的獨龍族人是非常喜歡喝酒的，不論是自家釀的水酒，還是外來的白酒、啤酒，他們一樣視如珍品。如果家裏沒有母親或者妻子不斷的勸告，嗜酒的男人常常會引發家庭糾紛；如果他的妻子也屬於嗜酒者，那麼這個家庭會經常酒後吵架，誰也沒有心思管理家務。在筆者訪談中，很多婦女希望她們的男人少喝點酒，這樣生活才會幸福。一般來說，持家、善良、勤勞的女性影響著家庭生活的穩定和興旺。但是，這並不意味著可以忽略男性的作用，在生存壓力面前，男女共同承擔和協商解決各種問題。由於年齡和生理差異，男人通常參加的是繁重的生產項目，如砍樹、背柴火、狩獵、捕魚、到深山裏挖藥材等。相對家務事來說，男人更樂於關注村落的公共生活，擅長處理對外事務，「能說會道」。在對外事務中，男人是家戶絕對的領導者，而女人則被認為不會說話，基於此，一般的家族長都由男人擔任。

　　過去，獨龍江孔目以上的村落由西藏察瓦龍領主統治，領主任命一些有威望的家族長擔任「保董」、「普色」等村落官職，其中一項最重要的職責是收齊稅物，交給察瓦龍藏族人。當他們所轄境內的家庭

出現糾紛矛盾，「保董」和「普色」會過來調解；若出現偷奸，則要和家族長一起召集族人對其進行懲罰和教育。實際上，處理家庭的糾紛和偷奸等越軌行為，主要由家族內部來解決，察瓦龍的官員只是起到監督作用。在察瓦龍統治時期，家族是一個社會單位。儘管長子結婚後另建房屋，組成新的家庭，但是至少在 1949 年以前，獨龍江社會主要依靠開墾火山地生產食物，這種輪歇式的農業系統通常是由整個家族人合作完成的。這種合作是全方位的，包括日常生活、納稅、生計經濟、社會秩序的維持等諸多方面。因此，比核心家庭規模更大的親屬群體家族成為傳統社會中經濟、政治領域的基本單位。關於這方面，我們將在後面的章節中進一步展開討論。

　　隨著 1949 年新中國的成立，共產黨的基層黨組織和行政管理體系取代了過去鬆散的家族組織。婚姻法和戶口制度代替家族機制發揮作用，整個獨龍江社會迎來新的轉型期，家庭成為新的社會生產單位。20 世紀 80 年代以來，土地以家庭為單位進行分配和承包。20 世紀末，刀耕火種在封山育林的政策實踐中被取消，大量的山地不能耕種，有限的熟地（固定耕地）不足以生產維持生存的糧食，但是每個人可以從政府那裏獲得足夠維持一年生活的大米 175 公斤，國家正是通過「以糧換林」的方式保證了獨龍族的口糧。另外，根據近幾年中國政府實施的惠農民生政策，家庭低收入者可獲得最低生活保障補助，即「低保」制度。按照經濟困難程度不同，獨龍族每人每月可獲得 80 元、70 元、60 元不等的低保補助。所有這些政府補助的錢糧都是以戶為單位進行發放的，然後再由家長來支配這些錢糧，並且只有被登記在冊的戶口才能享受這些福利。這些政策對婚姻擇偶是有影響的，一些男子不敢娶緬甸的獨龍族人，因為辦理戶口非常棘手，一般的村民無法處理。與此同時，嫁到外地的女人也試圖重新辦理獨龍江的戶口，以便獲得經濟利益。對於這些人，當地人認為她們已經是嫁

出去的人，不屬於獨龍江人，不應享有與獨龍江獨龍族人相同的待遇。所以，在內外互動頻繁、國家政策變動的背景下，我們看到的親屬關係、分家等情形，不僅有傳統婚姻制度的影響，還可能是政治的、經濟的動力因素在發揮作用。

第二節　克恩：土地與血親組合的村落

居住在一定區域內的人群，分屬於不同家系和家戶，通過聯姻等方式使彼此發生經濟、政治聯繫。新生兒通過古老的命名方式與土地產生聯繫，土地和人群構成了生活據點，這樣的地理和互為聯繫的人群生活據點構成了村落。家族之間因為有了婚姻、狩獵、生產等各種有關生存的合作與互助活動，構成和維持著區域性的社會空間。社會空間範圍的大小則取決於村落與外界之間的互動與聯繫，不同時代，村落內部的個體、家族對外交往和聯繫程度不同，因而獨龍江兩岸的各村落社會空間具有多重維度的差異性。

一　嬰孩取名的政治學

作為外人，當我們身處獨龍江村寨的時候，房東總會介紹他的親戚朋友給我們認識，而到最後，我們會驚訝地發現整個村子的人都是沾親帶故的。正如前面敘述的，孩子一出生，他就和一些人產生了聯繫，通過父親和母親雙方的親屬關係成為親屬群體中的一員。按照人類學親屬繼嗣的分類方法，凡是只從父方或母方即從家庭的一方獲得群體的成員資格、社會地位或財產，這種原則被稱為單系制；凡是同時從父母雙方獲得的，這種原則被稱為雙系制。從已有的材料來看，1949 年前夕的獨龍族社會屬於單係制的父系社會。由於整體獨龍族

人社會生活貧困，還沒有出現明顯的社會分層，我們很難從個人財富和權利地位的角度分析父系制的原則，只能從孩子出生後命名的習俗上觀察這種原則的實際情況。

　　女人懷孕後，仍要進行日常工作，如從事一些給玉米地除草、找豬食和煮飯等比較輕的活，一直到臨近分娩時為止。獨龍江峽谷山高水長、人煙稀少，獨龍族人對婦女生育比較慎重。他們認為，孕婦的飲食和生育有關聯，因此要遵守一些簡單的飲食規定。有經驗的老者告訴我們，從地裏挖出來的洋芋、鳥、飛鼠等都在被禁止的食品之列，池塘中接回來的水不能喝，因為潭裏的水不流動，是靜止的，這會使得孕婦不能順利分娩。在妻子懷孕期間，丈夫亦不能上山打獵或修理捕獵工具。這和獨龍族信仰的獵神有關，孕婦產出的經血被認為是污穢不淨的東西；男人與孕婦生活在一起，也會沾上這些污穢的東西，如果他上山打獵，就會觸怒獵神使得每次打獵都空手而歸。孕婦臨產前，家人要把掛在屋裏的捕獵工俱如弩弓、毒箭以及穀種、釀酒的藥曲和正在釀製的酒罐抬出屋子，放到穀倉裏面儲藏，正是擔心產婦身上的血會污染這些食物和與生產有關的器物。過去，有臨產婦女的家庭恰逢釀酒，就讓產婦到其它親戚家分娩，或者直接在倉房裏分娩，以免產婦身上不淨的血沖散了家人的福氣。綜合不同性別的報導人的信息，產婦分娩的過程緊張而有序。屋子裏的產婦通常在火塘邊分娩，這主要考慮到取暖方便。頭胎由家族中年長的有接生技術的婦女幫忙引產和接生，丈夫也要在場幫忙，如扶持妻子的腋下幫助她。往後臨產時多係丈夫接生。嬰兒降地時要用在火上燒炙過的剪刀剪斷臍帶。若嬰兒不哭或沒有聲音，接生的婦女就雙手握住嬰兒的臍帶一上一下向其肚「打氣」，直到嬰兒哭出聲才剪掉臍帶，然後用溫水洗抹嬰兒周身，再用麻布或棉布毯包裹好。人們對胎盤的處理非常謹慎，通常由產婦的母親收拾好並埋在不受雨淋的房簷下或岩洞、亂石

堆裏。他們認為胎盤是嬰兒生命的一部分，即使剪斷了，若胎盤處理不好，受雨水淋濕或者被豬狗、野獸吃掉，會影響嬰兒日後的健康成長。隨著醫療技術和交通條件的改善，在政府幹部的提倡和鼓勵下，目前獨龍族孕婦臨產前都會到鄉醫院待產。與在家中分娩不同的是，醫院可以保證產婦和嬰兒的健康和衛生。但是，對於村民來說，他們願意把孕婦送到醫院最大的動力在於新生的嬰兒能夠獲得出生證。有了出生證，新生兒才能被登記在戶口冊上，然後才有資格辦理身份證件。如果沒有這些，就不可能享受到國家提供的福利待遇。

按照習俗，產婦每生一個孩子，女婿都要向岳父送上禮物，一般送一把砍刀或者一口鐵鍋，較寬裕者送一頭黃牛，因為牛和鐵器一向被看作獨龍江地區貴重的物品。倘若產婦回娘家分娩，這個行為會被認為是破壞了傳統，影響子女的興旺發達，女方家人需向男方送酒和半隻豬，作為一種補償。

嬰兒出生後，必須取名字才有可能成為家族/家庭的成員，或者說國家的公民。一般情況下，男孩出生第六天、女孩出生第七天才能算滿日。到這天，家族成員圍坐在火塘邊，一起祝福嬰兒獲得新的名字，通常由嬰兒的父母或家族中威望較高的老者命名。嚴格來說，一個完整的獨龍族名字包括以下幾個要素：一是家族或者出生地的村落名，二是父親或母親的名字，三是本人出生的排行或愛稱。分析這幾項要素，名字中的家族名或者村落名明確了一個人的親屬群體和村落的成員資格，實際是與祖先名字關聯，代表著某個祖先的後代。作為同一個祖先後代的男性和女性都有繼承家族名稱的平等權利。與父親或者母親的名字相連，則表明他們的親屬群體按父親一方或者母親一方來追溯共同的祖先，1949 年前夕以按照父親一方獲得群體認同更為普遍。以出生排行和愛稱取名能夠區別其它兄弟姐妹的名字，避免出現重名。在獨龍族創世神話中，人類第一對兄妹夫妻生了 9 對兒

女，也就是說按照理想類型，有 19 的出生排行的稱謂，即男孩從大到小的稱謂依次是崩、都裏（井）、昆、咕嚕（曾）、丁、比亞、宗郎、亞、崩楠，相應的女孩也有從大到小的稱謂，即娜、念、江、妮、青、都娜、干奈、旦嘎奈、恩江。而實際生活中，常有超出這 9 個排行的稱謂，這是否說明獨龍族婦女的生育能力比較強呢？若男女的排行超出了以上幾種，可選一種與生活生產密切相關的對象來稱呼。例如，男孩以「本南」、「朵巴」、「投約」、「松汪」相稱，其中「本南」指朋友、親家，「朵巴」、「投約」均指背箭的竹筒和獸皮包，「松汪」則含有被保護的意思。女孩以「才瑪律」、「夏平」來表示，這些用語與女性的織布工具名稱有關，「才瑪律」是織布時用的木梭，「夏平」是藤篾編織的籮。例如，貢山縣第一任獨龍族縣長孔志清的全名是孔當木·頂·阿克洛·松汪，相應的稱呼所指為家族名·父名·愛稱·出生排序。在普爾村有一位 100 餘歲的報導人，他的名字是普爾·咕嚕，「普爾」既是村名也是家族名稱，「咕嚕」為排行名。

　　獨龍江上游迪政當一帶的獨龍族以種子來命名第一個出生的男孩，如「崩久」，其中「崩」指大兒子、「久」是種子的意思。而下游馬庫村的獨龍族還習慣以某種比較臭的事物來命名，如「馬庫·嘎尼」，其中「馬庫」是村名，「嘎尼」指雞糞。現實中，還有根據出生時的自然景觀和發生的事情來取名的，也有通過占卜、夢境來取名的。筆者房東李付的兒子出生時臍帶纏繞在頭上，取名「阿柏聖」，意思是臍帶掛在身上的孩子。當孩子上學時或者參加工作後，多用本氏族的名作姓，另取漢語學名。這幾年出生的孩子，父母給其取的名字既有愛稱，也有漢名，而在戶口本和身份證上通常只會寫漢語名字。由此可見，獨龍族傳統取名方式蘊含著豐富的「地方性知識」，包含著身份、世系繼嗣、與居住地的聯繫和顯示獨特性的意義。戶口

冊和身份證上的漢名則簡單化了，無法體現出本身的複雜性和多樣性。隨著獨龍江自 20 世紀 50 年代以來逐步納入國家行政體系，新生兒取漢名的日趨增多，漢名在上學、工作、戶口登記等場合作為正式名字使用。現在，我們在村委戶口冊上看到的是清一色的漢名，但 1949 年前出生、沒有受過學校教育的老年人除外。這正如斯科特所言，「隨著與非個人化管理結構的交往頻率增加，除了在個人親密的小圈子內，正式的名字越來越流行」[18]。

二　房屋與家戶

在獨龍族地區，房屋是父母及他們的兒女、兒媳、孫子等農閒與生活時共同居住的地方，是儲藏糧食和珍貴物品的地方，亦是孕婦分娩的場所。在獨龍族習俗中，人的名字和房屋聯繫不大，這不同於藏族聚居區的習俗，但由於獨龍族人居住模式、建築風格獨特，很早就引起了其它民族的注意。地方史料上的記載，將獨龍族人描述成「父輩尚為有巢氏之民」[19]，20 世紀五六十年代的民族社會歷史考察者也發現了獨龍江下游一帶尚有人居住在穴洞中[20]，並作為獨龍族人社會發展初級階段論的證據，這些記載很明顯是作者把居住的物質形態當成了獨龍族人的歷史知識和族群標誌。

關於獨龍族居住形式的描述最早見於清代。乾隆時期《雲南通志》（卷二十四）載：「俅人，麗江界內有之，披樹葉為衣，茹毛飲

---

18 〔美〕詹姆斯・C.斯科特著，王曉毅譯：《國家的視角》（修訂版）（北京市：社會科學文獻出版社，2011年），頁83。

19 嚴德一：〈俅子——傳說父輩尚為有巢氏之民〉，李紹明、程賢敏編《西南民族研究論文選》，（成都市：四川大學出版社，1991年），頁317-318。

20 1958年劉達成等人深入獨龍江拍攝《獨龍族》的紀錄片時，在下江馬庫地方發現尚有一戶人家居住在山洞中，遂做了實地拍攝。

血，無屋宇，居山岩中。」[21]（道光）《雲南通志》（《清職貢圖》卷一百八十五引）記載：「其居處結草為廬，或以樹皮覆之。……更有居山岩中者，衣木葉，茹毛飲血，宛然太古之民。」[22]這些文字敘述簡短，所描寫的對象驚世駭俗，可以認為是清代早期官方與獨龍族人接觸時的印象和作者的想像，那時還沒有中央政府官員進入獨龍江俅人之地考察過，只能通過地方頭人和土司間接接觸瞭解。光緒三十四年（1908年），滇西阿墩子彈壓委員夏瑚以官員身份進入俅江之地巡察。他所見到的民居情況是：

> 房屋係隨結竹木，蓋以茅草，房中燒火一堂，家人父子圍爐歇宿。人多戶，有燒火二三堂者。家有糧食布飾等件，則於附近山林密處，另結茅屋數處，分別儲存，日需若干，臨時始往取用。[23]

這段文字表明，當時獨龍族人所住的房屋是以竹木和茅草為原料建成的，火塘在一個房屋居於重要位置，吃飯睡覺都圍著火塘進行，所以說人多的家戶需要另增設新的火塘來滿足需要。同時，獨龍族人常常遭受外族的侵擾和掠奪，才令他們把糧食和布飾分別儲藏在深山之中，方便取用和防止外人偷搶。結合當時的社會生產環境，這種居住模式與刀耕火種的農業方式有關聯，因具有流動性，臨時居住的茅屋便有多處。夏瑚和隨從官兵巡視至獨龍江以西今緬甸克欽邦境內的狄子江時，發現此地的人群講著和俅人相似的語言，他們的居住方式

21　（清）乾隆元年（1736年）刻本。

22　〔清〕道光十五年（1835年）刻本。

23　〔清〕夏瑚：《怒俅邊隘詳情》，方國瑜主編，徐文德、木芹、鄭志惠纂錄校訂：《雲南史料叢刊》（第十二卷）（昆明市：雲南大學出版社，1999年），頁149。

也有自己的特點：

> 兩岸地勢多平，旱穀及一切雜糧，無不出產，惟較曲江（獨龍
> 江）尤為地廣人稀。該處山多蕉竹、菫棕、藤竹之類，房屋概
> 以竹構成，樓離地三五尺不等，上覆茅草，聚族而居，中隔多
> 間，每間即屬一家，每房屋有多至十餘間、二十餘間者。且多
> 結房於樹以居，如有巢氏之民者。考其巢居之由，在昔野獸較
> 多，白晝且將齧人而食，逮曉則成群入室，抵禦無方，故其先
> 人創此巢居，以避虎患，近則殺人、拉人，所在恒有，亦仍以
> 巢居避患為樂。有就地以居者，必其族大丁繁也。[24]

與獨龍江相似的地方在於都是就地取材建築，茅草和竹子是主要
的材料，容易拆遷和搬離。從夏瑚的字裏行間不難解讀出當地人的生
存環境是多麼的惡劣，不僅要防範野獸的襲擊，還要提防土匪的搶
擄，選擇聚族而居或者樹居是應對環境而採取的一種生存策略。

從夏瑚的記載中，也可以看出獨龍族民居清代中後期的情形，一
座房屋下營居的規模大小，一房一家或者一房幾家，以火塘的數量來
計算。一個家族往往居住在一個大房子中，又在不同地方修建幾處茅
草房，以備不時之需。除了生產、安全方面的考慮，建造房屋的過程
還受生態環境、族群政治關係的影響。在 20 世紀 60 年代的調查資料
中提到了獨龍族居住的兩種獨特的房屋建築形式——木楞房和竹篾
房，但是當時用傳播論的觀點來解釋這兩種建築樣式的起源。[25]他們

---

24 〔清〕夏瑚：《怒俅邊隘詳情》，方國瑜主編，徐文德、木芹、鄭志惠纂錄校訂：
　　《雲南史料叢刊》（第十二卷）（昆明市：雲南大學出版社，1999年），頁151。

25 參見雲南省編輯組：《獨龍族社會歷史調查》（二）（昆明市：雲南民族出版社，
　　1985年），頁32。當時的調查者雖然沒有深入研究獨龍江上下游在建築材料上的區

把建築取材上的差別看成受北部藏族和南部傈僳族的影響而導致的，卻忽略了獨龍族人居住區的地理和氣候的限制以及獨龍族人的適應智慧。

在對獨龍江的民屋建造結構特點做深入瞭解之前，必須清楚獨龍江流域的生態因素。前面多次介紹過，獨龍江兩岸重巒疊嶂、山地陡峭，屬於降雨量最多的區域之一，多雲霧、山泉和深澗，因而草木深旺，地面潮濕，只在少數的山腰地段有一些小型的臺地和少量的朝江面傾斜的小塊平壩。獨龍江建造的房屋，首先適應上述山地環境與氣候，屬於竹木結構的「干欄式」建築，防雨水、通風和佈局緊湊是其主要特點。絕大多數房屋建在陡坡上，一面搭接山地，一面臨空架設，其全部基架柱腳（包括火塘基座）都埋插在地下，同上面的房屋組成了一個框架結構的整體，故能較為穩固地豎立在山坡上，保持房舍的水準方向。孔當以北的中上游地區，北接伯舒拉嶺，地勢漸高，氣溫稍寒，小塊平地稍多一些，多松林，其房屋多呈正方形的木楞房，比較結實；孔當以南的下游地區，江水向西，地勢漸低，氣溫稍熱，多竹林，然兩岸山地陡峻不平，其房舍多呈長方形的竹篾房，形態輕巧，卻不及木楞房結實，但易於搬遷。巧合的是這兩種不同房屋建築的分化與政治、地理空間相一致。1949 年以前，孔當以上的中上游地區歸西藏察瓦龍喇嘛寺統治，以下部分早期由維西的葉枝土司家族管理和收稅，常遭受傈僳族蓄奴主的擄掠和土匪的侵擾，因此有的學者認為獨龍族人的房屋建造風格受了鄰族統治者的影響。實際上，在察瓦龍地區大部分房舍屬於土石和木料為建材的兩層以上的樓房，只是在南部接壤雲南地界的松塔和龍普村，由於海拔較低、松林

別，但是他們用非常模糊的方式解釋了這種差異。後面的學者不加研究便引用，形成了「木楞房自藏族地區傳入」和「竹篾房受傈僳族影響」的觀點。

多，有部分房屋屬於干欄式的木楞房。如果從族源上考察，獨龍江北部一些氏族卻是遷徙自上述的松塔、龍普兩村。獨龍江上游地區的房屋或許與它們有一些內在的關聯，但目前還沒有學者就這方面做過深入的研究和探討。

木楞房即房子的四壁用圓木鑲嵌而圍成，房頂蓋以茅草或者松木板，地板用直而粗壯的木頭劈成的木板鋪成，柱腳用石頭或者木頭支起，因地形不同，每座房子地板離地面的高度在幾十公分到兩公尺之間。屋底下空著讓「山雨」流淌下去，畜圈不建在屋下，而另築於屋舍近旁，這就增加了屋下的通風作用。屋內按照需要設火塘，需要控制好火源以免燒壞木板或者篾笆。鋪地板時，各火塘處留下約有 1 公尺見方的方穴，方穴四周依次豎插木板於地中，其上部與地板齊，呈一豎井狀；木板四周上下用藤篾索箍緊，或用有栓的橫杆固定，內中裝滿泥土，夯實，其上部就是火塘；火塘上方有烤棚，用於烤濕柴、肉、玉米等。朝向大路的牆面，鑿開一個孔，用於採光、排火煙，同時便於瞭望來人；屋頂的茅草和入土的柱腳均潮濕易腐爛，一般隔三四年更換一次；屋頂兩側人字形屋樑也空著不加遮蔽，主要用於通風、排煙和屋內採光；房屋臨空的一面，常架設狹長之迴廊，農閒時可供婦女在其中織布，其兩端接涼臺，用來晾曬衣物；房門均較矮小，出入須彎腰，窗戶既少又狹小，這都是為了防雨禦寒。舂糧的木臼，都是架立在屋側近門、光線明亮的涼臺邊緣上，上有屋簷遮擋，下有埋插於地的三四根木柱綁撐，舂糧時房屋不會因此而受到震動。竹篾房的建築特點與木楞房相同，具有通風、防潮濕的功能，區別在於它的四壁用藤竹編成的篾笆圍起來，地板也用篾笆來鋪墊。

傳統的房舍以茅草和木板片為屋頂。在準備材料的時候，獨龍族人自然形成了性別分工。2002 年政府沒有實施退耕還林政策之前，火山地砍燒後第二年會長出大量的茅草。由於雨水多，到 10 月山上

茅草長到 1 公尺多長時，婦女們便背著竹簍、拿著鐵鐮去割草，背回大量的茅草晾曬在房前；然後用從山上砍來的竹子將茅草夾住，做成長約 1 公尺的茅草批。在蓋房時，男人爬上房梁，把茅草批互相疊壓，上面再用長木條壓住，防止被風刮走。木板屋頂通常在半山腰以上的村寨才有，不過隨著獨龍江交通的改善，經濟條件比較寬裕的家庭有能力雇人從有林木的地方砍伐，加工成各種木料運送回來。這種比較貴的木板多採用松木，砍削成薄木板後，需要用石塊壓住將它身上的汁水榨乾，這樣不容易變形，也比較耐用，可以使用 10 年之久。相對於松木板，水冬瓜樹木板就比較實惠和易於準備。每家附近的火山地都種有這種樹木，蓋房子時砍倒樹木，劈成木板片。每片木板長度為 1.52 公尺，寬度 15 公分左右，厚度不到 2 公分。蓋屋頂時，木板互相疊壓鋪在房頂上，用釘子固定，相鄰的兩塊木板之間往往有縫隙，還要再壓上一塊木板才能保證不會漏水。

　　任何一家房屋的建造都能表達親屬關係的意義。一旦家族中有成員建房子，就像娶妻結婚時一樣，其它家族成員都有義務來幫忙，靠集體的力量將房屋蓋起來。不論是竹篾房還是木楞房，在選址、建造的過程中都伴隨著宗教觀念和巫術行為。在建新房前，通常在火塘上拿幾粒穀種來占卜選地基，通過穀粒爆炸的全面程度和口中念的咒語是否一致來定奪。有的人乾脆找祭師「南木薩」劃定一個圈為營造的位址，關鍵是確定好火塘的位置，確定好位置後，祭師念祝語祈禱蓋房子的人家人畜平安，然後大家才開始動手建造。在村中建房，既要占卜也要出於實際考慮。柴薪、水源、地勢、安全以及其它家庭成員的屋子位置是選屋址時考慮的因素，最終的選定通常是綜合各種因素的結果。房子建成後，老人首先點燃火塘的火，主婦在架煮飲食的鐵三腳架或者石三腳架的每個腳上，灑些酒或放點飯和肉。他們認為火塘是一家之中最大的主人，要向它獻祭。在獨龍族人的宇宙觀裏，火

塘還是天地連接處，神聖不可侵犯。在建造過程中，人們特別注意的是房門的設置必須朝向東方或者南方，而忌諱朝向北方和西方；同樣，屋脊的橫樑兩端延伸方向不能和獨龍江交叉，也就是說房屋的整體要與獨龍江成平行之式。若不遵循這樣的傳統，房屋的主人就會短命或者沒有財運，或者家庭成員可能遭遇災難等不幸的事。拋開宗教層面不說，以獨龍江兩岸的地形和氣候特點來說，所建造的房屋大多數只會和獨龍江平行。這正如馬庫村民唐華所說：「這樣才能避免洪水衝擊、減輕暴風雨帶來的損害，安全是建房的第一原則。」[26]談到安全意識，早期的獨龍族人總喜歡選擇在高山深林中建造房舍，而不願住在交通方便的河谷地。因為河谷地氣候濕熱，是各種疾病滋生之地，河谷山腳亦是山泉、洪水、山石和倒木紛紛聚落而下的危險區。此外，居住在河谷交通來往便利之地，容易受到外族的侵擾和擄掠。因此，早期的人多選擇在高山深林中居住，一是考慮生存安全與健康，二是便於農業生產和食物的採集與捕獵。根據上述事實，儘管最北部藏族群體的木石建築比較舒適和耐用，也沒有給獨龍族人帶來影響。雖然高黎貢山東部的怒族、傈僳族村落也因地制宜地建造木楞房或者竹篾房模型，但在門口朝向的習俗上沒有獨龍族人的「東方」觀念，這是因為獨龍族人把「東方」視為權力中心，認為能為獨龍族人帶來財富和權利。關於這方面的內容筆者將在後續的章節中進一步闡釋。

一個家庭所有成員居住和日常生活的房子，獨龍語稱之為「庫姆」，類似於家屋的概念，不同於在火山地旁邊建蓋的臨時性住所。這種在燒墾、播種和守護玉米時的臨時棚屋稱為「本冉」，一年中一些家庭成員大部分時間都在這裏吃住。收穫玉米時，「本冉」既可以

作為人住的地方，也可以存放糧食。隨著家庭人口的增加，原先的房屋不能容納時，村落附近的「本冉」有可能加工修建成「庫姆」。過去，由於人口少，所有家族成員共同生活在一個屋簷下，當家族成員結婚迎來新的成員時，原先的房子容納不了這麼多人，新人夫妻就在原有住房兩側逐間加蓋，父母居中，兒子兒媳居兩側。每間房設有火塘，為一對夫妻的象徵，遂成長方形的草房，內中少則 2 間、多則 5 間左右。蔡家麒對這種長屋的營居特點有過詳細的描述：

> 彼此並列的各個隔間的高度，保持在一個水平面上，相互銜接，共一個大屋頂；各隔間靠山之一側，有通體相連的室內通道，通達共同進出戶內外的門兩個，設在長屋的兩端，並接有涼臺，各隔間不再設門；每一個隔間中皆有火塘一個，住有一對小夫妻同他們的孩子；老人同未婚的幼子共一個火塘起居。居住在這種房子裏的人，多是直系親屬及其後代，平時共同生產，一起消費，由各個火塘的主婦分別保管糧食，輪流做飯。[27]

每一個家庭在房屋附近建有一個糧倉，獨龍語稱為「巴門」。它的四壁由木板緊緊咬合在一起，不留空隙，屋頂蓋茅草或者木板，有門鎖，裏面存放穀物，如小麥、蕎子、小米和脫粒好的包穀。過去的大家庭中，主婦負責管理鑰匙。還有一種叫「斯巴」的儲物房，其底板由木板鋪墊，牆壁用竹板或者竹篾笆圍成，頂屋蓋茅草，底板離地有 1 至 2 公尺，結構為干欄式，主要用於存放剛從地裏收穫的包穀、南瓜，有的用於存放柴火等易發黴的物品。由於這種儲物房通風、乾

---

27 蔡家麒：《藏彝走廊中的獨龍族社會歷史考察》（北京市：民族出版社，2008年），頁 61-62。

燥，在多雨水的地區，存放的糧食不易發黴。有些火山地離家比較遠，收穫玉米等作物時，由於路遠不便運送，於是在火山地旁蓋一個存儲房，稱為「拉任」。其功能是存放糧食，屋內設有火塘，在生產、捕獵和採集時，常作為歇宿之地。

目前，獨龍族人的居住形式以一個家庭住一間或兩間房子為主。兩間房子緊挨著，其中一間房為「伙房」，是日常煮食、就餐、接待來訪者的地方；另一間為臥室，為夜晚休息、看電視的場所。兩間房子相連，中間有一個共用的過道把它們隔開，過道一端接地、兩邊相對各開一門入室，過道之上有屋頂覆蓋相連。這種兩間房通常也是一間做伙房、一間做臥室，臥室裏不再設火塘，因為現在不需要依靠火來取暖睡覺。老人喜歡住在伙房，他們已婚的幼子或入贅的女婿住另一間，已婚的長子則在老屋的周圍擇地建屋居住，得以彼此照應。另外，除了廚房和臥室，在它們附近還建有糧倉房、豬圈和種有瓜菜的園地，基本構成了獨龍族人家庭生活的空間。這樣，家與戶的聯繫比以往更加緊密和清晰，戶即是家庭的計算單位，因而是農業生產、劃分土地、分配各種福利的基本單位。

隨著交通條件的改善和國家政策的影響，房屋建造材料的使用變得豐富起來。首先是 1949 年以來整個獨龍江的房屋趨於木板房的樣式，但是這種改變是緩慢的，更恰當的說法應該是多種材料建造的房子並存。北部迪政當一帶是以木板房和木楞房為主，屋頂用鐵皮或者松木板釘蓋；在南部傳統竹篾房地區，也多用木板來圍牆和鋪墊，屋頂則是茅草、鐵皮和木板蓋並存。自實行封山育林政策禁止燒山開墾火山地以來，曾經的火山地種上了水冬瓜樹或者其它樹種，蓋房子用的茅草難以生長，村民不得已轉而使用松木板來代替茅草。即國家的林業政策影響了當地的生態環境，也間接地改變了當地房屋的建造。2011 年 10 月，當筆者第一次進入獨龍江考察時，部分村莊已經完成

　　了新的民居改造，水泥、磚牆、木板和彩瓦成為新的建造材料，而離鄉政府更遠的北部和南部民居還沒來得及拆掉或者正處於拆遷之中，筆者有幸目睹了傳統的房屋模樣。按照政府的規劃，2013 年整個獨龍江的村民都住上統一的「標準房」。

　　綜合前面所言，一個家族這樣的親屬群體共居在一長屋裏，成為一個共用的經濟生產單位，它和自身所處的歷史地理環境相適應，也符合粗耕農業生產的要求。家戶是統治者和國家徵稅的基本單位。1960 年的調查資料表明，1932 年貢山設治局在獨龍江設立公安局，他們統計的獨龍江中國屬區的人口數量為 240 戶共計 2500 人，平均每戶 14 人；1955 年貢山縣第四區即獨龍江鄉人口統計，獨龍族有 273 戶，人口只有 2324 人，平均每戶 8.4 人。如果再往後推算，戶數和人口比例差距更大。其主要原因是，為了多收稅，土司令獨龍族人分居，各立小家庭；夏瑚巡視俅江，設置俅管，獨龍族逐漸實行分居，每戶人口相對下降。另外，貢山設治局派來的公安局局長楊紹宗在 1932 年明令將大家庭分裂為小家庭。[28]換言之，獨龍族人傳統的大家庭居住形式，與家庭的概念、戶的單位計算並不清晰，這種模糊性對於當地人來說是應對統治者徵稅的一種策略。在他們內部則是以火塘為單位，清晰界定長屋下住著幾個小家庭。一旦生產條件和政治環境改變，長屋中的小家庭有可能分離出來，另築一房屋單獨居住。這種情況與長子成婚後分家另擇地居住的情形是一致的。

---

28 參見雲南省編輯組編：《獨龍族社會歷史調查》（二）（昆明市：雲南民族出版社，1985 年），頁 6；《民族問題五種叢書》云南省編輯委員會、《中國少數民族社會歷史調查資料叢刊》修訂編輯委員會編：《獨龍族社會歷史調查》（一）（北京市：民族出版社，2009 年），頁 13。

三　游與居：村落生活空間的生成

前面已提過，獨龍族人家族的名字與所在的自然地理特徵聯繫在一起。比如「冷木當」家族名字中，「冷木」一詞有「跳舞」或「日曬」等含義，「當」是壩子的意思。這和筆者今天在冷木當寨子考察時看到的情形相符合。冷木當位於獨龍江上游北部，與迪政當相鄰，同屬於獨龍江西岸小塊壩子，兩地合起來的平地面積在整個獨龍江流域來說都是數一數二的。其它家族名稱如「龍棍」意指石頭多的地方，「孔當」是指一塊寬大的壩子，「學哇當」是指追馬鹿的地方，等等。地方、家族名稱出現重疊現象，這不難想像。早期，一個家族生活在一個地方，當家族群體共同生產、生活固定在一個區域，隨著人口增加，有了固定的通婚集團，便逐漸成為一個自然村落。這種在血緣關係基礎上形成的村落，獨龍語稱之為「克恩」，它是家族血親和地域空間的統合物。由於獨龍族實行家族外婚制，一個規模初具的村落不止一個家族，至少有兩個家族共同體居住於同一區域以滿足通婚要求；或者家族分裂成幾個小家族，實行家族內婚制，這樣家族佔有的土地就不會被分割給其它家族使用。通常，村落名稱來自最早居住此地的家族長名字，這樣來自不同地方的人相遇時，首先互報村落名，便可知對方屬於哪個家族的人。這種習慣一直維持到現在。

自然村落聚居地的形成與出獵和生產有關，一些地方的傳說很好地印證了這一點。獨龍江木當村民流傳著這樣的故事：原來居住在上游麻必洛和克勞洛地方的孟氏族，他們的先祖來自現在西藏察瓦龍鄉南部松塔和龍普兩村間的日木當地方。有一天，孟氏族人為了追趕馬鹿，沿江而下到了孔當的「貝爾當王」，馬鹿的足印不見了，獵人們見到這裏坡地上長滿了野蒿，土地肥沃，就取了些土裝在各自的箭包裏，返回麻必洛。他們將土撒在地上種了莊稼，發現莊稼都長得很

好，於是孟氏族就決定搬到孔當。因追攆馬鹿（肖旺）而發現了這塊地方，故取名稱為「肖旺當」。孟氏族中的一支人在這裏住下後，煮了四大罐酒，作為禮物送給了原居於此地的廷山氏族人，廷山氏族把自己的姑娘嫁給了孟氏族的人，雙方遂成為親戚。[29]在冷木當，傳說最初是一片長滿森林的地方，後來冷木當家族人來到這裏開荒種地，原來居住在東根地方的迪政當家族通過送禮物給冷木當人，得到允許住下來開墾另一塊壩子。今天的冷木當和迪政當兩個自然村緊緊相鄰，同在獨龍江岸邊的一個寬壩子上。

　　以刀耕火種為主的粗耕農業體系是 1949 年前獨龍江生產食物的主要方式，它的主要特徵在於土地使用的流動性。為了便於生產和管理，獨龍族人通常選擇就地居住，造成居住地不固定，並隨著生產的季節性變化而實行流動性遷居。由於地形條件的差異，獨龍江以孔當為界的南北段所在的獨龍族人流動居住的情形也不同。正如 20 世紀60 年代的調查顯示的：

> 1949 年以前，（獨龍族人）生產季節居山腰或火山地，每到秋冬又返回河邊過冬。因此一家大多有兩處或三處居住之地。北部由於臺地較大，固定居住漸多，有的已經形成三五戶甚至十多戶的小村落，而南部多數尚未定居，僅有茂當初具村落規模。[30]

---

29 肖旺當為獨龍江中部的一個自然村，筆者在第一次田野調查中從麻必洛河東岸的木當村聽到了關於肖旺當的傳說，而在孔當也流傳著這個故事。以前的調查者也搜集到相關的傳說，其中蔡家麒整理得比較完善，可參考蔡家麒：《藏彝走廊中的獨龍族社會歷史考察》（北京市：民族出版社，2008年，頁19-20）。

30 雲南省編輯組編：《獨龍族社會歷史調查》（二）（昆明市：雲南民族出版社1985年），頁24。

在更早時期，清末夏瑚觀察到的情形是：

> 惟上下江均繫地廣人稀，恒三五十里始得一村，每村居民多至
> 七八戶，少或二三戶不等，每戶相距，又或七八里十餘里不
> 等。[31]

從兩個不同時期的居民戶數上看，雖然經歷了 50 年左右的時間，但村落人口的規模變化不大，也就是說村落的發展極其緩慢。又如，民國時期的調查員楊斌銓和王繼先（1930 年）曾說：「俅江人口稀少，該地所產糧食不敷一年食用，俅民每至夏秋，大半以竹筍野菜花充食。」[32]食物匱缺的情況在本書第一章已描述過，土地貧瘠、峽谷地貌等生態因素的影響制約了大規模的開墾耕種，食物生產能力有限，不足以維持全部人口的生存需求，只能通過狩獵、捕撈、採集彌補食物生產的不足，而這些因素都有可能造成分散、流動的居住模式，同時也限制了人口的發展。另外，匪患、統治者爭奪帶來的不確定性等因素導致人們更願意居住在山腰上，這種現象在南部更為突出。相較於山腰上的火山地，「當」這種開闊平坦的江邊土地都是用作種植的「熟地」，即土地較肥沃、輪歇周期短的固定耕地，隨地而建的房屋逐漸固定下來了。「當」成為居住時間長、人口比較集中的聚居點，即一個「克恩」。

有固定的居住區域是形成聚落「克恩」的基本條件。如上所述，1949 年以前，獨龍江中游地區定居者比下游的多，自然形成的村落

---

31 〔清〕夏瑚：《怒俅邊隘詳情》，方國瑜主編，徐文德、木芹、鄭志惠纂錄校訂：《雲南史料叢刊》（第十二卷）（昆明市：雲南大學出版社，1999 年），頁148。

32 轉引自尹明德編：《雲南北界勘查記》（臺北市：成文出版社有限公司，1974 年），頁142。

亦是中上游地區居多。根據筆者在迪政當的報導人描述[33]，獨龍江的人群聚居點劃分為三個小區域：喇卡達、金都邦和日梅邦。這些術語來自獨龍語方言。「喇卡達」意為山的背後，在今天迪政當和龍元兩個行政村之間有一座叫「金都」的山嶺，形成了一個天然屏障，過去居住在兩地的人群以此為界線，迪政當地區的人被稱為「住在山背後的人」；而從金都山以南一直到中游有個叫「斯拉洛」的地方，這地區包括了今天龍元、獻久當、孔當三個行政村的地理區域，生活在這一區域的人群被稱為「金都邦」，「邦」是山腳之意，即指稱住在金都山腳下的人；「斯拉洛」以下的人群包括今天的巴坡、馬庫兩村的人，被稱為「住在江尾的人」或者「住在河谷底部的人」。從這裏不難發現中上游地區的行政村名稱多以「當」字結尾，表明這些村落所處地形特徵多是臺地和河谷邊的壩子。換言之，地形越平坦，定居的村落越多；反之，越處於陡峭之地，人群居住越分散。

總體而言，20 世紀初，獨龍族社會以父系繼嗣群體家族為生產、消費的基本單位。當人口增多、糧食不夠吃，一些家族支系不得不遷出原居地，前往他處開墾新地。依照當時的情形，土地誰先開墾，誰就掌握所有權。為了增強抵禦風險的能力和相互扶持協作，因繼嗣而形成的父系世系群往往聚族而居，發展出新的村落「克恩」。換言之，家族這樣的父系世系群具有開闢土地、擴展領域、爭取較多生存資源的功能。中上游地區的父系家族群體能夠更早地定居下來，筆者認為主要有以下幾個方面的原因：第一，生態和地形因素。河谷平地和臺地比南部多，由於這些地方的土壤比較肥沃，所以成為人們首選的生產要地；隨農地而居，生產的食物豐富，可以養活更多的

---

33 2012年7月6日訪談資料。感謝迪政當村曾國良老人提供的信息，村委書記的兒子陳記協助翻譯，時任迪政當村指導新農村建設的鄉黨委副書記吳國慶補充信息，在此一併感謝他們的幫助。

人。第二，居住條件。南北最主要的區別在於建造材料。一個是用竹板和篾笆，容易拆遷，不穩固，使用壽命短；另一個是圓木和木板，相對於前者更加結實、穩固，不易拆遷和搬離。第三，疾病與自然災難的原因。南部比北部海拔低，氣候更暖和，但容易滋生傳染性疾病；同時，山地陡峭，雨水多，容易發生滑坡、泥石流等地質災害。所以，南部人群分散在山腰上隨火山地而流動居住，符合當時的生存環境。第四，與周邊族群的接觸與互動有關。定居化程度較高的中上游地區，剛好位於西藏察瓦龍藏族領主的統治區，藏族人和獨龍族人在稅收、貿易等方面來往比較多，從藏地傳入砍刀和斧頭等鐵器工具，推動了砍伐、生產效益方面的提升；用斧頭劈開圓木，加工成木板、木料，有助於建造美觀結實的房舍，這樣生活會更穩定一些。南部則相反，他們為了躲避傈僳族人、藏族人、漢族人的侵擾，生活極為不穩定，不同季節生活在不同地方：夏秋在山上開墾火山地，家族住的房屋建在獨龍江西岸外人不易到達的地方；冬春高黎貢山大雪封山，外人進不了，他們又將房屋搬回到東岸來住，過著以流動、分散的家族為主導的生活。這就是說，由於存在著生態、生產、政治和與獨龍江外面的互動等方面的差異，各地的獨龍族人居住形式出現了多樣性、複雜性的特點。

第三節　領土權與村落邊界的流變

對於獨龍族人而言，土地是非常珍貴的資源。家族的名稱和地名的關聯以及新生兒的取名與家族的聯繫，都揭示了這樣的事實：家族的生存和發展，都需要一定範圍的土地用於耕作、採集和狩獵以及居住和繁衍人口。人們通過劃定不同的地域空間來區分不同的人群，地理邊界的出現實際上也明確了不同人群佔有資源的權利。

一　對不同土地類型的佔有形式

　　土地類型的劃分，正如本書第一章所述，依據植被和耕種方式可以劃分為火山地、水冬瓜樹地、熟地和園地四種類型。火山地即用斧頭或砍刀砍伐樹木焚燒成灰燼做肥料，以木棒插點或撒播種子，播種一年而丟荒數年的耕地。在這種土地上農作的方法屬於粗耕，也叫刀耕火種。在 1949 年以前，火山地是獨龍江流域用於栽種作物的最大宗的耕地。獨龍江地廣人稀，當地報導人一致強調，早期開墾火山地不受限制，誰先在大山裏開闢一片土地，誰就成為該地的主人；他們的後世繼續在其地上耕種，其它人群若想來佔用，要得到先來者的許可。在開闢新的火山地之前，首先選好一塊林地，並做標記，以防止其它人先行砍伐。標記作為權屬的符號，通常用以下方法確定：其一，在森林邊緣砍倒樹木或草木；其二，在林地邊緣豎一根木柱，或者在村上留「V」形木鉤，或者將劈開的竹子交叉插在邊緣地。別人見到這些標記，立即明白此林地已被人佔有或使用。這裏需要注意的是火山地權屬與定居者的內在聯繫，火山地的耕種是輪歇式的，這就要求耕種者必須要有多個火山地可供輪歇之用；另外，這種生產模式和隨地而居的策略又難以確定權屬，幾年過後，森林恢復生長，又變成了一塊誰都可以來開闢的林地。因此，火山地不是固定的耕地，它的權屬也具有流動性。但是，當一個親屬共同體開闢一塊新地後定居下來，周圍開墾的火山地也成為他們輪歇的耕地，並逐漸演變為一個有界線的屬於某個群體生產生活的地域，通常以山脈、河流為天然的界線。例如，上文所提到的獨龍江被劃分成「喇卡達」、「金都邦」、「日梅邦」三個地域，也是不同人群的生產活動範圍。地域內的山地、河段和獵場為該親屬群體共同佔有。這類親屬群體一般是由同一個祖先之後、具有血緣關係的兄弟和他們的妻子及未婚的姐妹構成的

共同體，通常稱之為「尼柔」，前面已經介紹過，它更多的是表達一個家族之類的世系群。他們中能說會道、擅長處理共同體內外事務的長者，自然成為這一群體的頭人，獨龍語稱為「卡夏」。當旱季到來之際，「卡夏」帶領族人去山林中砍伐樹林、曬乾、焚燒，然後播種來年的穀物；收穫的穀物按戶或者參加者的人數平分。當然，在選擇哪一塊為火山地之前，總要做一些占卜儀式；他們相信每一片山林都有精靈主宰，在砍燒之前，須徵得它們同意，來年的作物才有希望獲得豐收。這類血緣集團共同佔有、集體墾種的土地，獨龍語稱之為「奇木枯」。這種類型的土地在 1949 年後還存在，但為數不多，如第三行政村孔當家族還保留著這種公共佔有土地、集體耕種的生產方式。

水冬瓜樹，即檀木，生長快，枝葉茂盛，一般 710 年可成材，砍燒後，灰肥力大。獨龍族人將水冬瓜樹種在火山地上進行輪歇管理，這樣的地砍燒後可以連續種 3 年，這在獨龍族的農業耕作史上屬於一大創舉。由於水冬瓜樹比一般樹木有更多肥力，收穫後的火山地上要種水冬瓜樹。種植水冬瓜樹的意義不僅在於增加土壤的肥力、延長耕作時間，還有明確土地歸屬的作用。凡種上水冬瓜樹者，其地屬於種樹者所有，其它人不能侵犯。如果想在水冬瓜樹地耕種，必須徵得種樹者同意，並送上酒、砍刀等禮物。村落附近的水冬瓜樹地，由於輪歇期比較短，成為較固定的耕地，耕種幾年後遂成為固定耕種的熟地。1949 年以前，孔當以上的各個村落都開闢了熟地，尤其是迪政當和龍元兩個地方比較多，而孔當以下的村落則沒有開闢。家族分裂為幾個家庭後，熟地由幾戶合夥耕種或者個體家庭耕種。不同家庭佔有的熟地之間並沒有明顯的界線標誌，或者僅以幾塊石樁為界。住在同一個村落的人，都明確知道江邊熟地是誰家的，每一地塊四周的邊界在哪；按照習慣互相尊重，互不侵犯，如有侵犯，就會引起糾紛。

房屋周圍開墾的土地，即園地，主要用來種蔬菜和瓜果，完全由個體
家庭佔有，屬於固定耕地。居住地流動性大的地方，很難開墾熟地和
園地。生活在固定村落的獨龍族人，長子結婚後分家，土地多的人家
還要分出其中一塊熟地和園地給他耕種，位於山上的火山地不在分配
的範疇。不管是同居一長屋，還是後來分裂成幾戶家庭，同家族成員
都可以任意耕種火山地，而不承擔任何義務。也就是說，對於整個家
族來說則山上的火山地屬於公共的土地，家庭所有權屬比較模糊，誰
都可以去燒墾和狩獵；但是，對於外族來說則存在一道明確的、固定
的界線，外人不得跨越界線去捕獵和開墾。這是獨龍江內部習慣通行
的土地制度。

二　血緣家族向地域社會的轉化

　　一個家族共同開闢一片火山地後就地居住，逐漸形成有地理邊界
的自然村落，即血緣與土地構成的比家族更大的社會組織「克恩」。
克恩內部成員之間的親密關係建立在血緣、姻親基礎上，他們生活上
相互關照、共同生產、共用食物，即類似於「公社生產方式」——生
存所需要的財產為群體所掌管，而對其使用卻是以性別、年齡、地位
以及親屬聯繫為基礎的，每個人都可以獲得。但是，這樣的親屬共同
體不可能生活在自我封閉的環境中，他們要在經濟、婚姻生活中與其
它群體互動，並交換物品和女人，以保證群體的繼續生存和發展。例
如，在冷木當家族的傳說中，他們原屬於「凱而巧」氏族的一支，從
察瓦龍和貢山交界怒族聚居地遷出來，然後找到了「寬而長的壩
子」，住下來開墾新地繁衍後代，即今天的冷木當和迪政當兩個寨子
所在地。後來下游東根村的人看到這裏土地肥沃，地方寬闊，於是向
冷木當家族送了酒和砍刀作為禮物，來到冷木當家族所在鄰地開荒種

地，即現在的迪政當寨子的前身。另外，李自才告訴筆者至今還流傳著這樣的故事：

> 我屬於科全族人，但是我們的家族一半來自江友氏族，一半來自凱而巧氏族。我的祖輩原來住在熊當村，後來發生傳染病，死了很多人，他們決定遷出來。在往下遊走時，看到冷木當地勢比較寬闊，就和冷木當人商量。最後，我們家族送個女孩給冷木當的納瓦才家族撫養，長大了幫他們幹活，又嫁給他們家族的男人。這樣才允許我們在這裏住下來。[34]

從 20 世紀 60 年代的調查資料來看，科全家族是從冷木當大家族中分裂出來的，冷木當家族屬於凱而巧氏族。[35]同一個村的斯尤家族和曾義蒲賽家族原居於外地，20 世紀 50 年代後娶了科全家族的女子，因此才遷到冷木當村。

資料顯示，在今天孔當行政村丙當小組有一個頭人叫丙當・圖裏恰。他原先屬於肖旺當家族成員，在五六十年前，遷到當時由木切圖家族佔有的丙當居住，並立即埋石為界，進行開荒和耕種。他把原來的家族名字改成了丙當，表明與此地方的土地有了血肉聯繫，所以叫丙當・圖裏恰。本來肖旺當與木切圖既不是親戚，也不是同一「尼柔」的人，按當時先居者權大的原則，後來者入住前須給前者送上一些禮物以獲得居住權。但是，圖裏恰沒有送東西給木切圖就開墾荒地居住了下來。這有點強佔木切圖家族公地的意思，但兩個家族並沒有

---

34 2012年7月8日田野調查資料（報導人李自才，由村委副主任幫忙翻譯）。

35 參見雲南省編輯組編：《獨龍族社會歷史調查》（二）（昆明市：雲南民族出版社，1985年），頁47。

交惡，而且後來他們還結成了「阿恩」姻親關係。[36]當時的學者將這個例子當成「家庭土地私有制出現」的明證。而我們認為，這個例子體現的是如何獲得合法居住權的手段——家族的名字或者個人名字與土地的內在象徵聯繫。結合前面的論述，家族名字代表對這塊土地的合法使用權，而其它外來的人可以通過操作家族名字來取得合法居住權和開荒權。另外，新遷入者和原居住者結成姻親關係，可以滿足後者女子外嫁「阿門」婚制度的需要。

筆者的報導人唐華提到關於他們家族與獨都家族的關係，實際上反映了人群與土地邊界聯繫的能動性。現在馬庫村姓迪的人，他們的祖先獨都原來居住在「龍東藤南」（地名，位於現在孟定與馬庫兩村中間）。後來整個家族患上了一種疾病，很多人死亡，只剩下一個孤兒。白天，他到處找食物吃，到了晚上他就找岩洞睡覺。有一次，唐姓家族「當舍」從上游村子走訪親友回來，路過「龍東藤南」時，見此孤兒可憐，就帶了回來。通過一個「蘇瓦艾」的儀式，當舍正式收此孤兒為養子。孤兒長大後，當舍又出彩禮幫他娶了妻子，並劃出一塊叫獨都的土地讓他們兩人居住、開荒生產，成為獨都家族的先祖。為了表示對當捨家族的養育之恩，獨都人發下誓言，大概意思是如果日後他們背叛了當捨家族，就被趕出獨都這個地方而無處可住。[37]

18世紀以來，察瓦龍藏族領主從維西納西族土司手中取得獨龍江中上游的統治權，藏族人向獨龍族人宣佈所轄境內的土地歸領主所有，耕地者必須向領主納稅。在這種背景下，每塊土地的耕種與家戶的聯繫是非常緊密的，有些生活較困難者遇上災害、糧食歉收等情況而無法繳納土司的稅賦，只能將家庭佔有的土地轉讓給其它家庭來耕

---

36 參見雲南省編輯組編：《獨龍族社會歷史調查》（二）（昆明市：雲南民族出版社，1985年），頁8-9。

37 2012年6月25日訪談資料。

種，讓後者代繳稅。這種土地政策的實施，有利於收稅者增加收入。我們在迪政當調查時就碰到了這樣的例子。據報導人曾國良透露，他們是「姜木雷」氏族的後代，屬於「熱迪結亞」家族。後來馬勒家族的 3 個兄弟沒有娶妻生子，沒有後代，曾國良的父輩耕種馬勒家族的土地，為其上繳土地稅，也把原來的家族名稱改為馬勒。[38] 90 多歲的文面老人「干奈」（排行六）回憶起了以前的事：

> 我的祖先原來住在龍元的東根地方，後來遷到迪政當，祖父娶了熊當的江友氏族女人，即我的奶奶。這個氏族最先在熊當，後分散到各地去了。察瓦龍連布統治獨龍江時，每年兩次派人來這裏收稅。有一家人太窮了繳不起稅，於是把土地轉讓給同村較富有的人家，而他們自己則到熊當幫別人種地來過日子。由於生活困難，他們的孩子只好寄養在幫他們繳稅的那家人裏。他們的女兒不久前才去世，孫子現在縣公安局工作。[39]

同一時期，當地還出現了其它類型的土地交換。比如，一些生活較貧困的家庭因為生病、婚喪、糧食缺乏等原因，無力承擔所需的財物，將自己佔有的一塊土地與其它人交換糧食、生活日用品、祭祀用的家畜、生產工具等。參與交換的土地包括火山地、水冬瓜樹地、熟地，甚至是園地，即那些搬離該地的人家則會把園地也拿來與人交換。隨著一些個體家庭財富的增加，雖然整體的獨龍江社會還沒有出現明顯的社會分層，但是個體家庭開始取代家族成為社會經濟的基本單位，家庭已是生產、納貢的基本單位。家庭轉讓和交換土地的現象

---

38 2012年7月6日訪談資料。

39 2011年10月22日訪談資料（感謝獨龍族朋友李林高的翻譯）。

即是這種走向個體家庭社會的趨勢的表達之一。20 世紀 60 年代的調
查資料表明，至 1950 年前夕，獨龍族社會出現的土地交換不僅在家
族內部發生，有的還突破了家族的界線，在不同家族之間進行交換。
土地是一個家族賴以生存和發展的珍貴的自然資源。與家族外的人群
進行土地交換，其意義在於：一是打破了土地作為家族財富不能外流
的傳統原則；二是促進了與外族的交往和聯繫，有利於改變單一血緣
的聚居模式。這樣可能導致的結果是，原有的血緣紐帶鬆弛了，人們
逐步走向以地緣為紐帶的社會生活。

　　早期社會的採集狩獵生活，刀耕火種農業或者輪耕的耕作方式，
形成了以家族血緣關係為單位的分散居住模式，土地、獵場的範圍廣
闊而不固定，具有高度的流動性。由於其它官員難以進入，人口、戶
數難以統計和邊界模糊，獨龍族很難作為王朝的賦稅來源之地，因而
被朝廷當作化外之地和「傳說父輩尚為有巢氏之民」。家族作為一種
與獨龍江生態、生產技術相適應的社會組織，其內部成員之間具有互
助協作的親密關係，在擴展地盤和獲取生產資源方面發揮著主要的功
能。當他們尋找到比較肥沃而開闊的臺地時，聚族而居，發展成被稱
為「克恩」的單一血緣關係為主的自然村落。這樣的自然村落，一方
面將血統與土地聯繫起來，每個「克恩」有著自己的領袖和祖先遷徙
傳說，有著清晰的空間地理分界概念，以顯示在地域內資源、居住等
方面享有的權利。另一方面，生態和地形的多樣性產生流動的耕作方
式和搜食活動，不同家族親屬共同體和地理空間難以避免地發生交集
和連接；與此同時，遵循單向迴圈的外婚制，至少要與三個家族發生
聯姻關係。可見，地理生態因素的存在和婚姻文化原則，為獨龍江流
域不同親屬群體之間的聯繫和互動提供了契機。

　　綜合已有的材料，從血緣紐帶為主的自然村落過渡到多家族共居
的聚落，主要有以下幾方面的原因：第一，家族定居的臺地或河谷土

壤較肥沃，糧食產量高，適合一定規模的人群居住。以前獨龍族人口稀少，一個家族人口數在 20 至 100 人之間[40]，有約萬畝的森林和坡地，人地關係不是主要的矛盾。第二，通過贈送食物和生產工具等物品，獲得進入別的家族領土內居住和開荒耕種權。居住在同一個小區域的不同家族，為了更好地生存，彼此都是對方潛在的通婚聯姻對象；或者在生產生活中結成互助互惠的關係網絡，將家庭和個人的關係網絡擴展到家族外，有利於形成地緣關係為紐帶的村落共同體。第三，維西建廳府以來，獨龍江與外界聯繫比以前增多了，在輸出貨皮、藥材時，鹽、鐵製工具進入了獨龍江，這對提高獨龍族人生活品質和生產食物的能力有很大的幫助。鐵斧、砍刀的傳入，對於以刀耕火種為主的生產方式有著重大意義，鐵器工具比一般的竹木工具生產效率高。隨著生產力的提高，以家族作為生產、消費單位的社會過渡到以家庭為基本單位的社會。另外，來自高黎貢山外的土司統治者強制徵稅，加快了大家庭公社的解體。第四，大家庭解體之後，共耕不再是唯一的生產合作方式，個體家庭佔有私人的土地，如水冬瓜樹地、熟地和園地首先成為個體家庭佔有的土地類型。土地作為重要的生存資源而被個體家庭佔有，這是土地能夠用來交換、抵債、轉讓的基本條件。獨龍江的例子表明，1949 年前夕，已經有家族內部和外部不同群體範疇之間的土地交換，這同樣有助於打破以血緣紐帶為主的單一家族構成一個村落的局面。第五，獨龍族人有收養孤兒的習俗，這具有複雜的社會學意義。本家族內部成員，如果年幼的孩子父母雙亡，家族中其它成員有義務收養他們，一般是家族長收養居多。此外，這些孤兒曾經作為一個重要的勞動力資源，有時被帶到察瓦龍

---

40 資料來自1960年在北部家族的調查（雲南省編輯組編：《獨龍族社會歷史調查》（二），昆明市：雲南民族出版社，1985年，頁45-48）。

與莊園主交換牛、糧食等食物，這種孤兒被稱為「束德波」，意為娃子、奴隸。筆者在馬庫發現獨都為當舍養子的個案說明，養子長大成家後也不一定成為收養家族的成員，但一定是其宗族堅定的盟友和支持者；冷木當的例子，則說明土地、入居成為一種債務，通常以嬰孩作為原居者的養子來抵債。這種土地形成的債務關係，更多的是建立在不同家族之間，從而成為地緣關係的一種表達。總而言之，由於獨龍江內部和外部在婚姻、經濟生活中存在不同層次的互動聯繫，推動了克恩血緣村落內部社會結構的變遷，以血緣紐帶為主的親屬關係不再是唯一的社會關係，土地與血統的聯繫將成為社會關係中新的身份象徵。

三　國家政策的影響

食物生產的方式和居住模式有一定的聯繫，同時兩者又比較容易受到外界的影響；尤其是當國家權力下移時，鄉一級的基層行政機構行使國家權力，清查戶數和人口，丈量土地，規劃村寨的地域範圍，調整原來分散、流動的居住模式，便於管理和控制人口資源。這些來自官方的行政措施，不同程度地影響了原有的以家族親屬關係為主的社會組織及其運作。

18 世紀中葉察瓦龍藏族領主統治以來，獨龍江上游地段被「劃分為九個村和二十六個寨子」[41]，各村設兩個夥頭，為其徵稅和管理村民。雖然現在還沒有材料說明每個村的戶數和人口有多少，但比獨龍族人內部的關於「喇卡達、金都邦和日梅邦」的地理人群分類更加

---

41 孔志清、伊裏亞口述，李道生整理：《獨龍族三次起義概述》，《怒江文史資料選輯》（第3輯），（德宏：德宏民族出版社，1994年），頁10。

清晰和明確。按照斯科特的提法，清晰、簡單化的分類有利於統治者徵收賦稅。獨龍江上游的人每年要承擔兩次納稅，還要被強徵上山挖黃連、貝母等藥材，揹運收繳的貢物、藥材到察瓦龍。完成稅收的前提是轄境內的人口定居下來，然而這種單一的居住模式在獨龍江很難實現，因為在獨龍江可耕種的土地有限，與當地環境相適應的刀耕火種農業產量難以維持定居人口的生存需求。因此，雖然上游地段居住條件比南部下游地區好，且有了定規模的人群聚居點，但是仍然有一部分流動人群在尋找更好的耕地和居住地。察瓦龍藏族領主劃界而治，通過血緣關係為紐帶的家族組織明確土地權屬和承擔的貢賦，將一定的人群與一定的地域綁捆在一起。按照領主的規定，凡在轄境內從事耕種、捕獵等經濟活動都要承擔賦稅，除非他們遷移到遠離察瓦龍領主勢力觸及的地方生活。這樣有可能在一個聚居點上最終形成幾個家族共居的聚落形態，在土地的使用上，各個聚落區域之間有明確的界線，內部各個家族之間延續著傳統的分割。

　　20 世紀 30 年代，隨著貢山設治局的成立，國民政府權力在獨龍江流域的影響越來越大。1939 年在獨龍江下游茂頂（今巴坡孟定村）設立公安局，將獨龍江包括察瓦龍領主統治的上游劃分成 4 個村來管治，推行保甲制度，建立統一的行政組織；當局也曾要求獨龍族人大家庭分解成小家庭來居住，但是原來以家族為基礎的村社頭人制度仍然存在。公安局的設置，其一可以在南部鞏固邊防，阻止英國人進一步入侵；其二可以和上游的察瓦龍藏族領主爭奪實際統治權。可惜由於經費的問題，一年後撤掉了公安局的設置。1949 年新中國成立後，國家政權下達到獨龍江，新政權沿襲國民政府劃分 4 個村的行政區劃，後經歷了多次行政區劃格局的演變。當地人民公社化運動時期，各生產隊境內的耕地、自然資源歸國家所有，但使用權歸各個公社和生產隊。在生產生活中，公社成員共同勞動、平均分配勞動產

品，猶如過去的家族生活方式。1984 年改為獨龍江區，下設 4 個鄉
（村級行政單位），迪政當和龍元劃歸為一鄉，獻久當為二鄉，孔當
為三鄉，巴坡以下劃歸為四鄉。根據這種行政劃分的人群地理空間，
各地獨龍族人相見以「哪個鄉」代替家族名來稱呼彼此。自 1988 年
獨龍江區改鄉至今，人們還保留著用「鄉」來稱呼不同村落地域和人
的習慣。同時，獨龍江納入國家建設範疇。20 世紀五六十年代，政
府組織一批技術人才，提供耕牛以及犁、鋤頭等生產工具，動員獨龍
江兩岸的獨龍族人開挖水田，種植水稻；另一方面，居住在山腰上的
家戶搬移到交通更便利的江邊居住，形成新的村落。這種以政府為主
導，依靠新開闢的耕地形成的村落，以家庭為居住單位，將原本不同
氏族、家族的人群重新劃分為一個單位，因而淡化了家族的觀念和聯
繫。這在中下游地區的村落比較明顯。

　　20 世紀末，中國政府出臺了退耕還林（草）的政策。2000 年 12
月，國家林業局宣佈正式實施天然林保護工程，獨龍江地區由於其特
殊的區位特點，1,997.2 平方公里的流域面積全部納入保護範圍。
2003 年貢山全縣啟動退耕還林（草）工程，獨龍江鄉是實施該專案
的重點地區。退耕即把過去的火山地全部轉為種樹，以林換糧，國家
給獨龍族人每人每年發放 185 公斤大米，但是 2003 年以後出生的嬰
兒不能享受這個待遇。政策在執行期是固定的，而家庭人口的變化是
動態的，嬰兒出生、女兒出嫁、兒子娶媳婦，都可能使家庭中的人口
出現或增或減的情況。在國家提供的大米數量沒有改變的前提下，人
口的變動給一家人的食物供給帶來新的問題，從而影響家庭關係的走
向。比如，一個家庭女兒嫁出去了，她所得的那份糧食由她的父母來
分配。如果嫁到外地，這份糧食歸她父母；如果嫁在本鄉內如馬庫
村，會分給她三四袋大米（相當於一半）。有的女兒可能不滿意這樣
的分配，從而導致女兒與娘家關係緊張。有女兒嫁出去的家庭一般有

餘糧，可以釀酒或餵牲口，或者借給別人。大米來自滇西產糧區保
山、德宏地區，但是品質難以保證，分到的大米要一年內吃完，過期
了會變質。如果一個家庭的兒子娶妻子又生了孩子，家庭增加了兩口
人，糧食馬上會變得緊張，於是只靠政府發放的大米是不夠吃的，解
決的辦法是要麼用現金去商店買，要麼跟鄰居、親戚家或人少吃不完
的家戶去借，第二年發到新大米時再補還。按照退耕還林的規劃，獨
龍江鄉包括輪歇地和部分旱地共 1.4 萬畝轉為林地，人均退耕面積達
3.7 畝。[42]這種生態保護政策的實施對於生活在雨林地區的獨龍族人來
說影響是巨大的，他們不能再繼續耕種火山地，山地生存經濟面臨著
轉變的趨勢，更重要的是徹底改變了以輪歇地而居的流動生活方式。
與此同時，國家和政府通過扶貧的方式，在海拔低的江邊緩坡上建造
安居房，使一些生活在交通不便的深山中的居民搬遷下來。馬國良告
訴筆者，以前他和其它村民分散居住在江西部岸邊的坡地上，他們的
耕地就在房子周圍，生產生活很方便。2005 年縣民委扶貧專案辦選
在江東部位於公路邊叫馬扒蘭的地方，建了幾排整齊劃一的安居房，
讓他們 17 戶搬過去居住。報導人稱，平時村民都在位於江西邊的自
家地裏幹活，晚上回到家裏吃飯餵豬，早上又過江到地裏，比起以前
的住房，現在的住所功能弱化了，離莊稼地更遠了。[43]

　　對於一些不是行政村的自然村寨來說，居住地一直處於變動之
中。2000 年以後，搬遷的動力來自國家的行政力量，總的趨勢是分
散於各地的小聚居地越來越靠近行政村。行政村設立在村子規模比較
大、交通便利的臺地和緩坡地，同時行政村往往也是形成年代比較長
久的村落，因而還能觀察到按家族為單位居住的痕跡。據報導人李自

---

42 參見李金明：〈生態保護、民族生計可持續發展問題研究〉，《雲南社會科學》2008
　　年第3期，頁81-85。
43 2012年6月29日訪談資料。

才回憶，迪政當行政村所在地冷木當 1949 年前住著 7 戶人家，分別是「科全」、「納瓦才」、「斯日佐」、「邦尼諾」、「當布儒才」、「恰凱爾」、「工美」，這 7 戶人家實際上就是從冷木當大家族中裂變出來的 7 個家族。其中「邦尼諾」家族現在無後代，「工美」家族已經遷到現在的龍元村白來小組。[44]根據雲南大學郭建斌在 2008 年的調查，「斯日佐」家族目前只剩下女性。[45]按照李自才的說法，家族以父系世系來排列，嫁出去的女人的後代不再計算為同一家族的人。換言之，「斯日佐」家族的稱號理論上不會再出現了。整體村落按照聚族而居的格局，家族之間相鄰的房屋並不緊密，通常有園地或者包穀地相間隔。筆者的房東李付屬於斯尤家族，他家的房前屋後全是同一家族人的房舍，即他兩個哥哥、叔叔的房屋；與他們家族鄰近的房屋屬於科全家族的人，兩個家族是姻親，日常生活中來往密切。

　　2009 年國家專門針對獨龍族地區的社會經濟發展出臺了一項政策，中共雲南省委制定了 34 年內實現「整鄉推進」、「整族幫扶」的扶貧發展規劃，規劃中選取全鄉 5 個有特色的村為試點，以發展旅遊業為主，帶動其它產業的發展，最終實現獨龍江鄉獨龍族跨越式的社會發展。在這樣的背景下，最北端的迪政當被選定為生態農業試驗基地與旅遊區北部集散地。[46] 2011 年筆者進入迪政當進行田野調查時，剛好趕上規劃實施的一期工程。按照規劃設計，新的迪政當村分為兩個大的聚居點。一個點在原冷木當小組聚居地，安排 80 戶家庭居住，村委行政辦公樓亦建在此地；另一個點建在距離冷木當 30 分

---

44 2012年7月8日迪政當訪談資料。

45 參見郭建斌：《邊緣的遊弋——一個邊疆少數民族村莊近60年變遷》（昆明市：雲南人民出版社，2010年），頁64。

46 參見昆明藝嘉旅遊規劃設計有限公司、雲南省旅遊規劃研究院、雲南智鼎旅遊規劃設計有限公司編：《貢山縣獨龍江鄉五個旅遊特色村修建詳細規劃》，2009年（感謝迪政當駐村工作隊提供參考資料）。

鐘腳程的熊當村，將安排 60 戶家庭入住。規劃中的戶型分為兩種：一種是 80 平方公尺的旅遊戶型，專門接待高端旅遊探險者，也就是在一個村子裏單獨規劃設計兩三家旅遊接待戶，村民可以先自己報名再進行培訓；另一種是 60 平方公尺的安居普通戶型，供村民自己居住。房屋的設計考慮了獨龍族傳統民居的特色而保留了部分木楞房的結構。由於迪政當村屬於重點建設的民族特色村，主要以 80 平方公尺的戶型為主，在冷木當 80 戶的計劃中，只有 11 戶屬於 60 平方公尺戶型的。當房子修到一半時，由鄉政府領導、駐村工作隊、村委會領導、各組組長和副組長共同協商決定的新房分配方案很快出臺，然後與各個小組成員簽名的協議書一併貼在信息公開牆上。新房具體分配方案如下：

關於迪政當民族文化特色村安居分配方案的通知

村委會、各村民小組：

為了切實落實公開、公正、公平享受迪政當民族文化特色村安居房建設成果，經 2012 年 2 月 5 日鄉政府領導、工作隊、村委會領導、各個小組組長和副組長研究決定，迪政當安居房分配方案如下：

1. 在規劃區內，原先因為建設需要徵用房子地基而搬遷出去或因為建設需要占著農地，經核實，如農戶要原房子地基或農地裏面所建的安居房，給予優先考慮。

2. 分配原則。以各小組集中而不雜亂為原則，將迪政當安居房規劃區分為三個片區，即以馬迪公路延長線停車場（公廁）為界，分為公路南面片區（村委會範圍）、公路北面片區和公路東面片區（電話塔至學校東面範圍）三個片區，按順序

　　稱為一、二、三片區。第一片區集中安排冷木當小組，第二

　　片區集中安排異地搬遷農戶，第三片區集中安排迪政當小組。

3. 片區內的安居房，按 60 平方公尺的為一組、80 平方公尺的

　　為一組，公平、公開、公正抽號決定。

4. 分配後的安居房，在雙方平等自願的前提下要求更換的，應

　　及時告知工作組。

　　　特此通知！

迪政當村委會

迪政當村幫扶工作小組

二〇一二年二月五日

　　上面的分配方案至少考慮到了大多數人的利益，保持原來的村落格局，尤其是本地村民因佔地、墳墓、原地基等因素在分房中獲得了優先考慮，同時村民內部還可以自己協商調換。像筆者的房東李付可以選在原來老房子的位置上，他的幾個親戚亦是如此，他們家族的新房屋位置基本沒有變化。雖然在決定分配的時候，沒有凸顯家族的力量，但是通過協商、爭取、調換等方式得以延續傳統的居住格局。從新村的整體佈局上看，「組」相當於過去的一個自然村，方案中強調以「組」為單位聚居，考慮到了原有的地緣關係和親屬關係，從而最大化地保持了原有的秩序。變動的因素在於遷自遠地的小組，由於來源地不同，重新組建一個社區，比如原居住在獨龍江兩條源流克勞洛和麻必洛沿岸的向紅、木當、普爾共 64 戶 243 人自願抽籤到國家計劃的冷木當和熊當新村居住。從安居房開始動工起，村委領導和工作隊下到深山裏進行思想動員工作，筆者有幸跟著村支書一起到最遠的村子向紅和木當走訪家戶。遠村的人關心的是搬遷後耕地的問題，關於這一點村委向他們保證將會重新分配耕地和柴薪地，並且在新的定

居點附近開挖了幾十畝梯田，解決遠地居民的後顧之憂。

當時由於雨水的原因，安居工程進展緩慢，深山裏的居民還沒有開始搬遷，但可以從新房的設計、佈局等方面瞭解將來的居住模式。政府規劃中的村落佈局，一改傳統按照巫術來定屋址造成的雜亂，形成整潔、統一、美觀而又適當保留傳統的風格。綜觀整個獨龍江流域，隨著建設民族文化特色村工程的展開，新一輪針對獨龍族村民定居化的社會動員又開始了。由於要修建大規模的旅遊基礎設施和居民的安居房，大型的聚居點都安排在沿江兩岸公路直達的地方。原來在半山坡上的馬庫行政村，居民全部搬遷到海拔較低的有兩塊臺地的欽蘭當。當時村委已經搬到欽蘭當，部分村民也搶先在欽蘭當修建簡易房、設立小賣部，與鄰近的緬甸村民進行交易。只是獨龍江雨水多，剛修通的公路不斷塌方，泥石流阻緩了工程進度。我們無法預料在這次大定居運動之後，新村落佈局、設計與新生活方式對獨龍族的人群組合、身份象徵、人群與土地的聯繫將產生什麼樣的影響，因為這是一個動態發展的過程，需要繼續關注他們的生活和文化信息。

早期基於血緣關係形成的家族組織是靈活和鬆散的，家庭成員佔有土地並沒有強烈地排擠外來的新居者。一個自然形成的村落，通常建立在自然環境和族群組合的基礎上，隨著族群和土地、國家力量的滲透，以及族群之間互動的影響而不斷改變。在土地可承載的範圍內，通過婚姻、游耕、收養其它氏族的孤兒等社會關係的重組方式，亦可以從血緣集團轉化為混闔家族共居的村落。但是，非常明顯的是外來統治勢力的滲透。為了增加稅收而採取的瓦解家族公社制度、增加個體家庭的數目，同時允許土地租借和轉換的政策，比起前面所提到的因素，更能瓦解以血緣為紐帶的「克恩」集團，從而使獨龍族社會快速轉向以地緣關係為主的村落社會。問題在於這種邏輯忽略了獨龍江交通和人口的情況，由於路途艱險、交通不便，無論是維西土司

還是察瓦龍領主，都沒有在當地設立權力機構，而是通過扶持和任命地方家族長為他們的代理人，維持基本的社會秩序和協助稅收。後來的貢山設治局本想在獨龍江設公安局，可惜只維持了一年。也就是說，在 1949 年以前，雖然統治者一方面希望打破以血緣為紐帶的家族公社制度，另一方面又不得不依賴父系家族組織維持獨龍江的秩序與統治。在各種政治力量的夾縫中，傳統的習俗和制度一時得以保留，這是獨龍族社會秩序維持的基礎，以往遇到困難互相幫助和互相支持的原則依然有效。在這種情境下，定居的村落生活是由血緣和鄰里關係構成的，並且通過多種內外因素綜合推動產生。20 世紀 50 年代後，隨著新中國基層權力機構的設立，傳統的社會組織力量被吸納和重組，從而失去了傳統的權威作用。國家的定居化政策、戶籍管理、扶貧救濟以及各種名目的發展項目的實施，相比其它力量更能影響和左右傳統村落的生活格局，一些村寨的親屬關係和鄰里關係也由此被重新建構。在急劇變遷的社會中，獨龍族越來越依賴國家的力量獲得生存的新動力。

第三章
交換與分享：獲取資源的途徑

（禮物）有來有往，我們是兄弟和朋友。

——獨龍族諺語

　　各類生活物資的交換與分享表達了人與自然、人與人之間的生存倫理和信念，尤其是獨龍族這樣邊緣、貧困的生存群體。獨龍江東西兩岸是綿延千里的高黎貢山和擔當力卡山，生活在峽谷中的獨龍族人只有翻越了海拔 4000 多公尺的高黎貢山，才能與內地相聯繫。每年 12 月至第二年 5 月雪山封道，獨龍江遂成為與世隔絕的封閉區。區域內的生存群體，一方面通過勞動向自然直接獲取食物和生產食物，另一方面通過不同群體之間的交換或者掠奪來滿足生存必需的資源。本章強調後一種方式中的通過社會交換的形式來滿足生存的需求。人類學常常把食物交換看作一種行為規範，反映「不同等級制度、容納與排斥、界限及跨界限的交流」[1]。以各種方式結成的群體，內部成員之間負有合作、互助、共用的權利和義務。以往的調查資料顯示，作為獨龍江人生活生產中不可缺少的砍刀和鐵斧，是從獨龍江源頭西藏察瓦龍和江尾緬甸北部傳入的。由於具有天然的交通優勢，沿江水南北流動的不僅是鐵製工具等稀缺物資，歷史上還有人、皮貨、藥材、宗教思想等從物品到觀念的流通，獨龍江儼然是一條掩藏在滇藏中緬邊界未被人熟知的交換通道。

1　Douglas Mary. "Deciphering a Meal". In Clifford Geertz. *Myth*, Symbol and Culture. W. W. Norton, 1971.

第一節　交換的類型和特點

因為生存的需要，交換發生於群體內外。獨龍江內部範圍的交換，主要是指氏族、家族之間的交換活動，以及作為一個獨立的民族內部個體之間的各種交易行為。由於南北氣候的差異，導致南部濕熱地帶產竹多，北部海拔高、氣候較冷麻草易生長，最初的交換就是在自然環境的基礎上形成的，即產麻多的部落和產竹多的部落之間的物物交換。1949 年前夕，獨龍江內部人群雖然還能追記 15 個父系氏族名稱，但是由於與游耕農業相適應的流動居住方式，社會的基本單元通常是家族而不是氏族。到了近代晚期，在不同形式的定居化過程中，個體家戶逐漸從大家庭中分離出來。這樣一來，模糊的人群組合的演進模式，為交換提供了多重維度的觀察視角。

一　分享的觀念

在分析交換行為之前，我們先來瞭解獨龍族人神話中的食物分享觀念。大多數獨龍族人相信周圍的山林、河溝、懸崖寄居著各種精靈，它們是這個世界所有事物的主人，因而在開墾火山地、捕獵活動之前必須舉行儀式，以祭祀主管土地和獵物的神靈，確保生產和捕獵行動獲得理想的結果。在獨龍江流域流傳著一則祭祀「幾卜郎」的傳說。「幾卜郎」即是依附在懸崖上的一種邪惡精靈，它喜歡作祟於人，使人生病和遭遇不幸。具體如下：

> 從前，有個叫「朋格印」的人，他把地上所有的人和動物都集中到一起，搞了九天九夜的盛大節日活動。當時缺水，朋格印用九根竹竿接滿了露水，用這些露水煮飯、煮酒和煮肉，供節日活動使用。

到了節日盛會結束那天，酒肉都快吃完了，還剩下一點點，按照老習慣，大家平分，最後有五個人沒有分到肉，心中不痛快，彼此商議好進山去打獵。他們帶著弩弓、毒箭、砍刀，領著狗，背著口糧上山了。到了一座崖子裏面，五個人分了工，四個人在崖子四周堵截，一個人領著狗沿山崖去攆。過了不久，聽見崖頂上狗叫了，像是攆著了一頭山驢，但是半天不見山驢下來。四個人上了崖頂，又聽見崖子下面有驢叫，他們又下來，還是不見獵人和狗，也不見山驢。這樣，根據狗的叫聲，四個人山上山下來回跑了幾趟，一無所見。後來，他們等得不耐煩了，就一塊兒回家去了。

但是，領著狗打獵的這個人始終未見回家。四個人很奇怪，也很不放心，約定第二天多喊幾個人上山去尋找。

這天，有七八個獵人一同來到山崖上，只見天空驟然黑下來，下起了暴風雨，打著響雷。他們聽見崖子裏有人在說話：「你們見到我了嗎？」眾人抬頭，只見崖頂上的草在抖動，不見說話的人。這時，崖子上面又傳來了聲音：「你們見到我了嗎？」下面的人紛紛說：「你到底是誰？我們看不見你！」「我是崖鬼『幾卜郎』，是人變的。現在你們是見不到我了。以後你們當中誰要生病，就把小米和酒給送來，你們吃什麼，就給我抬什麼來。」

這七八個人當中，首先相信崖鬼「幾卜郎」的人是「廷到義榮克演」。人看不見鬼，鬼能看見人。獨龍族人每次殺豬、宰雞、喝酒，都要先祭一祭「幾卜郎」，有病有災的時候，更要祭它。「幾卜郎」對人危害最大，大家都怕它。[2]

2　轉引自蔡家麒：《藏彝走廊中的獨龍族社會歷史考察》（北京市：民族出版社，2008年），頁159-161。

　　這則神話包含三層含義：一是盛宴的舉辦者是「朋格印」，他的身份在文本中沒有說明，但是能夠舉辦盛宴者應為地方領袖或者富有者，只有他們才有召集眾人和提供酒肉的能力；二是分肉不均導致一部分人上山捕獵補充，也就是說肉是獵人從山上捕獲而來的；三是崖鬼「幾卜郎」是上山的 5 個獵手之一變成的，由於它分不到肉內心充滿怨氣，所以人們有酒肉吃時，要先向它獻祭，以免招致不幸。根據當地報導人的解釋，會害人的精靈稱為鬼，並通過講述崖鬼的傳說強調了遵守分肉習俗的重要性。這就是獨龍族人分肉習俗的由來。肉富含蛋白質，過去糧食短缺，並不是每家都能養豬養雞，即便養得起，通常也要一兩年才能養大，所以日常生活中吃到的肉主要來源於山上捕獲的山羊、麂子等獵物。因此，分享是非常重要的社會調節手段，缺少了分享，就會招致崖鬼作祟，從而影響人身健康和安全。在食物稀缺、生產能力低下的社會裏，「幾卜郎」的信仰因而成為有關狩獵、食物分配的操控機制，分享的原則也才得以實現。

　　在北部的村落，1949 年以前，每年秋收完成後到年節期間，一些富人和村落頭人從察瓦龍等地購買牛，邀請所有村民參加，在廣場上舉行盛大的祭祀活動，主要祭祀天神「格孟」和各種精靈，以祈求生產豐收、捕獲更多的獵物。在這個活動中，除了祭祀和跳舞慶祝，最重要的是宰殺用於祭祀的牛，留下頭腳和內臟，用於當場的宴席，其餘的肉切成碎塊，用竹簽串起來，平均分給每一個人。這種儀式活動，獨龍語稱為「投榮哇」，意為所有人集中起來剽牛祭天。這是一種分享食物的特殊表現，舉辦者既是組織者，亦是肉食提供者，他因此而獲得社會威望。法國學者施蒂恩借用利奇的儀式語言概念，解釋了儀式中牛肉分享的行為，放在滇西北地方族群政治視野中理解，指

出殺牛並分享其肉是當地權利和財富的表達方式。[3]人類學民族志研究表明，在氏族社會中，這樣慷慨地舉辦盛宴活動，通常是獲得社會地位和聲望的一種途徑，具有凝聚群體、修複道德缺陷的政治意義。對於獨龍族人來說，上述兩個事例表明了交換行為中重要的原則，即分享的觀念是與各種交換實踐相互交織、互為前提、難以分離的社會事項。或者說分享的觀念和實踐與群體生存和社會秩序穩定緊密聯繫，這是本章所要揭示的。

在當代社會生活中，由於政府採取了生態保護的政策，村民到山林中狩獵受到禁止，跟狩獵有關的儀式和技能也沒有幾個人能掌握，特別是在新中國成立初期受到壓制和禁止，傳統的「投榮哇」祭祀儀式已經失去了原有的文化和社會意義。但是，農村的獨龍族人依然保留著分享的觀念和原則，通常娶進一個媳婦時，男方要送一頭牛或者整頭豬給岳父母，這些肉後來分解成小塊，贈送給村裏的每一戶，其中至親會分得多一些。同樣，女方家親戚回贈的禮物，由男方家平分給其村裏的親戚和鄰里。例如，第二章我們提過婚姻過程中彩禮的交換與分配。

沿著獨龍江支流麻必洛東岸的木當村，翻過橫斷山脈，進入怒江峽谷西藏察瓦龍鄉紮恩村，這裏生活著以獨龍族為主，與藏族、傈僳族共生的村落群體，村民一直保持著過藏曆新年宰殺犛牛分肉共用的習俗。2012 年下旬，筆者與紮恩村民度過了一個難忘的藏曆新年。在獨龍族，每家都要有肉吃才算過年。因此，過年的前一日，按照習俗各家各戶屠宰養了兩三年的豬，有的家戶宰一頭黃牛，以保證足夠享用。當各家忙完自己的事情以後，在村主任的帶領下，村裏所有男

3　參見〔法〕施蒂恩著，周雲水譯：〈缺少的分享：喜馬拉雅東部（中國雲南西北部）作為「整體社會事實」的分享的儀式語言〉，《青海民族研究》2009年第3期，頁23-33。

子一起在河溝邊宰殺一頭老犛牛，這是村委出資 5000 元從村民手中買來的，牛肉並沒有當場分掉，而是存放到文化室——每個村設有的用於跳鍋莊舞和聚餐的房屋。在 10 天的年節活動中，集體跳鍋莊舞和聚餐是主要的活動事項。聚餐分為兩種。一種是在文化室內，由村委組織人員做麵食、煮牛肉，然後所有村民帶著飯碗聚到文化室裏，一些年輕的小夥子和姑娘當志願者給其它人撈麵盛肉，小孩和老人優先受到照顧，他們吃飽了，其它人再吃，最後先吃好的人又給志願者盛麵打肉湯。所有人都吃好後，剩下的藏拉麵和肉湯各家平分帶回家。麵粉和用來做藏麵的雞蛋由各家提供，肉湯裏煮的是犛牛肉，一直吃到年節結束。聚餐中表現了人與人之間的互動、分工與合作，場面熱鬧而不失秩序。另一種是在廣場上，所有村民圍成圈，將各家自帶的麵食和煮熟的肉放在樹葉上彼此分享。在分享的宴席上，整個村子的人就像一家人，按照他們的說法，這是團圓的會餐。

紮恩村民聚在廣場會餐，但經過現場觀察後發現一個家庭構成一個單元，家庭成員和親近的親屬聚在一起，人與人之間坐的距離越近表明其關係越親密。也就是說，分享首先建立在親屬群體之間。周期性的年節聚餐活動，因其特殊的時間和地點，無疑是再生產了傳統的互惠、分享的價值觀念，具有重塑村落共同體的作用。

筆者在獨龍江迪政當村的房東提供了相關的信息。本書第二章也提到，過年期間，李付和他家族的成員（即叔叔、哥哥及其它家人）一起到屋外聚餐，分享各自家裏帶來的酒肉，所有人一起吃火鍋、跳鍋莊舞等。獨龍江現在沒有剽牛祭天的儀式活動，因而缺少了全村人一起聚餐分享食物的情景，這點與西藏紮恩村不同；但在年節期間，家族範圍內有聚餐活動，這點與紮恩村是共同的。

日常生活中，獨龍族沒有獨吞稀缺食品的習慣，肉食的分享作為一種社會慣例和觀念得到人們的監督。過去，一戶人家殺豬、殺牛，

或者捕獲到野獸，全村寨的人都有份。一般把頭部、頸部、臂部和腿部、瘦肉和骨頭、腿腳肉以及五臟六腑分好，切成小塊，用竹簽串好，樣樣齊全，送往各家各戶，獨龍語叫「夏休」（「夏休」指的是現成的新鮮的肉），有親戚關係的要送一塊大腿肉，以示尊敬。報導人都裏說，「獨享者會被人唾棄、鄙視」，在一個彼此依賴而生存的社會中，人們非常在意別人的看法，大多數人的輿論起到了社會控制的作用。但是，這種分享的意識和分肉的習俗是在特定的社會背景和經濟條件下產生的。1949 年以前，在生產和消費中，家族或者在家族血緣基礎上建立起來的村落「克恩」是基本的社會單元，內部成員之間關係親密，土地和食物都是共同佔有和支配的。與現在情況不同，豬、牛宰殺是為了祭祀某個神靈，而不是為了其它經濟原因，也就是說肉食的分配與儀式活動聯繫在一起。同時，分享食物的行為，實際上起到了群體凝聚和團結的作用，有利於維護群體成員之間親密的合作互助關係，這樣才能在殘酷的環境中生存下來。當氏族社會受到外部更大社會經濟體系影響時，出現了財富的私有和社會分層，一些生活貧困者往往利用傳統的「分享慣例」要求富有者救濟他們。這種行為在殖民時期的東南亞農民社會中很普遍，正如斯科特提出的「生存倫理」，使得富者背負著幫助窮親戚的義務和責任，這就是「農民的道義經濟學」。這些例子表明，傳統的分享觀念已融入獨龍族人及其鄰族人的日常生活中，這既表現在重大節慶活動中，也體現在日常交往行為中。

簡而言之，肉食和其它食物的分享在傳統獨龍族社會中具有重要的意義，在生活中分享是「總體呈獻」的，包括食物在內的生活物資以及勞動、精神信念、苦難的經歷等多方面的分享。上述年節聚餐的例子表明，分享的觀念和實踐是與親屬體系、生存環境相關聯的。在各種形式的交換過程中，分享的觀念影響和制約著交換者的抉擇。當

分享成為社會成員必須遵循的慣例和制度時，分享的觀念可能成為一些人操控交換行為的符號資本。

二 交換的形式

交換不僅存在於親屬共同體成員之間，還發生在同個區域各村落之間，甚至還存在於與外部大範圍的族群和國家之間。清代餘慶遠撰寫的《維西見聞紀》一書中，最早記錄了怒江西岸操藏緬語的邊地土著與官府（土司）進行的山藥與鹽糧交易之事：

> 雍正八年，聞我聖朝已建設維西，（怒子）相率到康普界，貢黃蠟八十斤、麻布十五丈、山驢皮十、麂皮二十，求納為民，永為歲例。頭人聞於別駕，別駕上聞，奏許之，犒以砂鹽。官嚴諭頭目，俱約其下，毋得侵淩。邇年其人以所產黃連入售內地，夷人亦多負鹽至其地交易，人敬禮而膳之，不取值。[4]

本書導論中已經說明了怒江西岸操藏緬語言的怒子，包括俅子——獨龍族的先民，而這段話提出了早期俅人與土司頭人以物易物的交換模式，並且在官府的約束下強調以贈送禮物的方式來交換，並不注重物品本身的價值，而是以有易無。作者有美化官府和外地商販行為之嫌疑，不過也說明了當地物品交換遵循人情和地方禮俗。交換本身關聯著人與人、人與物的聯繫。與經濟學不同，我們關注的不僅僅是作為商品的交換對象，而且也要考察交換行為背後的邏輯——交

---

4 轉引自方國瑜主編，徐文德、木芹、鄭志惠纂錄校訂：《雲南史料叢刊》（第十二卷）（昆明市：雲南大學出版社，1999年），頁65。

換者（地方群體）的人際關係和文化原則。本書將交換視為獨龍族人社會生活的一部分得以生存所不可或缺的動力來源之一，同時亦受到獨龍族社會內外的政治、經濟、文化情境的影響。依據不同的時間、空間、人群和交換對象，可以劃分為商品交換、禮物交換和勞力交換。這種劃分只是為了分析之便，實際情形更加複雜和多樣。

早期的交換通常以物物交換的方式進行，獨龍江地區生產的食物不足以維持人口增長的需求。每年春末高山上的雪融化後，獨龍族人就背著山上挖來的黃連、貝母等藥材以及野獸皮、麝香等物品翻過高山到達怒江西岸，找到「朋友」與之交換（而他的朋友有義務提供食宿），待換得需要的糧食、布匹、鐵刀等獨龍江沒有的東西後又翻越高山返回獨龍江。在饑荒季節，依靠「朋友」之間的走訪獲得包穀、青稞和小麥等糧食。從調查資料看，與外部族群和統治者交換，包括獨龍族人與藏族、納西族土司間的納貢和交換，以及與漢族、納西族、怒族和傈僳族等民族之間的交換。每年 6 至 12 月是獨龍族人與外界交換的時間，通常是土司管家、邊地夷人小商販馱運著獨龍江稀缺的生活物資來交換。按照土司規定，管家進來收稅和交換時，地方獨龍族人有承擔管家吃住的義務，而那些小商販要在他們的獨龍族「朋友」家食宿和交換。這個「朋友」是交換過程中非常重要的中介，或者叫交換夥伴，獨龍語用專門的術語「本南」來稱呼。在與外族商人和土司交換時，雖然是以實物來交換，但隨著交換的頻繁，逐漸產生了物品的價格，這種價格也以實物來計算，價格的高低由交換者背後的社會地位和權利來定，而不是由市場規律來決定。到了1949 年前夕，獨龍族進行交換的價值形態已發展到一般價值形態階段，一般價值形態的標準為「郎」和「莫尼」，二者皆以實物計算。[5]

5　參見李金明：《獨龍族原始習俗與文化》，《民族文學研究集刊》（13）（昆明市：雲南社會科學院，1999年印行），頁252。

如獨龍族人編的竹盒或者背籮為稱量工具，1 個竹盒或 1 個背籮為 1 「郎」，5 個竹盒或者 5 個背籮為 1「莫尼」，1 張麻布毯等於 1 郎砂鹽，1 袋貝母（約 10 公斤）等於 1 莫尼砂鹽。這種計算單位只有在地位不平等的體系之間如察瓦龍領主換取獨龍族的各種物品時才使用，獨龍族內部不用這種交換單位。

來自普爾的報導人咕嚕回憶，在土司統治的時代：

> 那時候，我們這裏由察瓦龍連布[6]管轄，連布的管家帶人帶槍每年來收稅兩次，就是在冬天大雪封路之前和夏天雪化之後。他們來到村子後，村民要提供吃的費用和住所，送雞、豬肉和粑粑、米酒等好吃的東西給他們。夏天到時，我們要準備好藥材、刀、雞、豬肉、麻布作為貢物，等連布的人來時上繳給他們。那時候我們經常缺糧，沒有吃的時候，很多人去察瓦龍買糧食吃。記得四鄉（巴坡及南部村落）用兩個成年人換了察瓦龍連布的 4 頭黃牛，連布管家除了收稅，還帶著砂鹽、麻布、鐵刀、土鍋跟我們交換。一張獨龍麻布毯換 10 提砂鹽，一袋「榮」（漁網編成的袋子）換 2 提砂鹽，大約 50 根麻線換得 2 提砂鹽。約 1 斤的貝母換得一把砍刀。身體強壯、運氣好的人一年可以挖到 10 斤左右的貝母。20 世紀 50 年代初，解放軍從察瓦龍翻山過來，開始我們不知道是不是解放軍，很害怕會不會抓我們，見到我們後他們自己介紹是解放軍，還請我們村裏人幫他們背行李，做嚮導去緬甸那邊劃國界。解放軍到了以

---

6 「連布」在雲南地方文獻裏用來指稱西藏察瓦龍藏族土司，原為獨龍語，指土地的主人、管理獨龍族人的藏族領主、莊園主等。原察瓦龍一帶的富農、領主向拉薩噶廈地方政府賄賂，取得擔任協傲的官職，管理察瓦龍一帶和獨龍江上游地區。下文中出現的連布，皆為此意，不再作注釋。

後，叫我們不用把貝母送到察瓦龍連布那裏，這以後獨龍江也有商店，我們才開始認識到錢，拿錢可以買得到衣服，每一個村都有一個商店。[7]

　　咕嚕家住在迪政當村北部麻必洛東岸，從他的回憶中筆者發現有幾條當時發生的有關交換的線索。一是繳稅的同時亦進行其它物品的交換，存在一個「提」的計量單位。提是由粗木削製而成的如茶杯子狀的盛物工具。筆者在察瓦龍棨恩村調查時，發現這種工具目前還在使用。其高 19 公分，底部直徑 8 公分，主要用於盛麥粉、包穀粒。二是還有人口（奴隸）換牛的交易，與牛交換的人被稱為「蘇德波」，意為沒有人身自由的奴隸。三是在饑荒年時，獨龍族人到察瓦龍藏族人那裏買糧食吃，或者給農莊打工養活自己。來自另一條支流克勞洛西岸南代的小斯今年 30 歲，他記得小時候糧食不夠吃時，父親就帶著他到西藏察隅日東一帶買糧食。[8]從物資的運輸距離看，迪政當一帶距西藏察瓦龍更近，因而在貢山到獨龍江公路還沒修通之前，獨龍江北部獨龍族人與西藏察隅、察瓦龍的藏族人保持著密切的來往。而傳統的交換以物物交換為主，這點在咕嚕的回憶中提到，解放軍來了之後他們才懂得用錢購買衣服。

　　獨龍族人在對外交換中，主要以地方的名貴藥材（如黃連、貝母）以及具有地方特色的藤竹編織物作為特產向土司納貢，或者作為商品與外地商販交換生活需要的物資，如土鍋、木碗、毛毯、珠鏈、鹽、紅線、砍刀等。這些名貴藥材，獨龍族人本身並沒有消費和使用，而是作為稀有資源交換到內地市場，經過加工成為新的商品。獨

7　2012年7月6日迪政當普爾村訪談資料（由咕嚕兒媳婦丁秀珍翻譯，她是二鄉獻久當人，初中畢業）。

8　2011年10月20日迪政當向紅村訪談資料。

龍族人自己不能產出剩餘產品用來交換，與外人交換亦是為了生活需要而進行的。

　　因此，通過與外地商人交換得到的生產生活用品，在獨龍族人社會內部通過禮物交換形式重新得到交換和分配。一些富有者從察瓦龍交換回牛，用以舉辦稱為「投榮哇」的盛大祭天儀式，將牛肉平均分配給全村每個人。南部一些信仰基督教的村落，每到宗教節日如耶誕節、復活節、感恩節期間舉行盛宴，所有信徒一起聚餐以示慶祝。家庭祭祀儀式往往也是重要的交換場合，一些與人生過渡禮儀有關的如孩子出生取名、結婚、喪葬而舉行的儀式中，同村的親戚、朋友和鄰居帶著禮物參加，表示慶祝、支持或者慰問。每個人都有義務參加親屬、朋友、同村群體成員舉辦的各種儀式活動，並贈送禮物；同樣，每個人都有權接受來自不同關係群體的回贈。這種交換的目的在於家庭之間禮物的「有來有往」，而交換物品本身價值是否對等不是交換雙方關心的焦點。土地成為家庭的私有財產後，可以用來交換其它實物，如前面提到的，一些貧困者為舉辦喪葬、結婚儀式，讓出一塊土地與他人交換獲得糧食、祭祀用的牛肉和豬肉；或者繳不起土司稅，不得不轉讓給他人。參與交換的有水冬瓜樹地、火山地、熟地，甚至園地。危機過後，如果轉讓者想要回原地，只要將原來所得的物品如數交還，土地便可贖回來。

　　除了同村內部成員之間的生活物資和土地交換與共用外，各村落之間也要進行以物易物的交換。交換者以火塘為單位，沒有固定的交換地點，也就是不存在交易市場；對於外地小商的長途貿易也是如此，通常是在「本南」——一種在以「親戚」和「朋友」為血緣和擬血緣關係的基礎上建立的交換夥伴之間進行交換。每年秋收或者缺糧季節，某村的男子經過和家人商量後，背著本家所擁有的各種東西去找另外一個村的「本南」，把自帶的東西送給對方。當遠方的「本

南」來訪時，主人常宰雞煮酒盛情款待來客，晚上還提供住宿；臨別時，主人也會把自家的東西贈送給他，以此達到交換的目的。這種「本南」之間的交換，獨龍語稱為「本南井」，意為朋友間互相往來。在 1949 年以前特別盛行這種交換方式，迪政當的人將從察瓦龍交換來的生活用品，背到南部幾個村的「本南」家進行交換。筆者的報導人特別強調這種交換方式，雙方並不計較交換物品的件數和是否等值，在乎的是以有易無。這樣的交換一年要進行兩三次。

綿延的獨龍江兩岸是獨龍族人生活的家園，各村落之間歷來有不定期走訪的傳統。1962 年中緬北段未正式劃界，對於分佈在國界兩邊的同一家族的人來說，最大的變化在於國家層面上的國籍、族名身份被改變並逐漸固定下來，生活在中國國界另一邊的人被稱為緬甸人。我們在巴坡、馬庫村入住村民家時經常遇到這樣的情景，哪怕另一邊的人與自家有家族聯繫，在向外人介紹時也會說「我家來了緬甸人」。這和國家民族政策隨身份的不同而產生差異是相關聯的。生活在緬甸境內的獨龍人，生活條件不如中國境內的獨龍人。他們依賴來自中國的物資，經常跋山涉水來到獨龍江，走訪親友、購買生活用品、推銷當地特色產品，在親友家住上幾天再返回，而他們並沒有特別意識到這樣來回實際上跨越了兩個國家的邊界。

勞力的交換包括非物質性的交換。當個體家庭從大家庭中脫離出來後，缺少勞動力的問題就凸顯出來。尤其在農忙季節，如播種、除草、收穫期間，親戚之間、同村各家之間建立換工關係，今天甲家幫乙家勞動，明天乙家又反過來幫助甲家，這樣就解決了勞動力不足的問題，這種原始的互助形式，獨龍語稱為「迪裏瓦」。早期處於游耕時，房屋建造簡單，一個家庭就可以應付。定居後則不同了，割草、劈木板、砍木料以及揹運，建房前期的工作就需要很多人力，真正建造的那天需要請人幫忙，通常情況下同村的親戚是潛在的可以幫得上

忙的人。幫忙的同村人，主人不會支付他酬勞，只要提供午餐和煙
酒，有條件者晚上煮一鍋夏辣，與所有參加者一起分享；等到對方蓋
房子時，或在其它方面需要幫忙時再去幫忙。同村的幫忙者如果不是
親戚，幫忙的次數需要計較，在蓋房期間，幫忙的天數和來人的數量
都要記下來，等對方需要幫忙時再如數償還。對於外地不屬於親戚的
幫忙者，主人才會考慮支付酬金，酬金多少按當時勞務價來定。

　　總之，獨龍族傳統社會中的交換形式多樣而複雜，交換雙方從同
一個家族、一個村落內部各家庭之間互惠性的交換，到跨村落擬血親
之間的交換以及跨區域與獨龍江外面的土司及其它如漢族、藏族、納
西族、傈僳族、怒族等族群之間的互動和交換。交換的物品包括生產
工具、生活用品、勞力、食物、精神和服務等，這些紛繁複雜的交換
背後，存在著一個交換邏輯，從而保障交換順利進行。基於交換的這
一特點，交換的目的是滿足生活需要而不是創造資本價值。

三　交換的特點

　　以往的學者通常把交換的物品劃分為商品和非商品（禮物），並
將之對應於不同性質的社會，即階級社會和氏族社會。馬克思指出：
「商品交換是處於相互獨立的交換者之間進行的可異化的東西的交
換。」[9]異化指的是私有財產的轉化。法國民族學家莫斯則通過研究
不同地區人群的禮物交換，區分了階級社會和氏族社會。他揭示出，
在氏族社會交換中存在「物與人的不可分離性」，也就是說在氏族經
濟中，人們對被交換的物品沒有異化權，並提出了禮物交換的「總體

9　馬克思著，中共中央馬克思恩格斯列寧斯大林著作編譯局譯：《資本論》（第一卷）
　　（北京市：人民出版社，2004年），頁98。

呈獻體系」。[10]但是，莫斯研究的目的在於觀察隱藏在物的流動背後的社會結構和契約關係。列維—斯特勞斯在莫斯研究的基礎上，結合親屬制度的研究，提出婦女作為「最高等級的禮物」在不同群體之間進行交換。[11]具體來說，在氏族社會裏，婚姻中婦女交換是氏族間交換勞力的形式之一。

　　遵循上述的理論脈絡，我們來看看獨龍族社會的情形。獨龍族社會到 1949 年前還處於「父系氏族解體階段」，在很長一段時期裏，鬆散的父系家族組織維持著流動的社會，以生產生存所需的物資為主，公共擁有的財富並沒有使權力集中在某一人某一集團，因此整個社會沒有出現明顯的階級分層。社會內部成員之間彼此依賴、合作互助以獲取更多的生存機會，通過互贈禮物達到互通有無的目的，因此發生的交換行為多數具有互惠性質。從這個角度看，獨龍族人生產不出剩餘產品。交換動力之一是源自滿足生活、生產的需求，而不是追求物品的商業價值。理想情況下，所有的生產、生活資料歸全體家族成員共同擁有，交換中的物品具有禮物的性質，並在交換者之間不斷迴圈，沒有人能夠完全佔有它。對於一個新加入的村落成員來說，通過贈送禮物的方式利於建立人際關係，由此而納入村落生活互助互惠的關係體系中；對於同村人而言，通過物品的交換可以確定哪些人是親戚、哪些人屬於朋友或者是其它類型的關係。這就可以提出交換的動力之二，即在於結成人群關係，維繫和增強親戚之間的感情。其它形式的交換亦是在上述原則下進行的。跨村落之間的交換，依據的是親戚和朋友之間的交換模式，因此交換之前先要結成擬血緣關係的「兄

10 參見〔法〕馬塞爾‧莫斯著，汲喆譯：《禮物：古式社會中交換的形式與理由》（上海市：上海人民出版社，2002年），頁21。

11 參見Levi-Strauss, Claude. *The Elementary Structures of Kinship*. Eyre & Spottiswoode, 1969:65.

弟」、「朋友」關係。原則上，跨村落的交換也是在互惠的基礎上進行的，屬於同村落交換動力模式的延伸。但是，正如薩林斯提出的「互惠性交換」觀點，其互惠強弱與交換者所在的距離遠近成正比例關係，同村至親關係之間的交換互惠性最強，而跨村落之間的交換互惠性更弱。

獨龍江各個村落分佈距離相對較遠，勞力的交換通常在同一村落中發生。不同於物品（禮物）交換，相互提供勞力過程中不可能同時進行交換。例如，在某家完成一次勞動之後，需要等另外時間得到勞力的回報；如果是來自異地的人參與勞動，則當天就付清酬勞。遇上饑荒年，到察瓦龍農莊打工獲得吃住的回報就屬於後一種情形。原則上勞力回報的時間不能拖延到第二年，否則就失效了。但是，像蓋房子、結婚、喪葬等場合幫忙的人，則要等到自己有機會或者碰到類似的情形時，才能獲得親友的回贈，這種情況下，回贈的延遲性更加明顯。而且，不同場合贈送的禮物不能混合回贈，要相互對應，如結婚時候收到的禮物，不能在別人舉辦喪葬的時候回贈。交換的物品可以不相同，但交換中的饋贈與接受的時間和情境是受到限制的。婚姻締結過程中，不同群體之間出現物品（禮物）交換，首先是家族之間的禮物交換，結婚新人收到族人的禮物，以及幫忙接待客人、準備宴席用的食品；其次是建立姻親關係的雙方之間的彩禮交換——數次贈禮和回禮的過程。按照獨龍族人的婚姻原則，至少由三個家族構成一個固定單向迴圈的婚姻圈，三個群體之間互相交換婦女，同時也確立了潛在的交換關係。尤其是在勞力方面，雙方承擔著為對方提供勞力的義務。換句話說，通婚範圍越大，能夠依賴的勞力越多，包括各種形式的義務性的幫助也增加。因此，對於一個家族來說，媳婦作為財產具有不可轉讓性；當女人的丈夫病故，除非付出同等價值的彩禮，否則女方不能另嫁或者回到她的家族群裏。

　　獨龍江社會內部成員之間的交換如同莫斯所說的禮物交換，但需要注意的是交換的人群和空間的變數，如第二章所論述的獨龍族人依據血緣、姻親和土地關係分成不同群體，所以不同村落之間的隔閡可能是家族/氏族之間的隔閡。物品的交換和流通有利於打破家族（村落）之間的孤立和隔閡，家族作為獨立共同體擁有對交換物品的佔有。然而，彼此的交換不同於馬克思提出的「彼此獨立人群」之間的「商品交換」，也不完全等同於莫斯的「彼此相依賴」人群內部的「禮物交換」。在獨龍族人的文化邏輯裏，交換意味著彼此擁有的東西重新分配和共用，但前提是只有在親屬、朋友等親密關係群體內部才能實現共用，因而在跨村落的交換實踐中，首先建立擬血緣的親屬體系，彼此負有親屬義務和責任，如盛情招待來訪者、分享彼此擁有的東西。也正因為如此，村落之間的物品交換並不以「經濟利益」為目的，而是通過「親戚」、「朋友」的走訪實現人情的維繫與互惠交換。按照薩林斯的三種互惠模式劃分[12]，表面上看起來，獨龍族社會的交換類型存在隨親屬關係空間距離的擴大其互惠性呈逐漸減弱的趨勢，但是獨龍族人通過建立擬血親的兄弟關係而把成員間的分享和互惠原則擴展到家族和村寨外部的交換過程中，從而消除了因空間距離而產生的互惠障礙。

第二節　內部交換系統與遠距離貿易

　　對於生活物資短缺的獨龍族人來說，交換的目的是為了補充食物生產的不足，獲取本地不能生產的食鹽、衣物和鐵器工具等生存必需

---

12 參見〔美〕馬歇爾・薩林斯著，張經緯、鄭少雄、張帆譯：《石器時代經濟學》（生活・讀書・新知三聯書店，2009年），頁224-225。

品，以及牛肉、斧頭這樣的奢侈品。本節繼續闡述獨龍族人與獨龍江外的互動與交換，通過「本南」交換體系，揭示區域交易中隱藏的文化邏輯，以及由此而再生產出的等級和權利關係。

一 本南：建立在擬血親基礎上的交換夥伴

前文中描述跨村落的交換形態時多次提到「本南」這個術語，該術語是筆者最初在法國學者施蒂恩的文章裏發現的。在文章中，施蒂恩提出「本南」是一種「通過經常交往和互換禮物得到證明的真誠關係」，來自當地的獨龍語，也可以翻譯為「交換夥伴」。施蒂恩認為這個詞很難得到準確翻譯，但是「本南」關係有助於理解滇西北、滇藏中緬邊緣地帶獨龍河谷牛群與奴隸間的交換模式。[13]在獨龍江田野考察中，筆者通過跟不同村落的人訪談，瞭解到更豐富的相關信息。

冷木當一位名叫「格萊貝」的文面老人，用非常簡潔的話語解釋了「本南」的意思：「表示朋友關係，過去察瓦龍藏族人和獨龍族人結交為『本南』，互相交換東西。」[14]在與她相距兩公里處的獨龍江東岸山腳下，嚮導帶著筆者認識了一對90多歲的夫婦。老爺爺叫「阿崩」，排行老大；他妻子是一位文面女，叫「金奈」，排行老四。金奈是迪政當一帶為數不多的懂得文面技術的老人，曾為法國學者施蒂恩現場示範過文面技術。他們的人生經歷了許多苦難，老了喜歡居住在偏僻的地方，而不喜歡生活在大村子裏。他們的兒女多次勸說其搬遷均無果，於是架了水輪發電機，至少讓老人有照明工具。兩位老人相

---

13 參見〔法〕施蒂恩‧格羅斯著，尼瑪紫西、彭文斌、劉源譯：〈19-20世紀滇西北鹽、牛及奴隸的交換與政治〉，羅布江村編：《康藏研究新思路：文化、歷史與經濟發展》（北京市：民族出版社，2008年），頁107-115。

14 2011年10月13日訪談記錄（李林高翻譯）。

依為命，不愛看電視。他們白天到地裏看看，隨便割點豬草回來；晚上守著火塘，困了就睡覺。老人們平日安靜得像大山一樣，但是對待來客卻十分熱情，把家裏好吃的雞蛋、洋芋、米酒都拿出來招待。在聊起過去的經歷時，他們提到對「本南」的理解：

> 過去獨龍族人糧食不多，不夠吃的時候，要到察瓦龍去交換，交換來回找到了「本南」。在「本南」之間，沒有固定的東西作為交換物品，有什麼換什麼，有多少換多少。察瓦龍來的連布，從北沿著獨龍江順流而下，遇到村子就和他的「本南」交換東西，到下游最後一個寨子時，他找了幾個獨龍族人，替他揹運到察瓦龍家裏。背夫得到的酬勞是糧食、鹽巴和生活用具。一旦和察瓦龍藏族建立了「本南」關係後，家裏缺什麼，可以向他要，藏族「本南」會送給你。比如，釀酒用的土鍋就是他們送的，現在還有很多家庭使用這種土鍋來熬酒。[15]

　　從以上三位老人提供的信息來看，「本南」應該是一種朋友關係，察瓦龍藏族人與獨龍族人利用這種關係進行貿易。前面提到的咕嚕老人也認同「本南」是朋友關係的解釋，他還強調了這是一種彼此熟悉的老朋友關係。

　　而曾國良老人對「本南」一詞有著更深刻的理解，因為他的祖父輩就有過和外地的人建立「本南」關係的經歷。老人現在 80 多歲了，熟知地方歷史和習俗，曾經到過昆明、北京等地參觀學習，七八年前法國學者施蒂恩到訪時，他作為信息報導人，提供了很多有關地方社會歷史方面的信息。

15　2011年10月22日訪談記錄（李林高翻譯）。

「本南」與獨龍族人淵源很深，簡單而言「本南」是客人的意思。以前我們這裏交通不便、生活困難，通過建立「本南」關係互相幫助，饑荒時，互相救濟渡過難關。「本南」關係，可以說是彼此互相尊重的交換夥伴。跟現在的買賣不一樣，現在的人買賣交易，一分錢一分貨，不多不少，按價格來算。「本南」之間的交換則不同，一方送來物品，另一方也要回送物品，不論送的東西是否等價，多數時候是不等價的，因為雙方彼此是好朋友，不會計較。在過去那種生活條件下，「本南」的意義很大，可以解決很多現實問題，比如吃的糧食和播種的種子，可以通過「本南」關係從外地引入獨龍江。我們的祖父曾經和察瓦龍的人建立了「本南」關係，與他們互相交換東西。察瓦龍的人揹運糧食和鹽巴到我們祖父家中，我們的祖父又將鹽和糧食揹運到中下游各村的「本南」家，和他們交換。「本南」是獨龍江地區通用的術語，但是迪政當一帶的人更習慣稱「恰冉」。獨龍族內部也有「本南」關係，迪政當麻必洛的人背著麻線到下游各村找「本南」交換大米、小米等食物。現在很少人說「本南」這個詞了，因為生活條件的改善，吃穿基本不缺，跟察瓦龍藏族的來往也不多了。[16]

迪政當村的人以前除了和察瓦龍藏族建立「本南」關係，還和貢山丙中洛怒族建立了「本南」關係，有些是同屬於一個氏族的親戚，來往親密。在筆者調查期間，來自丙中洛的怒族人新農村建設駐村工作隊吳隊長說：

---

16 2012年7月6日訪談記錄。曾國良老人聽力不好，多虧時任村支部書記的兒子陳記親自翻譯溝通，才完成了訪談。

「本南」，指互相結為一種朋友關係，一旦兩家結為「本南」，
世代相傳，就形成像親戚一樣的關係。一個村只有一個「本
南」，我的祖父和陳記的祖父曾是「本南」，在察瓦龍龍普村也
有我們的「本南」。建立「本南」關係，方便來往，見面時互
相交換禮物。[17]

　　63歲的老孟住在南部的巴坡村委所屬的孟定小組。他說：「『本
南』，是用來形容最好的朋友關係，不過現在很少用這個詞語了，現
在常用『拉木榮』來表達。」[18]巴坡老人約翰是獨龍江最早的基督教
傳教者之一，20世紀50年代因與嫌疑犯約翰同名而被冤枉並被抓，
直到80年代才放回巴坡生活。在他的記憶中，經常有傈僳人說是
「本南」（朋友）吃住在他家，有時主人不在，傈僳人也自己開門找
吃的並留宿過夜；還有緬甸的親戚，到中國買糧食、衣服等生活用
品，常在他家住一天或幾天再回去。[19]在更南部的馬庫村，報導人吉
壬說：

　　全稱叫「本南帕」，是來自遠村的人來和我們建立一種友好和
互助的關係。「本南」與客人不同，客人獨龍語叫「佳勒」，指
的是遠方的偶而來訪者，如你們來這裏調查住在我家，就可以
說是「佳勒」。「本南」是經常性來訪的人，我們有接待他們的
義務；當我們去他們村時，也受到同樣熱情的招待。比如你們
也看到了，我家這幾天來了緬甸人，天晴的時候，他們每天都
過來，到巴坡或者鄉政府買東西，路過這裏到我家休息、吃

17　2011年10月8日迪政當田野調查筆記。
18　2012年6月18日（組長迪志高擔任翻譯）田野調查筆記。
19　2012年6月22日巴坡訪談記錄。

住，然後再回緬甸，他們都是緬甸木克甘村人，其實是我們家
的親戚，以前遷過去的。一些不是親戚的人第一次過來，會送
一塊山上打的獵物肉塊，或者送一個藤篾編的籮筐，我們則提
供茶水、飯菜和住的地方。[20]

綜合以上信息，「本南」一詞在獨龍族社會包含以下幾個要點：
第一，「本南」關係是一種在對外交換中，在擬血緣基礎上建立的彼
此互為依賴、友好、持續的交換夥伴，雙方有親戚般的義務和權利。
第二，強調了「本南」之間的交換與現代貨幣商業交換的本質區別，
「本南」交換強調互惠性，以互相贈送的方式交換物品。第三，「本
南」關係的建立，除了本族群內部，在本族與外族、獨龍江內部和外
部之間都有「本南」這類中間人。第四，「本南」在交通不便、生活
困難的年代發揮著食物再分配、物品流通等重要的疏通作用；同時，
「本南」雙方在將獨龍江納入更大的經濟體繫時成為不可或缺的中
介。另外，不同的互動交換體系包含了獨龍族內部的互動，北部村落
與察瓦龍藏族、貢山丙中洛怒族之間的互動，南部村落與傈僳族、緬
甸獨龍族人之間的互動，這些不同層次的交換和互動，能讓獨龍族人
在食物資源稀缺時有效地得到食物的補給；與此同時，「本南」在滇
藏中緬邊緣地帶將各地人群納入區域政治、貿易交換體系之中。

二　獨龍江與周邊的貿易交換體系

人群在獨龍江南北遷移流動，隨著各種層次的交換互動，儘管有
高山阻隔，獨龍江與外部的物品、人口交換以及相伴隨的文化交流像

---

20 2012年6月24日馬庫獨都訪談記錄（信息提供者吉壬，丈夫是上門到獨都的麗江漢族
人）。

流淌的江水，從未停息過。總體趨勢是這樣的：北部喇卡達一帶的村民與西藏察瓦龍地區的藏族人、獨龍族人交往，以麻布、竹藤器、麝香、熊膽和貝母交換鹽巴、陶鍋、青稞及包穀等，南部日梅邦一帶的村民用麻布、食鹽和衣被等與緬甸境內的獨龍族人交換竹藤器、背繩和牛等物。由此形成一條從北部獨龍江源頭到江尾的貿易網路，通過交易將牛、鹽巴、鐵器工具和羊毛製品輸入獨龍江境內，這些對於獨龍族人來說屬於稀缺物品，能夠為獨龍江境內的社會結構、文化權利提供動力之源。下面主要考察獨龍江及周邊族群的貿易交往情形。

獨龍江的峽谷地形和多雨的氣候條件，並不具備規模化養牛的條件。夏瑚所說的「曲牛」，即我們今天非常熟悉的獨龍牛，雖然有生長快、適應性強的特點，但它一般生活在海拔 1500 至 3800 公尺茂密潮濕的叢林之中，難以尋蹤，其實與野牛無異，只有通過定期喂鹽的方式逐步馴化，即便如此，獨龍牛仍難以被趕下山飼養。過去獨龍族能捕獲這種野牛者被認為是勇猛的獵手，可獲得極高的社會聲威。其主要原因在於牛肉比一般獵物提供的營養蛋白質多，它的肉皮可拿來與察瓦龍藏族人交換鹽巴，它本身也是非常難以捕捉到的稀缺品。今天，由於全世界獨龍牛的數量不超過 4000 頭，早已被列為國家一級保護動物，禁止捕殺。早期獨龍江農業生產以刀耕火種為主，養牛或者購買牛並不是用於耕地，而是用來祭祀天神格孟和各種神靈，並以此和所有人一起分享。牛在獨龍江文化中具有重要地位，是獨龍族社會中最高級的社會符號。也就是說，牛在獨龍族人傳統社會中的意義在於祭祀和舉辦全民共用的宴席。獨龍族人與普理查筆下的努爾人以及哈里斯筆下的印度部落不同，但是在牛及牛肉為維繫族群內部的穩定性提供政治文化價值方面是一致的。其原因在於，獨龍江本地不飼養牛，無法滿足群體生存所需的營養食品和宗教祭祀的需要。其實，不論什麼類型的牛，對於獨龍族人來說都是社會地位和財富的象徵。

一些男子娶妻時，以牛作為聘禮來顯示榮耀。這就使獨龍族人向獨龍
江外購買牛有了動力，它既滿足食物營養的需要，也有社會地位、文
化表徵的作用。

　　獨龍江以北源頭與察瓦龍交界處有一片廣闊之地，有海拔 4000
多公尺的天然牧場，是獨龍族人鄰近的藏族農奴主的放牧之地。根據
地方文獻記載，雍正五年（1727 年），怒江以西的桑昂曲宗所屬的左
貢、冷卡、悶空、昌易、察隅五處劃歸為西藏格魯派（達賴喇嘛）的
香火地[21]；西藏地方政府噶廈冊封地方頭人為協傲，管轄其境，在地
方實行政教合一制度，社會分層明顯。土地、農奴和牛群由喇嘛寺僧
侶、領主佔有，無地者、貧農和從鄰近交換、搶擄來的奴隸依附他們
生存。紮恩屬於悶空協傲管轄，食物的生產方式以半牧半農為主，也
在半山腰林地採用輪歇式的刀耕火種，這裏飼養了黃牛、犛牛、犏牛
等各種牛，耕地上種植青稞、小麥和玉公尺為主的作物，但土地和牛
群皆為富有農莊主所佔。悶空西北的察隅地，據清末川滇邊務大臣趙
爾豐屬下程鳳翔的調查，雜隅（即察隅）「草地風俗重交易，不重售
賣。雜隅土產以黃連為大宗，悶空之處巨賈，常赴滇邊購辦銅鐵器
具，來易黃連、麝香等物」[22]。悶空為舊察瓦龍地區的政治中心，也
作門工或者米空，皆為藏語音譯。從文獻上看，此地的藏族富商和滇
西北商人早有貿易往來。悶空西北部的察隅所處盆地、氣候溫和，到
民國學者左仁極前去調查時，沃地開墾成良田，察隅成為「西康唯一
產米區」。

　　雜瑜（雜隅）為純粹農業區域，農產品以水稻為大宗，茶葉次

---

21 參見平措次仁、陳家璡主編：《西藏地方志資料集成》（第二集）（北京市：中國藏
　　學出版社，1997年），頁8。

22 同上，頁10。

之，小麥、青稞、黃豆等又次之，其它豆類及各種蔬菜亦應有
盡有，尤以野生藥材及鹿茸、麝香之產量為多。該地所產米
稻，除小部供本地食用外，其大部遠銷於鹽井、察瓦絨、昌
都、德格、玉樹等地。

一般所稱之雜瑜區，在經濟方面觀察，並不限於本區，其附近
該區西、南兩部之珞瑜地方，一般野人之狩獵品（茸、香、皮
類）均攜至雜瑜，以調取所需要之食鹽、茶葉、銀耳環、佩刀
等物。而珞瑜之若干地方漸趨藏化，從事農業，雜瑜協傲並可
支配其負擔賦稅，及官吏所攤派之商品。

近來國內海口為日寇封鎖，一切舶來品來源稀少，價值高漲。
滇西阿墩子及察瓦絨等處商人資本略厚者，則購香茸類及其它
藥材；資本較少者，則購買羊皮，雇請力夫背負貨物口糧，均
沿薄藏布江（土人名為珞曲）運至印度交界之奪拉貢售賣，並
購毛織品及香煙、呢帽與（其它）各種舶來品，獲利頗厚。

按桑昂曲宗及左貢屬之一部，一般稱之曰察瓦絨，居民則稱之
曰察瓦絨巴。其人性喜經商，故雲南西北部與康定、昌都等
地，處處皆有察瓦絨巴之莊號與騾幫蹤跡。門空一帶，富商尤
多，且多與滇商有感情，在康定貿易之察瓦絨巴，則全部加入
滇商集團，視如同鄉。故凡滇商赴察瓦絨各地經商，頗受當地
人士所歡迎，不惟進出無阻，縱令發生困難，亦多得土人之協
助。[23]

20世紀初，受邊疆危機影響，民國政府成立蒙藏委員會調查
室，上述這段材料來源於調查員左仁極的《昌都雜瑜調查報告》。材

---

23 左仁極：《昌都雜瑜調查報告》，王曉莉、賈仲益主編：《中國邊疆社會調查報告集
成》第一輯（桂林市：廣西師範大學出版社，2010年），頁49。

料粗略地勾勒了以雜瑜與悶空為核心的一個廣闊的貿易網路，它不僅連通了印度以及中國西藏、青海、雲南和四川之間的貿易路線，而且通過森林產品與食物、鐵器工具的交換，把位於印度、緬甸和中國交界處廣大的森林地帶（即俅夷地、珞域、野人山）的採集與狩獵者納入了世界經濟體系。筆者在紮恩看到了村民收藏的清代鑄造的銀子，據說是紮恩連布（包括領主、土司）一些沒來得及處理的銀子被倉促埋在地裏後在20世紀50年代被村民挖出來的。銀子約有3斤，上鑄有「光緒九年十二月，隨州益濟公」幾個字，也證明了紮恩富人與內地的貿易聯繫中有銀幣流通。沿著獨龍江上游西北的克勞洛支流，可上溯到察隅境內的日東河，後者連接薄藏布江。反過來講，薄藏布江下游流入俅夷地，流入雲南境內的支流與俅江（獨龍江）匯流。[24]作為獨龍族人的家園，獨龍江與西藏經河流產生天然聯繫，為兩地人群經濟貿易聯繫提供了便利。

從察瓦龍紮恩村沿怒江南下，進入雲南貢山縣丙中洛鄉。該地原名叫菖蒲桶，怒族最先聚居在此地。18世紀以後，維西納西族土司勢力征服了該地進而進入了怒江西岸俅夷地。1773年，由葉枝土司禾娘捐建，在丙中洛建了喇嘛寺，代理土司徵稅和處理糾紛訴訟2011年8月30日訪談筆記。丙中洛普化寺僧人噶瑪龍渡江出提供信息，原來的喇嘛寺在「文革」期間被毀掉，20世紀80年代，當地政府、信徒、喇嘛化緣合資重建了普化寺。；同時，在當地佔地開荒，播種水稻，成為近現代貢山與察瓦龍一帶產糧區，此後一直是地方政權機構所在地。《徵集菖蒲桶沿邊志》載：「菖屬喇嘛教，係為紅教。前清道光中葉，有西藏喇嘛，名教拱幾者，率領古宗數人，來菖蒲桶轉經，查悉其地肥沃，遂與古宗分地墾荒，建屋以居。後於丙中洛地

---

24 參見胡吉廬編：《西康疆域溯古錄》（臺北市：臺灣商務印書館，1963年），頁56。

方，創修一喇嘛寺。」[25]又據 1956 年社會歷史調查，喇嘛寺占全村耕地面積 34.7%，約占固定耕地面積 40%，占牛犁地面積 40.5%，占水田面積 76.4%。[26]這些材料都證明丙中洛很早就有水稻種植。紮恩村有一座南北走向的岩峰，當地流傳著關於白馬變岩峰的傳說。其內容大概如下：

> 過去，有一位來自拉薩的喇嘛騎著一匹白馬到雲南丙中洛去馱大米吃，路過紮恩村時，天還沒有亮，白馬歇下來喝紮恩村邊流下的河水，突然一婦女半夜起來解手，看見白馬喝水。白馬被婦女發現，一下子失去神性，變成了一座岩峰，從此留在了紮恩。[27]

紮恩的這座岩峰藏語稱為「白瑪戴宗」。據說拉薩也有一座岩峰跟它一模一樣，岩石上刻著經文，深入裏面還有岩洞，只是岩峰險峻，難以攀爬。今天，這座岩峰成為紮恩村民祭拜的山神。白馬變岩峰的傳說除了表達紮恩與拉薩的聯繫之外，實際上也證明了雲南貢山丙中洛與藏族聚居區之間的稻米貿易。筆者在紮恩村過藏曆新年時，看到村民玩一種名為「買土鍋」的遊戲，由不同的人來分別扮演藏族老闆、土鍋製造者（南部龍普松塔怒族、貢山傈僳族）、土鍋。遊戲展現的是這樣一種場景：藏族老闆帶著他的管家和背夫，背籮裏裝著各種禮物，進入怒族村寨。進入寨門後，一群狗（小男孩扮演）圍上來狂叫，村民幫忙趕跑了狗，帶著藏族人到了土鍋製作者家裏。見到

25　《徵集菖蒲桶沿邊志》，怒江州志辦公室編：《怒江舊志》，1998年印，頁141。

26　參見雲南省編輯組編：《傈僳族怒族勒墨人（白族支系）社會歷史調查》（昆明市：雲南人民出版社，1984年），頁47。

27　2011年9月察瓦龍鄉紮恩村訪談資料。

房屋主人後，藏族老闆示意隨從奉上煙酒作為見面禮，主人接過禮物後，詢問來者意圖。老闆表明要買土鍋，但是主人並沒有直接表態；老闆的隨從拿出比煙酒更貴的禮物，主人還是沒有表態；老闆心急了，不停地說好話，最後隨從把所有禮物都拿出來了，主人看了很滿意，才答應老闆的要求。但是，遊戲並沒有到此結束。雖然主人答應了，但扮演土鍋的一群人互相前後抱著腰一字排開，最前面的人死死抓著繩子不放。土司隨從的扮演者費了很大的勁才將一個一個「土鍋」拔出來，拔掉所有的「土鍋」之後才算結束。根據村民的說法，這種遊戲每次過藏曆新年的時候都會玩，而且大人小孩（男的）一起參與，是過年遊戲中的一部分。遊戲過程中，模擬交換的場景，尤其是談價的過程引得觀眾捧腹大笑。而最後拔土鍋時，要靠集體的力量才能完成，可以說是一種智慧與力量的對抗模擬。筆者的興趣點在於土鍋，它原來並非是察瓦龍藏族人所製造的，而是從其它民族手中購買的，現在察瓦龍龍普村還有人懂得燒製土鍋的技術。龍普村是怒江峽谷最北端的怒族定居點，歷史上有族人遷徙到獨龍江北部，成為今天的獨龍族。村民燒製的土陶器皿為褐色夾砂陶，其製陶設備簡單，屬於原始的製陶工藝，但其產品遠銷全縣和鄰縣各地。察瓦龍藏族商人通過和獨龍族人交換，使得這種土鍋傳到了獨龍江。遊戲也展現了察瓦龍藏族老闆通過「交朋友」方式打開交易的大門，這種方式同樣被運用於獨龍族人之間的交換過程。筆者在獨龍江考察時，見到了來自察瓦龍的土鍋。當地獨龍族人主要用它來存放穀類，並將其放在火塘上方的烤架上，防止在多雨季節發黴。當地人說這些土鍋過去用於釀酒和裝酒，不釀酒時當儲糧罐。

民國十九年（1930 年），楊斌銓和王繼先到獨龍江調查邊界問題，他們經過茨開（今貢山縣城所在地）。那時的茨開已經成為怒江西岸滇藏貿易的一個據點：

內居民三十餘戶，漢夷雜處。此處有兩條乾道，一由茨開翻高黎貢山，五日到俅江之茂頂。一順潞江而上，十餘日到西康省屬之察瓦龍。故察瓦龍俅江一帶出產藥材，皆集中於此。貿易以黃連貝母為大宗。茨開有國語學校一所，夷漢學生共有十餘名。問此處漢商俅江一帶糧食情形。據云，俅江人口稀少，該地所產糧食不敷一年食用，俅民每至夏秋，大半以竹筍野菜花充食。由茨開到俅江貿易，華商皆須隨帶糧食等語。[28]

黃連是一種涼性藥材，生長在獨龍江兩岸的高山叢林之中，兩三年可採一次，生長時間越久，其根越大，價值更高。貝母主要分佈於獨龍江北部喇卡達西北面的擔當力卡山，與黃連一樣畏熱喜寒，每年四五月雪融路通之時，周邊的土人結伴到獨龍江挖採，內地漢族商販也進入獨龍江求購。《菖蒲桶志》記載：「有挖得幾兩者，有挖得二三斤者。含水甚重，須二三斤始烘曬一斤。每年六七月間，維西商人運來布、線、茶、銀等，前來換買，名為趕藥會。仍運往內地銷售。」[29]

上面的記載描繪了1931年左右貢山的商貿情形，當時菖蒲桶治所茨開已經形成了「藥會」這種類似土特產交易的集市，其中黃連和貝母是交易的大宗。因而，時間上必須與採藥時間一致，即每年七八月間貝母上市時，滇西商販運來土布棉線等手工製品，與貝母及各種山貨進行物物交換。過了9月後，這些貨品陸續運送到內地，常駐茨開營業者，只有「榮華暢、茂盛源兩號，每號資本不過一二千

---

28 嚴明德編：《雲南北界勘查記》（臺北市：成文出版社有限公司，1974年），頁142。

29 菖蒲桶行政委員公署編纂：《菖蒲桶志》，李道生主編：《怒江文史資料選輯》（第十八輯），政協雲南省貢山獨龍族怒族自治縣委員會、政協雲南省怒江傈僳族自治州委員會文史資料研究委員會1991年刊印，頁41。

元」[30]，在冬春大雪封山期間，商務異常冷落。即便如此，民國中期貢山城茨開已成為滇西北、滇藏間商貿的一個據點。

鹽巴是獨龍族人生活中的必需品，但是這種稀缺品由統治者佔有和支配。貢山一帶吃的鹽巴，係產自西藏鹽井的砂鹽，土司和藏族領主前來收繳貢物時，還兼向獨龍族人放貸鹽巴。比如，他們進獨龍江時，馬馱鹽巴，由夥頭負責強迫獨龍族人購買。很多獨龍族家庭沒有物品可以拿來交換，只能先拿著鹽巴，等下次對方來時再償還，由此形成債務關係。按照楊毓驤的調查，察瓦龍領主春天放4盅（100克多）鹽，秋天收6種物：1張獸皮、1斤黃連、1斤黃蠟、1個籤箕、1個竹筒、1個篾盒等。[31]一些債務無法償還者，責令由人來抵債，這些人成為統治者的農奴。在這種政治權利懸殊的背景下，人亦如物品般進入了交換體系之中。

清代夏瑚的《怒俅邊隘詳情》一文中記錄了「俅夷」地人與牛交易的情況：

> 曲、狄各江，雖不用牛犁地，而以殺牛享眾為榮。（年獲糧食，悉以造飯煮酒宰牛殺豬，約集十站內外親友到家，削丈餘木枋一根，豎立門外，男女分行，鳴鑼亮刀，圍方歌舞，以牛豬酒肉等項，分享眾人或五日，或七日，必將此項分享，酒肉食盡始散。）終歲孜孜，惟在此牛。擦瓦龍、牛廠，即以上江交界，深知各江風氣，遂定以牛買人，每一人黃牛給三條，毛牛只給二條，勒令上江百姓，領牛為之買人，以充奴婢。百姓

---

30 菖蒲桶行政委員公署編纂：《菖蒲桶志》，李道生主編：《怒江文史資料選輯》（第十八輯），政協雲南省貢山獨龍族怒族自治縣委員會、政協雲南省怒江傈僳族自治州委員會文史資料研究委員會1991年刊印，頁48。

31 參見楊毓驤著《伯舒拉嶺雪線下的民族》（昆明市：雲南大學出版社，2000年），頁61。

畏其霸惡，不敢不依，輾轉購置，置於狄子、脫落各江。以此
各江百姓，受其籠絡，祇圖有牛享眾，不顧欠債日多，迫受逼
迫，強悍者每將懦弱者一家大小捉交擦蠻，以償牛債，或殺其
強壯，捉其弱小以償，次等事無歲無之，尤為各江第一慘狀。[32]

　　連接獨龍江和察瓦龍紮恩最近的一個村子木當，受藏族影響最
大，中年以上的人會講流利的藏語，日常生活中喜歡收看講藏語的四
川康巴衛視。有一次，筆者跟隨迪政當村支書到木當走訪，80 歲的
念代老人向我們講述了她祖父的經歷。[33]她祖父曾當過察瓦龍土司
（即領主、地主）頭人。有一年念代的祖母生了重病，需要殺牛祭
祀。於是，她的祖父向紮恩的領主借了 3 頭黃牛，過了 3 年還沒有能
力償還。土司要求頭人用他的兩個兒子來抵債。後來，從龍普村（即
察瓦龍鄉靠近雲南丙中洛的一個怒族村寨）來了一個怒族女子到土司
家做家奴。土司覺得獨龍族頭人的兒子比較聽話，勞動時肯賣力氣，
就把此怒族女子嫁給獨龍族小夥子，他們即是念代的父母，婚後兩人
一起到高山牧場放牧。後來，念代父親被送回到木當，接替祖父頭人
的職位，繼續為土司收稅。在牛的交換中，不僅有牛與人的交換，也
有牛與藥材、麝香等物與物的交換。根據 1960 年的調查，二村的迪
郎・爭 1947 年背著 12 斤貝母，到貢山換了一條牛作結婚用，這貝母
是他花了兩年才挖到的。到了第二年，他又以 10 斤貝母到貢山換回
一條黃牛作為祭品殺掉，全村分享。[34]在迪政當一帶老人的回憶中，

32 轉引自方國瑜主編，徐文德、木芹、鄭志惠纂錄校訂：《雲南史料叢刊》（第十二
　　卷）（昆明市：雲南大學出版社，1999 年），頁 150。

33 2011 年 10 月 20 日木當訪談資料（由在讀初中的木雙英翻譯）。

34 參見雲南省編輯組編：《獨龍族社會歷史調查》（二）（昆明市：雲南民族出版社，
　　1985 年），頁 73。

獨龍族人和察瓦龍交換牛的很少，也沒有報導人聽說過藏族土司搶人的事。主要是一些孤兒以及下游一帶的人被帶到察瓦龍交換牛，這樣的人獨龍語稱作「蘇德伯」，類似奴隸的身份。通常都是用麻布、黃連、貝母、麝香與察瓦龍的「本南」交換牛。也就是說，藏族領主在統治區域內，不會搶擄自己的子民。牛與人交易的社會背景比較複雜，在獨龍族社會內部，一些處於社會邊緣的人物，如孤兒弱女，或者觸犯了習慣法的越軌者——家內通婚、偷盜、放蠱作祟者，家族長率族人將他們送到察瓦龍換牛。[35]一些被稱作「郭拉」的傈傈人，獨龍族人認為他們是強盜。他們在下游一帶搶人搶糧食，又到迪政當西北邊擔當力卡山挖貝母，因而獨龍族人視他們為最大的仇人。如果獨龍社會出現為了牛而「弱肉強食」的社會悲劇，那這個社會的友善和合作的傳統就遇到了挑戰，社會關係就會變得對立和緊張。

　　以上資料呈現了獨龍江東部和北部之間的貿易關係，從交換的物品中可以發現，貿易交換的地方性與生態資源緊密聯繫在一起。獨龍江一帶依賴獨特的自然資源，可以提供藥材、獸皮等原材料，吸引一些外商不畏途險，每到高山上的雪融化之後就進入獨龍江採購藥材，或是成為被統治者徵收的貢物。18 世紀以來，維西土司勢力首先進入獨龍江，開始對獨龍族人徵稅，隨著維西土司實力的衰弱，察瓦龍藏族領主、菖蒲桶喇嘛寺、貢山設治局先後將獨龍江納入統治範圍，並進行徵稅；同時，外來勢力進入之後，在徵稅的同時也伴隨著各種物品的交換。

　　總之，獨龍族人在對外交換中，家庭是基本的交換單位，以牛、鹽巴、藥材和獸皮為主的山貨為主要交換物品。這些物品的交換，不

---

35 參見蔡家麒編：《獨龍族社會歷史綜合考察報告》（第一集）（昆明市：雲南省民族　研究所，1983年刊印），頁66-67。

僅是為滿足生活、生產的基本需要而進行的必要活動，同時具有諸如文化表徵、權利與財富顯示的意義。隨著名貴藥材捲入外界更大的經濟體系，雖然交換的形式以物物交換為主，但到了 1949 年前夕，一些外商帶入銀幣作為交換物，獨龍族社會開始出現貨幣經濟的萌芽狀態。納西族土司和藏族領主政治力量的介入，帶來了交換的商品化，使得交換逐漸失去原有的分享性原則，導致大部分獨龍族人在繳稅與交換後生存處境更加艱難，這是交換者雙方的權利不平等造成的。在交換的過程中，獨龍族人遵循的仍然是內部交換的法則——分享的觀念和建立「本南」交換夥伴的模式；而獨龍族人的統治者和外商往往利用這個規則獲取高利，並產生債務關係。這是兩種不同的食物生產方式——以刀耕火種和覓食的生產方式與農奴制為基礎的莊園生產方式通過貿易交換連接時產生的結構性矛盾。另外，文獻和訪談資料表明，將獨龍江的交換視為禮物交換而沒有商品交易的看法是片面和錯誤的，這種看法無視獨龍族人與周邊族群之間的貿易往來，以及由此而被納入世界體系的事實。

三　交換關係中的等級與權利

債務的問題必須依據不同的交換形態分別加以考察，不能一概而論。獨龍江內部各地各村在定居歷史、人口規模等方面存在著差異性，有一定規模的村落與外界的交換聯繫比較多，而且有了交換的中間人「本南」，使得交換越來越固定化。南部獨龍族人定居出現比較晚，交換多發生在家族之間以有易無。總體而言，獨龍內部的物物交換以收送禮的形式完成，遵循共用與平等原則，不同家庭之間的交換主要是達到互通有無的目的，物品交換重在人情的維繫而非經濟目的。因此，有些交換不一定同時完成。比如，中國境內的獨龍族人與

緬甸獨龍族人相互走訪時，先是緬甸的獨龍族人到獨龍江走訪朋友
（「本南」），把所需要的東西帶走後，獨龍江的人擇農閒時期到朋友
家取回自己所需要的東西；尤其是在儀式場合收到的禮物，只能等到
對方舉辦相同的儀式時償還。這類交換在親戚、朋友之間發生，收到
物品（禮物）的人也成了對方的債務人，必須在恰當的時間內回報對
方；如果延遲償還，物品並沒有發生增值，交換雙方形成的禮物性債
務有助於提高債權人的社會聲威，這也是傳統獨龍族社會提高個體社
會地位的一種管道。

　　禮物經濟中產生的債務，主要是人情關係的表達，這是族群內部
特別是關係親密的人群中存在的人情債。當獨龍族人與外族商人接觸
時，仍然用原來的交換邏輯去和外商交換。在 1949 年以前，獨龍江
山高路險，連一條像樣的人馬驛道都沒有，運輸物資完全靠人力背
夫。偶而有外族商人不畏艱難進入獨龍江，他們帶去少量的鐵器、陶
鍋、食鹽和針線，與獨龍族人交換獸皮、藥材、麻布和藤竹器。交換
是在「交朋友」基礎上進行的，面對難以見到的外族商人，獨龍族
「本南」更在乎人情，不論外族商人換多少，他們都可以接受。由
此，他們的這個習俗逐漸被外商利用，形成不等價交換，而外商由此
獲得經濟利益。

　　來自森林的天然產品黃連、貝母和獸皮，以及手工紡織品麻布、
藤竹編織的籮筐首先成為對外交換的物品。隨著納西族土司和察瓦龍
藏族領主勢力的滲透，原來親戚之間的走訪活動逐漸演變成了固定交
換的場合，獨龍族人不可避免地捲入了更大的交易體系中。一些物品
如刀、鍋、豬、糧食形成比較固定的比率（見表 3-1）[36]，一些擅長

---

36 雲南省編輯組編：《獨龍族社會歷史調查》（二）（昆明市：雲南民族出版社，1985
　　年），頁14-15。

處理對外交易的人成為交換的中間人，他們協助外商進行交換和招待商人食宿。土司、領主的代理人利用獨龍族人的親屬制度和交換習俗，進行不等價交換。

表 3-1　獨龍族人與外族商人交換物品的一般比價（1960 年調查）

獨龍江的物品	外來物品
三捧黃連，一捧貝母及兩大碗黃蠟	一把斧頭
一二碗黃蠟，三四張麂子皮	一碗鹽巴
五捧黃連	五塊茶葉（一市斤）
三捧貝母	三尺鐵鍋一口
五捧貝母	一個三腳架（大）
三捧貝母	一個三腳架（中）
一升包穀	一根針
二十捧貝母	一條黃牛
四斤黃連	一個土鍋
一張野牛皮	二十碗鹽巴
一張三尺長的水獺皮	一個「楚巴」（藏族大袍）
二捧黃連及一張麂子皮	六排（三丈）土布
一口大豬	一尺五寸鐵鍋一口

以鹽巴的交易為例，鹽巴為稀缺的食物，由統治者控制並支配，每年察瓦龍領主管家進入獨龍江收稅時也攜帶著砂鹽；當稅收完成後，他們「贈送」每戶兩筒砂鹽（0.51 公斤），美其名曰向朋友送禮，等到下次再來時，要獨龍族人「回贈」高於鹽價很多的財物。有時，土司撕掉「友善」的面具，強迫獨龍族人購買砂鹽，並且索要的價格特別高，「十斤鹽換一張大野牛皮，五斤鹽換一床雙層新麻布毯

子」[37]。夏瑚指出：「惟察瓦龍除收錢糧外，土弁家丁，坐守喇卡塌等處，按賣砂鹽、毛布等項貨物，值一售十。」[38]一時沒有能力支付的購買者，可以先記帳，日積月累，最後變成無法償還的債務。但這不同於日常生活中與親戚和朋友之間的禮物債。這些債過一年就要加倍歸還本利，若拖欠 3 年還不起，土司就要強拉人口抵債，或抓人去充當奴隸，或將被抓的人賣到別處。清乾隆時期，維西葉枝土司任命的俅管，「赴俅瑪地方放債取利，準折人口，送沖規額」[39]。類似交換導致的債務，還有牛、楚巴（如藏裝、羊毛製品）等債，這些物品對於獨龍族人來說是稀缺物，也是獨龍族人生活的必需品，同時也是讓部分獨龍族人失去人身自由的載體。民國時期的陶雲逵詳細地記錄了獨龍族人與外商交換中產生的債務情況：

> 於是至秋冬之交，豆類、蕎麥不敷時，便向漢人、藏人貸谷，此時，則為諸族盈利之好時機。此外俅子所需之鐵、鹽、飾物及牛，均仰外方輸入。俅子需要外助之多，勢必有土產以為交易。土產即俅江一帶所產藥品，如貝母、黃連、麝香及皮貨、黃蠟等。……各物均野生，毫不加入人工之天產也。但皮貨、麝香，乃可遇而不可求者，故俅子所賴，卒惟藥材。然貝母、黃連年年採取，亦漸變為人多物少現象。勢必往人煙更少的深山大菁中去找。此各藥材在漢地，價錢甚昂。漢商之所以不避險阻而來俅地者，圖厚利也。每以少許之針、線、鹽、米，易

---

37 孔志清、伊裏亞口述，李道生整理：《獨龍族三次起義概述》，《怒江文史資料選輯》（第3輯）（德宏：德宏民族出版社，1994年），頁14。

38 轉引自方國瑜主編，，徐文德、木芹、鄭志惠纂錄校訂：《雲南史料叢刊》（第十二卷）（雲南大學出版社，1999年），頁150。

39 《清實錄‧高宗純皇帝實錄》（卷四百三十七）。

其大量之藥材。一個鐵鍋，易貝母一二十公斤，致使其人全家
終年去挖貝母而不敷。一條牛的債則積數家全年之挖找力量，
方能償還。漢商利用弱點，盡力放「款」，即是放給俅子所需
物品。約期償還，及期不還者利上加利。所謂利上加利即是需
要多量之藥品。如是一年不能償清必至數年，一時間不能償
還，則連及後代。於是一蹶不振，萬劫不復。[40]。

顯然，獨龍族人對外交換，尤其是與土司的不等價交易，產生債
務且形成人身依附關係，其主要原因在於交換雙方的政治權利不平
等，土司和獨龍族人的關係是支配和被支配的政治關係。支配者除了
有徵稅權，還控制著生活生產稀缺物資的分配，因而獨龍族人在交換
中不得不受制於土司和察瓦龍領主。同樣是稀缺品，黃連、貝母等名
貴藥材的輸出並沒有給獨龍族人生活帶來質的變化。究其原因，是因
為獨龍族人在周邊族群政治階序中位於最底層，無法改變交換中的不
利地位。

在勞動力交換方面，也出現了雇傭關係。迪政當村的一些生活困
難無法維生者，跑到察瓦龍農奴主家出賣勞動力，獲得低廉的報酬。
有的是因為債務無法償還被迫抵債給土司，也有的當背夫。例如，察
瓦龍領主管家來收稅時，雇用當地的獨龍族人為背夫，把繳收來的物
品揹運到察瓦龍，背夫得到一定的口糧作為酬勞。每年春天，雪山開
化之後，察瓦龍富商會雇請 810 個獨龍族人到山上挖貝母，由雇主提
供飯食，挖回的貝母按照 8：1 的比例分配，獨龍族人只得其中一
份。這種雇用獨龍族人挖藥材的情況每年都有，挖得多的人回報也
多，幾年下來可以換得一條牛。

---

40 陶雲逵：〈俅江紀程〉，《西南邊疆》第14期，成都西南邊疆研究社1942年印行

獨龍族社會內部，一些家庭在與外商和統治者接觸互動中，比其它家庭獲得了更多的生存物資。通常情況下，這樣的家庭為家族長之家，他們也是外商到獨龍江進行交換貿易時的結交對象；如果個別家族長願意為統治者協助徵稅，還會得到額外的補償。但我們還沒有發現家族長利用職權剝削本族人的材料，他們反而為不能繳稅的人向土司說好話，使那些人免遭迫害。同時，一些富有的家族長從察瓦龍購買牛，舉行剽牛祭天儀式，將牛肉與眾人一起分享，這也是一種適應性的生存策略。一些富有者佔有的土地比較多，在農忙季節，一家人無法應付時就雇請其它人來幫忙，這種幫忙也是在「迪裏瓦」換工制度基礎上產生的，雇主提供飯食和酒水，而不用再償還勞力。另外，也有用糧食來請工的。根據 1960 年的調查，冷木當的孔千杜裏一家每年要請 10 個工左右，每個工支付一升糧食，提供兩頓飯食。[41]也有一些欠土司稅收的生活貧困者，拿土地來抵債，讓富有者替他繳稅，他自己則再向土地多的人家借地耕種。通常情況下，借地年限為一年，借一塊地要給糧食或其它東西。例如，借一塊 5 斗的地，要給 12 斗糧食，或者一捆黃連。引起這些方面的變化，主要還是與更廣闊的社會和文化互動產生的動力有關。迪政當一帶的村落比其它村落社會經濟條件好，才出現個別家庭的雇工、土地借貸情形。

傳統獨龍族人的婚姻締結，也是不斷交換禮物的過程。按照婚姻規則，一個未婚男子優先娶舅父的女兒為妻，在訂婚之後，男方要向女方支付一筆彩禮，女方父母有決定彩禮數額的主動權，一般為一頭豬，富有的家庭送一頭牛、幾口鍋、一個鐵三腳架、一把鐵刀、一對耳環、一床獨龍毯，還有珠子、水酒、糧食等。如果娶的不是舅舅的

---

41 參見雲南省編輯組編：《獨龍族社會歷史調查》（二）（昆明市：雲南民族出版社，1985年），頁65。

女兒，而是娶其它氏族的姑娘，送的彩禮還要加倍，每樣湊齊 9 個，有時打到的野獸或捕到的魚也要送上。獨龍語稱彩禮為「德布」，漢語意為「補償」。也就是說，對於女子出嫁的一方來說是損失一個勞力，男子娶過來就要補償其損失的勞力。若男方家庭經濟困難無力送齊聘禮，則其它家族成員有幫助的義務，也可以賒欠，等結婚後再補送。婚姻中的彩禮並非完全由求婚者向女方父母單向流動，女方接受和同意訂婚後，也會回送一些禮物，雖然其價值不能等同於前者。獨龍族人有自己的婚姻規則，它不同於利奇描述的克欽社會中的「姆尤—達瑪」關係。在克欽社會裏，妻子提供者姆尤的政治地位比娶妻的達瑪高[42]，達瑪有義務支付彩禮給姆尤，但通常無法立即支付。所以，新郎常常不得不付出多年的勞動——有時是他的餘生，來奉獻給他的岳父岳母。獨龍族社會是一個平權的社會，姻親雙方是平等的關係，婚姻的締結也被視為擴大合作群體的一種策略，而非是為了支配和控制對方。

　　不等價的交換是在獨龍社會內部交換模式中衍生出來的，主要是政治權利不平等造成的。它是造成獨龍族人難以償還債務進而以人身來抵債的社會原因。牛作為獨龍族社會財富的象徵，同時也提供了大量的肉食，按照傳統習俗，牛充當求婚時的聘禮或者宗教節日上的祭品。無論是祭品還是聘禮，最終都要被宰殺並且其肉要平均分配給所有村落共同體成員。由此，牛的擁有者才能獲得真正意義上的財富——社會地位與聲威。所以，對於獨龍族人來說，財富主要是一種象徵性的表達，實際日常生活中，富人與窮人沒有明顯的區別。例如，木當寨子的頭人無法償還牛債時，也不得不以自己的兒子來抵

---

42 參見〔英〕艾德蒙・R.利奇著，楊春宇、周歆紅譯：《緬甸高地諸政治體系——對克欽社會結構的一項研究》（北京市：商務印書館，2010年），頁91。

債。總體而言，獨龍社會還沒有出現因財富產生的社會分化，交換和分享仍然是生存的重要機制，在食物生產不足以維持生計的前提下也是實現食物獲取的手段之一。

第三節　稀缺與分享：交換的社會動力學

綜合前述，獨龍江兩岸的獨龍族人內部以及對外的交換行為過程有兩個意義：一是補充了糧食和本地不能生產的衣物、工具和鹽茶等生活用品，緩解了物資稀缺帶來的生存危機；二是維繫或者隔離了人與人之間的聯繫和互動。人類學家馬林諾夫斯基、莫斯等人的研究表明，傳統社會中儀式性交換是「總體呈現」型的交換，是以禮物的形式互相饋贈，因而，交換的行為不僅是出自經濟目的，還有政治、文化的表達，如呈獻出某人的慷慨、聲望和財富。交換產生社會關係，在獨龍江內部，各種類型的交換再生產出人與人之間平等、互助和友愛的關係；而在與外界的經濟交易中，在原材料與工業製品、糧食的交換中，產生了依附型的債務關係，確定了獨龍族人被統治的正當性。奇怪的是，在跨村落和跨族群的交換互動中，獨龍族人堅持互惠的原則，通過「本南」這種擬血親的關係建立真誠友好的交換夥伴關係，從而實現物品的流通和人群關係的結盟，也使處於不同社會體系的人群得以連通。

從地理生態學和食物稀缺的角度來看，「本南」關係有著重要的價值和意義。獨龍江南北貫穿於高黎貢山和擔當力卡山夾縫之間，形成高山峽谷整體地貌，村落分佈在兩岸的陡坡上，村落之間相隔較遠，過去只有羊腸小徑相連，即便是今天有了鄉村公路，徒步也要24小時的路程。而要與外界溝通，需要翻越海拔4000多公尺的高黎貢山，在還沒有挖通人馬驛道之前，貢山到獨龍江步行需要67天，

北部村民到西藏察瓦龍最近的村子榖恩需要 2 天。交通不便、地理空間的隔離，造成了獨龍族人和外界交換與聯繫的困難，但這並不意味著獨龍江與世隔絕。獨龍江與周圍的交換沒有固定市場，「本南」關係的結成可以說是獨龍族人應對交通困難的一種適應策略。獨龍族人帶著物品到遠村交換，不可能當天就能返回來，他的「本南」負責接待和提供食宿，一直到交換結束；同樣，當遠村的「本南」來到獨龍江時，他有義務招待。獨龍江由於地勢陡峭，適宜耕地面積稀少，作物產量低，不足以為當地人提供足夠的糧食，一年中有三四個月到半年以上屬於缺糧時間，獨龍族人依靠採集和狩獵來維持生活。[43]獨龍江北部村民在饑荒季節，揹運山上挖來的藥材和捕獲的獸皮，到察瓦龍和貢山丙中洛找「本南」交換大米等糧食。糧食短缺，生存的欲望可以突破高山峽谷的阻隔，這也是獨龍族與外界交換的驅動力。一些外地的遊商在雪山開封季節（每年 6 至 11 月），深入獨龍江採購藥材，並兜售攜帶的衣物、針線和茶鹽等生活物品。

　　獨龍江處於峽谷地帶，受印度洋季風影響，雨季長，年平均降雨量為 2,900 至 3,000 公釐，是雲南省降雨量最大的地區之一。[44]這種多雨水的氣候條件，適合刀耕火種的農業種植。由於潮濕、地勢不平的因素，牛不易生存，歷史上獨龍族人也比較少養牛。但是，牛肉在提供營養價值、文化表達、社會威望的獲得和權利等級合法化方面具有不可替代的作用。獨龍族社會內部分層不明顯，類似牛肉的分享是他們文化的特點之一。在大型公共祭祀活動「投榮哇」，以及結婚中聘禮所需求的牛，仰賴與外界的交換。察瓦龍一帶有高山牧場，藏族領

---

43 參見雲南省編輯組編：《獨龍族社會歷史調查》（二）（昆明市：雲南民族出版社，1985年），頁12。

44 參見尹紹亭：《遠去的山火——人類學視野中的刀耕火種》（昆明市：雲南人民出版社，2008年），頁154。

主和富戶有牛廠，他們深知獨龍族人的風俗，常與獨龍族人交易。但
是，在交換中牛價高，獨龍族人一個家庭辛苦一兩年挖到的貝母、黃
連等藥材只能交換 1 頭牛；另一方面，一些觸犯習慣法，如「違反通
婚禁忌（同一家內通婚）、偷盜、放蠱作祟或者孤兒弱女等，都可以
被用來交換牛」。[45]換言之，分享牛肉的祭祀活動，一方面是為了祭祀
天神等各種神靈，祈求豐衣足食，並通過最後的分食活動使得整個村
落社會融為一個共同體；另外又使一些社會邊緣的人被排除在外，成
為交換牛的對象。最重要的是，提供牛肉成為察瓦龍藏族領主控制獨
龍族人的手段之一。

　　牛肉的分食同時也是統治者獲得合法性的一種手段，獨龍江上游
一帶流傳著反抗察瓦龍領主收稅的故事[46]：獨龍族人和怒人結盟攻打
了察瓦龍領主，後來察瓦龍人宰殺了 9 頭犛牛宴請獨龍族人，以緩和
雙方的關係。很多獨龍族人去了，有些人沒有分到牛肉，但分到牛肉
的人都很高興。一年後，察瓦龍領主來獨龍江收稅，凡是吃了牛肉的
人都得上稅。北部的村民大部分都吃了牛肉，所以他們成為附屬子民
不得不繳稅；而南部的人沒有分到肉，所以不用繳稅。維西納西族土
司在貢山一帶委任了他們的代理人，替他們收稅，「每年繳納稅物如
黃連、黃蠟和獸皮到土司家裏，土司要殺牛宰羊款待他們」[47]，走時
還要贈送每家若干鹽巴。通過牛肉和鹽的贈送，土司和領主的身份與
政治集權得到了鞏固，提高了聲威。

　　獨龍族人的對外關係，主要表現為與不同族群、政治背景的人進

---

45 參見蔡家麒編：《獨龍族社會歷史綜合考察報告》（第一集）（昆明市，雲南省民族
　　研究所，1983年刊印），頁66-67。

46 參見蔡家麒：《藏彝走廊中的獨龍族社會歷史考察》（北京市：民族出版社，2008
　　年），頁108。

47 雲南省編輯組編：《中央訪問團第二分團雲南民族情況彙集》（上冊）（昆明市：雲
　　南民族出版社，1986年），頁58。

行物物交換，包含納貢、饋贈與商品交換，這種多樣性的交換類型，在施蒂恩談論交換的兩篇文章[48]中還沒有具體提到。簡而言之，一類是通過結交「本南」這樣的交換夥伴，按互惠原則進行物物交換，這在交通困難、食物短缺的獨龍江是一種適應策略；另一類是納貢和與土司本人或者代理人之間的交易，屬於政治權利等級關係下的交換，土司通過佔有的稀有物品交換，獲得統治合法性和地位的鞏固；還有一些遊商到獨龍江，也是利用「本南」制度，在交換中獲得高額利潤。這樣，「本南」包含了人與人之間社會的、政治的和互惠的關係。在這裏，互惠性也具有多層含義，正如陳慶德和潘春梅總結的，「由於互惠交換具有嚴格的義務性，在不同的社會結構中找到它的生存空間」[49]。對於獨龍族人而言，生存物資的稀缺是交換行為的原動力，而文化觀念因素和外界政治力量的介入使交換的性質變得更加複雜化。

　　清末至民國時期的獨龍族社會，處於以父系氏族為血緣紐帶維繫的平權社會，莫斯以來的人類學社會交換理論，可以解釋作為單一社會的獨龍族內部的交換現象。但是，當納西土司的殘餘勢力進入獨龍江流域以來，納貢和物品交換的記載表明，獨龍江絕非一個被隔離在滇西北政治經濟體系之外的孤島。由於在滇西北的政治權利結構中處於最低層位置，獨龍族人與周邊族群的交換關係實際上是平權社會與等級社會、追求互惠性和經濟利益最大化之間的交匯和碰撞。土司和

---

48 參見〔法〕施蒂恩著，周雲水譯：〈缺少的分享：喜馬拉雅東部（中國雲南西北部）作為「整體社會事實」的分享的儀式語言〉，《青海民族研究》2009年第3期；〔法〕施蒂恩‧格羅斯著，尼瑪紫西、彭文斌、劉源譯：〈19至20世紀滇西北鹽、牛及奴隸的交換與政治〉，羅布江村編：《康藏研究新思路：文化、歷史與經濟發展》（北京市：民族出版社，2008年），頁107-115。

49 陳慶德、潘春梅：〈經濟人類學視野中的交換〉，《民族研究》2010年第2期，頁36-47。

藏族領主佔有獨龍江稀有的生存資源，通過牛、鹽巴、鐵器工具與獨龍江藥材、皮貨之間不平等的交易，鞏固自身地位和發展政治勢力，也再生產了不平等的社會關係。從參與交換物品的價值屬性看，獨龍族人與外界交換的物品具有商品屬性，這些物品流入獨龍江內部時，通過饋贈的方式得到再次分配，屬於禮物性質。從這個事實來看，正與葛列格裏等人的觀點相反，即他所認為的「不存在純粹的禮物或商品經濟活動」[50]，他的觀點成立的前提是貨幣還沒有流入獨龍江。

在峽谷地貌、雨季長的地理生態條件下，獨龍族人生產的糧食不足以維持基本的生存需要，衣物、鐵器工具等生產生活用品極度稀缺，但是獨龍江兩岸豐富的自然資源彌補了生產的不足，也為和外界交換提供了原動力。這是施蒂恩發表的文章中所忽略的一個維度。獨龍族人本土宗教信仰和祭祀天神的儀式活動，目的在於祈神，表達豐衣足食的願望。而牛既可以作為祭祀的犧牲品，也可以是顯現財富的結婚聘禮，但無論是哪一種用途，最終都被作為禮物由共同體成員分享。牛肉的分享因而成為維繫「克恩」內部成員的紐帶。但是，牛肉來源於居住在北部和東部的統治者，牛肉的提供滿足了統治的合法性和權威性需要，維繫了統治者與獨龍族人的等級關係，因而牛肉成為表達社會關係和人們地位的隱喻。在各種形式的交換過程中，分享的觀念影響和制約著交換者的抉擇。當分享成為社會成員必須遵循的慣例和制度時，分享的觀念可能會成為一些人操控交換行為的文化資本。概而言之，獨龍江內外之間交換類型的多樣性和複雜性，是文化權利、政治等級以及經濟生計等多重動力因素交織混合的產物。

---

50 Richard R. Wilk and Lisa C. *Cliggett, Economic and Culture*. Westview Press, 2007:161.

芫野東南民族叢書　A0202008

獨龍江文化史綱：俅人及其鄰族的社會變遷研究　上冊

作　　　者　張勁夫、羅　波
主　　編　何國強
責任編輯　蔡雅如

發 行 人　陳滿銘
總 經 理　梁錦興
總 編 輯　陳滿銘
副總編輯　張晏瑞
編 輯 所　萬卷樓圖書股份有限公司
排　　版　林曉敏
印　　刷　維中科技有限公司
封面設計　曾詠霓

出　　版　昌明文化有限公司
桃園市龜山區中原街 32 號
電話 (02)23216565
發　　行　萬卷樓圖書股份有限公司
臺北市羅斯福路二段 41 號 6 樓之 3
電話 (02)23216565
傳真 (02)23218698
電郵 SERVICE@WANJUAN.COM.TW
大陸經銷
廈門外圖臺灣書店有限公司
　電郵 JKB188@188.COM

ISBN 978-986-94605-2-1
2019 年 1 月初版二刷
定價：新臺幣 340 元

如何購買本書：

1. 劃撥購書，請透過以下郵政劃撥帳號：
　帳號：15624015
　戶名：萬卷樓圖書股份有限公司

2. 轉帳購書，請透過以下帳戶
　合作金庫銀行　古亭分行
　戶名：萬卷樓圖書股份有限公司
　帳號：0877717092596

3. 網路購書，請透過萬卷樓網站
　網址　WWW.WANJUAN.COM.TW

大量購書，請直接聯繫我們，將有專人為您
服務。客服：(02)23216565 分機 10

如有缺頁、破損或裝訂錯誤，請寄回更換
版權所有·翻印必究
Copyright©2017 by WanJuanLou Books CO., Ltd.
All Right Reserved　　　　　　**Printed in Taiwan**

國家圖書館出版品預行編目資料

獨龍江文化史綱：俅人及其鄰族的社會變遷
研究 / 張勁夫, 羅波著. -- 初版. -- 桃園市：
昌明文化出版 ；臺北市 ：萬卷樓發行,
2017.03　冊 ；　公分. -- (芫野東南民族叢
書 ；A0202008)
ISBN 978-986-94605-2-1(上冊 ：平裝). --
1.少數民族 2.民族研究
535.408　　　　　　　　　　　　106004085

本著作物經廈門墨客知識產權代理有限公司代理，由廣州中山大學出版社有限公司授
權萬卷樓圖書股份有限公司出版、發行中文繁體字版版權。